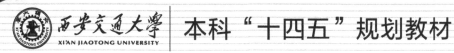本科"十四五"规划教材

公益服务基础与实践

主　编　彭　瑾
副主编　李　娜　孙晓冬　薛新娅

西安交通大学出版社
XI'AN JIAOTONG UNIVERSITY PRESS

图书在版编目(CIP)数据

公益服务基础与实践 / 彭瑾主编. —西安:西安交通大学出版社,2023.10
 ISBN 978-7-5693-3510-1

Ⅰ.①公… Ⅱ.①彭… Ⅲ.①慈善事业－研究 Ⅳ.①C913.7

中国国家版本馆 CIP 数据核字(2023)第 205599 号

书　　名	公益服务基础与实践 GONGYI FUWU JICHU YU SHIJIAN
主　　编	彭　瑾
责任编辑	赵怀瀛
责任校对	王建洪
装帧设计	伍　胜
出版发行	西安交通大学出版社 (西安市兴庆南路1号　邮政编码 710048)
网　　址	http://www.xjtupress.com
电　　话	(029)82668357　82667874(市场营销中心) (029)82668315(总编办)
传　　真	(029)82668280
印　　刷	西安日报社印务中心
开　　本	787mm×1092mm　1/16　印张 12.625　字数 294千字
版次印次	2023年10月第1版　2023年10月第1次印刷
书　　号	ISBN 978-7-5693-3510-1
定　　价	42.00元

如发现印装质量问题,请与本社市场营销中心联系。
订购热线:(029)82665248　(029)82667874
投稿热线:(029)82668133
读者信箱:xj_rwjg@126.com

版权所有　侵权必究

前言
Foreword

《公益服务基础与实践》一书源于我们开设的一门通识课程"公益与慈善"。2019年,有感于大学生参加公益活动的意愿越来越强烈,但他们的公益服务知识相对缺乏,对公益慈善领域的了解也不够全面,我们产生了开设一门公益慈善类通识课的想法。这门课以公益慈善学和社会工作学为学科基础,目标是让大学生在开展公益服务之前,对公益慈善事业有整体性了解,能够遵循公益服务的基本方法与伦理原则。这本教材是这门课程的建设成果之一。本书既可以作为同类课程的配套教材,也可以作为对公益服务有兴趣的读者了解公益慈善知识、培养公益服务能力的入门读物。

本教材中的"公益服务"对应《中华人民共和国慈善法》中的"慈善服务",即"慈善组织和其他组织以及个人基于慈善目的,向社会或者他人提供的志愿无偿服务以及其他非营利服务。慈善组织开展慈善服务,可以自己提供或者招募志愿者提供,也可以委托有服务专长的其他组织提供。"(《中华人民共和国慈善法》第六十一条)在日常生活中,我们常常使用的"志愿服务",是从助人者角度对公益服务所做的限定,即由志愿者提供的服务。它属于公益服务的一种。在本书中,我们以"助人者"来指称各类公益服务提供者,包括公益慈善领域的专职人员与志愿者,以及相关领域的从业者等。

本书共分为两个版块。基础理论篇包括第一至五章,分别介绍了公益慈善概述、慈善组织、募捐与捐赠、慈善伦理、公益项目。服务实践篇包括第六至十章,分别介绍了公益服务基本视角、帮助个体的服务方法与技巧、帮助小群体的服务方法与技巧、帮助社区的服务方法与技巧、特定人群的特点及服务要点。基础理论篇的核心学科基础是公益慈善学,可以帮助读者形成对公益慈善领域的概览性了解。服务实践篇的核心学科基础是社会工作学,对于那些实际开展公益服务的读者来说,这一部分有助于他们有准备、有信心地开展助人活动。

本书是团队合作的成果,参与各章节资料收集与文稿写作的情况如下:

第一章　彭瑾 孙晓冬 倪欣
第二章　彭瑾 李娜 谢江 赵卫滨
第三章　彭瑾 倪欣 邢晓强 毛珊
第四章　薛新娅 彭瑾 孙晓冬 白若颖
第五章　彭瑾 贺佳贝 张芷菱 李俊锋
第六章　彭瑾 马嘉谊 李俊锋
第七章　彭瑾 马嘉谊
第八章　彭瑾 贺佳贝
第九章　彭瑾 李娜 李俊锋
第十章　彭瑾 马嘉谊 贺佳贝 李俊锋

在此，也要特别感谢以不同方式支持本教材出版的主管部门与合作伙伴。本教材得到西安交通大学本科"十四五"规划教材建设项目的支持，感谢西安交通大学教务处对本教材编写的肯定与支持。西安交通大学出版社为本书的出版方，特别感谢赵怀瀛编辑为我们提供的专业而细致的指导。"公益与慈善"课程得到浙江敦和慈善基金会"善识"计划的支持，该计划为课程提供的支持成为本教材编写的宝贵资源。西安交通大学教育基金会的同仁是"公益与慈善"课程的重要合作伙伴，除了参与教材的撰写，他们也为课程建设给予了持续有力的支持。硕士研究生倪欣任主编助理，负责书稿的汇总、体例修改等工作。从最初的课程讲稿到现在的书稿，离不开选修"公益与慈善"课程的所有同学，从某种意义上来讲，他们也是这本教材的作者，非常感谢他们对课程的反馈。

读者是最好的合作伙伴。诚望读者指出本书的不足和疏漏，提出宝贵的意见和建议，以便我们再版时弥补不足，修订内容，提高质量，精益求精。来信请发邮件至 pengjin@mail.xjtu.edu.cn。

彭　瑾

西安交通大学

目 录
Contents

基础理论篇

第一章　公益慈善概述 ·· (002)
　第一节　基本概念 ··· (002)
　第二节　公益慈善活动的发展历史 ····························· (004)
　第三节　现代公益慈善领域的特点 ····························· (010)

第二章　慈善组织 ·· (016)
　第一节　慈善组织概述 ······································· (016)
　第二节　企业社会责任 ······································· (021)
　第三节　社会企业和公益风险投资 ····························· (026)

第三章　募捐与捐赠 ·· (034)
　第一节　慈善募捐 ··· (034)
　第二节　公开募捐 ··· (039)
　第三节　慈善捐赠 ··· (041)

第四章　慈善伦理 ·· (049)
　第一节　慈善伦理的概念及慈善伦理的主要作用 ················· (050)
　第二节　慈善伦理的主要理论 ································· (052)
　第三节　慈善伦理的主要价值观与行为准则 ····················· (056)

第五章　公益项目 ·· (062)
　　第一节　公益项目概述 ·· (062)
　　第二节　公益项目策划 ·· (067)

服务实践篇

第六章　公益服务基本视角 ······································ (081)
　　第一节　优势视角 ·· (081)
　　第二节　生态系统理论 ·· (087)

第七章　帮助个体的服务方法与技巧 ······························ (094)
　　第一节　帮助个体的三个维度 ·································· (095)
　　第二节　人际沟通的基本技巧 ·································· (101)

第八章　帮助小群体的服务方法与技巧 ···························· (106)
　　第一节　小组和小组工作 ······································ (106)
　　第二节　规划与设计小组 ······································ (109)
　　第三节　带领小组 ·· (126)

第九章　帮助社区的服务方法与技巧 ······························ (139)
　　第一节　社区与社区工作 ······································ (141)
　　第二节　发展社区的通用技巧 ·································· (143)
　　第三节　城乡社区发展 ·· (149)
　　第四节　群体服务中游戏方法的使用 ···························· (160)

第十章　特定人群的特点及服务要点 ······························ (167)
　　第一节　儿童的特点及服务要点 ································ (167)
　　第二节　老年人的特点及服务要点 ······························ (183)
　　第三节　残疾人的特点及服务要点 ······························ (190)

基础理论篇

第一章 公益慈善概述

第一节 基本概念

一、公益与慈善

日常生活中,我们常常将公益与慈善连在一起使用。你是否想过,它们之间有着怎样的区别与联系?公益活动与慈善活动有着共同的根基,都基于博爱之心或利他之心,都追求人类福祉的提升,从事公益慈善活动总能给我们带来个人心灵的愉悦和自我价值的实现。

同时,两者又是有所区别的。公益的核心是"公众利益"。开展公益活动往往出于主动承担社会责任的意识,包括关注公共利益、公共生活质量,致力全局性、宏观性社会问题的发现和解决,维护与平衡公共利益,推动公共政策进步,促进社会的良性发展,如保护与治理生态环境,维护物种多样性,促进资源节约与利用,传承传统文化与保护文化遗产,推动公共政策的立法等。而理解慈善的核心是"帮助弱者"。慈善行为常常发自同情怜悯之心,以满足弱势生命群体的生存和发展需求为导向。慈善的对象可以是人,也可以是动物,即处于困境中的生命,如扶弱救济、扶贫济困、大病救助、救灾救援、助学、流浪动物保护与救助等。

总之,公益与慈善既有联系,也有区别。它们都属于慈善事业,因此也有大慈善和小慈善的说法。大慈善是指包括公益、慈善在内的所有公益慈善活动,是广义的慈善。小慈善是指仅包括传统慈善的狭义慈善。2016年3月16日,第十二届全国人民代表大会第四次会议通过了《中华人民共和国慈善法》(以下简称《慈善法》)。《慈善法》中对"慈善活动"的界定,就是包含了公益与慈善的"大慈善"概念。

本法所称慈善活动,是指自然人、法人和其他组织以捐赠财产或者提供服务等方式,自愿开展的下列公益活动:(一)扶贫、济困;(二)扶老、救孤、恤病、助残、优抚;(三)救助自然灾害、事故灾难和公共卫生事件等突发事件造成的损害;(四)促进教育、科学、文化、卫生、体育等事业的发展;(五)防止污染和其他公害,保护和改善生态环境;(六)符合本法规定的其他公益活动。

——《中华人民共和国慈善法》第三条

拓展阅读　　　　　对慈善的不同定义

慈善是社会上人们通过自愿捐赠资金物品与提供行为帮助等形式表达对弱势群体的仁爱、对公益事业支持的社会实践活动。也有人提出,慈善就是人们无偿自愿为他人提供资产、劳力、时间、精力和技能的活动。贝克尔给慈善的定义是:如果将时间与产品转移给没有利益关系的人和组织,那么这种行为就被称为"慈善"。奥利维尔·聪茨区分了慈善和慈善事业的不同:"慈善是为了救济有需要的人,而慈善事业是为了人类的进步。"[①]保罗·舒梅克提出,现代慈善是指社会大众将其金融资本、人力资本、人脉资本、智力资本投入到社会事业当中,提供给依靠它们去改善社会的人们的行为[②]。

二、公益服务

慈善活动的运作方式,基本包括捐赠财产和提供服务两种。本教材中的"公益服务"对应《慈善法》中的"慈善服务"。慈善服务可以通过慈善组织自己提供或者志愿者提供。

> 本法所称慈善服务,是指慈善组织和其他组织以及个人基于慈善目的,向社会或者他人提供的志愿无偿服务以及其他非营利服务。慈善组织开展慈善服务,可以自己提供或者招募志愿者提供,也可以委托有服务专长的其他组织提供。
> ——《中华人民共和国慈善法》第六十一条

《慈善法》中对慈善服务还有一系列具体规定,这些规定可以帮助我们更好地理解公益服务的特征。例如以下条款所示。"开展慈善服务,应当尊重受益人、志愿者的人格尊严,不得侵害受益人、志愿者的隐私。"(《慈善法》第六十二条)"开展医疗康复、教育培训等慈善服务,需要专门技能的,应当执行国家或者行业组织制定的标准和规程。慈善组织招募志愿者参与慈善服务,需要专门技能的,应当对志愿者开展相关培训。"(《慈善法》第六十三条)"慈善组织招募志愿者参与慈善服务,应当公示与慈善服务有关的全部信息,告知服务过程中可能发生的风险。慈善组织根据需要可以与志愿者签订协议,明确双方权利义务,约定服务的内容、方式和时间等。"(《慈善法》第六十四条)"慈善组织应当对志愿者实名登记,记录志愿者的服务时间、内容、评价等信息。根据志愿者的要求,慈善组织应当无偿、如实出具志愿服务记录证明。"(《慈善法》第六十五条)"慈善组织安排志愿者参与慈善服务,应当与志愿者的年龄、文化程度、技能和身体状况相适应。"(《慈善法》第六十六条)"志愿者接受慈善组织安排参与慈善服务的,应当服从管理,接受必要的培训。"(《慈善法》第六十七条)"慈善组织应当为志愿者参与慈善服务提供必要条件,保障志愿者的合法权益。慈善组织安排志愿者参与可能发生人身危险的慈善服务前,应当为志愿者购买相应的人身意外伤害保险。"(《慈善法》第六十八条)

日常生活中,我们还常常使用"志愿服务"这个概念。志愿服务是从服务提供者的角度对公益服务所做的限定,即由志愿者提供的服务。它属于公益服务的一种,具备上述公益服务的基本特征,同时又由于提供者为志愿者,因此具有特定属性,如自愿性、无偿性、利他性、公共性、开放性、教育性等[③]。同时,正因为提供者不同,志愿服务与公益服务在内容上也不是完全等同的。公益服务的范围更广,包括公益慈善领域的专业、专职服务。

此外,与公益服务有相似之处的还有"公共服务"和"社会服务"。公共服务是公共管理领

---

① 聪茨.美国慈善史[M].杨敏,译.上海:上海财经大学出版社,2016:2.
② 舒梅克.重新定义公益[M].董勉,朱斌,译.北京:中国人民大学出版社,2018:61.
③ 李平.志愿服务培训教材[M].北京:中国石化出版社,2017:5-6.

域使用较多的概念,"提供主体以政府为主,内容是公共物品,受益方为社会公众"①。公共服务与公共物品并不能简单地断然分开,因为"公共物品可以作为公共服务的载体存在"。公共服务就是指"政府及其公共部门运用公共权力,通过对多种机制和方式的灵活运用,提供各种物质形态或非物质形态的公共物品,以不断回应社会公共需求偏好、维护公共利益的实践活动的总称"②。相对公共服务、志愿服务、公益服务,社会服务是出现较晚的概念,主要在社会工作、社会福利领域使用。社会服务的核心价值在于满足社会需求并增进服务对象的福祉③,在内容上更强调对弱势群体的支持,在服务提供者方面特别强调其提供主体的丰富性,包括政府、企业、基金会和社会服务机构等④。根据上述对社会服务特征的理解,本书使用的社会服务的定义是:"社会服务是以劳务为主要形式,向有需要、有困难的社会成员,特别是困难群体和弱势群体提供的改善其处境的活动。它是将社会保障、社会福利传至服务对象的过程"⑤。

第二节 公益慈善活动的发展历史

一、中国公益慈善事业的发展历史

自古以来,中华民族就有乐施好善、积德行善的优良文化传统。在中国历史发展的长河中,养老慈幼、扶贫济困、赈灾救险、建桥修路等公益慈善事业,都是中华民族传统美德的具体、生动体现。

(一)中国古代的公益慈善事业

古代中国是一个农业大国,历代统治者奉行的基本都是重农抑商的政策。因此,中国古代的公益慈善事业,主要体现在与农林水利、人口保养有关的救助灾害、扶贫济困、恤老慈幼等方面,也就是所谓的"小慈善"。赈济活动会受到传统的慈善文化、伦理以及综合国力、统治者态度等因素的影响。公益慈善事业在古代既有共性,也呈现出一定的时代特性。其中,从慈善活动主体的角度看,公益慈善事业存在着官办、官办民营、官督民办等不同模式,且经历了一个以官办慈善为主逐步转向民间慈善的过程。这也孕育了传统中国社会对政府责任与民间慈善的界限比较模糊的文化特征。

1. 先秦时期

先秦时期的诸子百家争鸣也反映在慈善理念上。以孔孟为代表的儒家提倡"仁爱""民本"和"大同"等公益慈善理念;以老庄为代表的道家则将"道"与"善"相联系;管子的公益慈善思想可以概括为"六德之兴"和"九惠之教"。尽管几种文化传统形成了不同的对慈善公益的解释,

---

① 刘波,彭瑾,李娜.公共服务外包:政府购买服务的理论与实践[M].北京:清华大学出版社,2016:15.
② 陈振明.公共服务导论[M].北京:北京大学出版社,2011:13.
③ 吴帆.社会服务评估实用教程[M].北京:高等教育出版社,2018:1.
④ 赵海林.社会服务项目运作实务[M].北京:中国人民大学出版社,2018:4.
⑤ 王思斌.社会工作概论[M].3版.北京:高等教育出版社,2014:4.

但关键的理念是一致的,即促进公共福利,并坚持道德原则。

诸子百家丰富的公益慈善思想不仅充实了中国古代传统伦理道德规范,还推动了先秦时期官办公益慈善活动的兴起。从中央到地方均设立了专门的或者兼职的官吏,负责救助灾民、老幼病残和鳏寡孤弱等,因此该时期公益慈善事业的主要特点为官方主办。

2. 秦汉和魏晋南北朝时期

秦汉和魏晋南北朝时期是中国公益慈善事业发展的重要时期。政府外的民间公益慈善组织作为公益慈善活动的主体逐步兴起,特别是随着佛教兴盛而产生的寺院公益慈善活动蓬勃发展。这使得这一时期的公益慈善事业呈现更强的活力,例如,南北朝时期专门收容贫病者的公益慈善组织——"六疾馆",以及专门恤老养幼的"孤独园"。总之,公益慈善事业在这个时期的主要特点为官方主导、佛教助推。

3. 隋唐时期

隋唐时期虽然是中国封建社会发展的鼎盛时期,但是其公益慈善事业并未像"盛唐之治"那般辉煌。在赈灾济困方面,隋唐延续了北齐的"义仓制度",建立了一套完整的入库、储存、管理、赈济体系。隋唐政府也在恤老慈幼方面制订了一些政策措施。有意思的是,当时的统治者认为民间公益慈善活动会从侧面反映出朝廷的不仁,只要政府施行"仁政"就无须民间的"小慈"。因此,隋唐时期的公益慈善事业为官方主办,民间慈善事业为官督民办。

4. 两宋时期

宋代是中国公益慈善事业发展史上重要的、具有划时代意义的里程碑时期。有学者甚至指出:"宋朝在社会救济方面所获得的成就,无论是在数量上,还是在质量上,都是超越前代的。"① 宋代的公益慈善事业几乎涵盖了个体生老病死的各个方面,不仅有政府兴建的一系列公益慈善救助机构,如"广惠仓""福田院""居养院""安济坊"等,而且民间的公益慈善事业也得到蓬勃发展。因此,这一时期公益慈善事业发展的主要特点为官办体系完备,民间慈善推陈出新。

5. 明清时期

在明清时期,公益慈善事业在经历了元代的衰微后,得以恢复、发展并逐渐活跃,主要特点为官办体系延续,民间慈善兴盛发达。在恤寡养老方面,清代出现了由地方乡绅捐资创建的"普济堂"以作为"养济院"的补充。在育婴慈幼方面,明代设立"育婴社",清代则有"育婴堂""六文会""济婴堂"等。这些公益慈善组织大多数由民间士绅捐建,也有少数为官督民办或官办民营。

(二)中国近代的公益慈善事业

近代公益慈善事业在社会变迁中获得新发展。慈善组织的救济内容更趋宽泛,基本涉及中国社会底层民众生产生活的各个方面,表现得比传统善堂善会更积极、更活跃。值得一提的

---

① 宋昌泽,张泽群. 宋朝社会保障的成就与历史地位[J]. 神州,2018(6):291.

是,近代慈善组织在继续重视济贫助困、赈灾救荒等传统善举的同时,也逐渐探索教养兼施的慈善模式,即不局限于单纯的"养",还尝试开办"习艺所""贫儿院""慈幼院"等慈善教育机构,推动慈善教育事业的进步。经历这一时期后,慈善救济和慈善教育构成了近代慈善事业内容的两大部分。

1. 慈善救济

面对频繁的灾荒,晚清政府已无能为力,民间力量便跃上近代慈善事业的舞台,逐渐居于慈善救济活动的主导地位。

清末民初,为应付不断发生的水旱灾难,全国各地都成立了职能类似的慈善机构,从事各项救灾活动,如"华洋义赈会""北京国际统一救灾会"及各省的筹赈会等。但赈灾不过是一种治标不治本的临时措施。为了达到标本兼治的效果,各类机构使用了"以工代赈"等措施。以工代赈是指使由于失业或受灾等原因而造成生活困难的人参加工作获得一定的收入,以代替政府对他们的救济。这一措施既可弥补政府赈款之不足,又可使灾民得以谋生,免地方于纷乱,稳固社会秩序,长期以来就被推崇为"中国向来办赈至善善策"。由于在恤贫济困、赈灾救荒过程中逐渐重视工赈,采取积极的治本的慈善举措,近代慈善组织的慈善活动收效良好。

晚清的兵灾救助也尤为迫切。1904年中国红十字会应时而生,成为近代中国第一个专门进行兵灾救护和赈济的慈善机构。其成立之初,即以战时扶伤拯弱、平时救灾恤邻为宗旨。红十字会在日俄战争和辛亥革命中都全力以赴,或积极投入战地救护,或抢救难民出险、资遣回籍,或救治伤兵、掩埋暴尸。民国肇建后,中国红十字会又继踵参与1913年癸丑之役、1914年鲁皖豫诸省兵灾、1916年护国战争等的救赈。红十字会的救济范围也顺时而变,善举愈推愈广,已涉及施医给药、治病防疫诸项公益慈善活动。

2. 慈善教育

慈善教育是近代中国慈善事业的重要内容,它改变了旧式善会善堂重养轻教的传统。清末新政时期,从京城到地方,中学堂、专门学堂、实业学堂等如雨后春笋般崛起。在各种各样的教育机构中也有一些含慈善性质的学堂。1903年,直隶赈抚局总办在天津"设半日小学堂一所,招集极贫子弟入堂读书,定额二百名,分列四班"。还为贫民子弟设立一所工艺厂,"招幼童学习粗工艺"。聪颖者令习织布、织毛巾、造洋桌椅等事,椎鲁者则学编柳条、织簸箕、编提篮等艺。这样通过数年慈善教育之功,"以造就贫苦,俾人人操一业以自养其生"①。

清末民初,上海地方绅商和社会名流也设有收容、教育贫民子弟的慈幼机构,其中产生广泛影响的机构有上海孤儿院、广慈苦儿院、上海贫儿院等。20世纪20年代以后,慈善教育机构在全国各地更为普遍,新设立的孤儿院都很重视教养兼施,为孤儿能自立于社会谋生着想。

---

① 周秋光,曾桂林.中国近代慈善事业的内容和特征探析[J].湖南师范大学社会科学学报,2007(6):121-127.

总之，慈善教育在近代时期日益为慈善界人士所重视，各种类型的慈善教育机构纷纷出现，扩充和丰富了慈善活动的内容，成为其中不可缺少的一部分。慈善教育机构实行教养兼施，不仅可以让入院的孤贫、盲哑儿童学习基本的文化知识，而且还能让他们掌握一门谋生的技能，成为对社会有用之人。

(三) 中国现当代的公益慈善事业

中华人民共和国成立后，在党和政府的积极推动下，中国公益慈善事业进入了一个新的发展阶段。

1. 新中国成立初期至改革开放前

在新中国成立初期至党的十一届三中全会召开以前，全国旧有的公益慈善组织或停办，或由国家接管，或改组为其他性质的机构。1950年中国红十字会协商改组会议在北京召开。会议明确红十字会为"中央人民政府领导下的人民卫生救护团体"，定名为"中国红十字会"。周恩来总理还对《中国红十字会章程》做了亲笔修改。这次改组也为新中国红十字事业发展奠定了基础。除此之外，当时需要进行社会救助的群体数量十分庞大，党和政府设立了相应机构——民政部。无论是公立，还是私立的救济保障机构，都由民政部管理和领导。在城市，政府负责从摇篮到坟墓的社会保障事业。在农村地区，"五保供养制度"保障了孤儿、需要帮助的老人和极度贫困者能够得到照顾。

2. 改革开放初期

1978年改革开放后，中国人民生活的很多方面都发生了巨大变化，公益慈善事业进入了新的发展阶段。中国公益慈善组织呈现出多元化的发展趋势。各种官方的、民间的、综合的、专门的公益慈善组织共同构成了当代公益慈善事业的主体。

国际基金会和国际非政府组织促进了民间社团的复兴。很多国际组织都在20世纪90年代中期设立了它们的中国项目，随后便在全国范围内开展工作。公益慈善事业的内容也不再只是传统的赈灾募捐、扶贫济困、养老慈幼，还逐步扩展到慈善意识的启蒙和教育、创办慈善超市、环境保护等各个方面。

法制环境的优化也是这一时期的重要特征。1999年中华人民共和国第一部公益慈善类法律——《中华人民共和国公益事业捐赠法》颁布，旨在鼓励捐款，规范捐款和受赠流程，保护捐赠人、受赠人和最终受益人的合法权益。从新时期党的会议、政府的工作报告、国家的五年规划、民政部的指导纲要均可看出党和政府对发展公益慈善事业的高度重视，相关政策文件也为我国公益慈善事业的发展指明了方向，注入了强劲动力。

3. 21世纪以来

近年来我国无论是公民的慈善意识、志愿参与，还是在慈善组织的发展、社会捐赠总量等各方面均取得了长足的进步，慈善事业呈现规模化、专业化和现代化的发展趋势。2004年，中国共产党十六届四中全会决议指出，"健全社会保险、社会救助、社会福利和慈善事业相衔接的社会保障体系"。这是党的文件第一次明确提出将慈善事业作为社会保障体系的组成部分。2005年，民政部发布了《中国慈善事业发展指导纲要（2006—2010年）》，开始制度化推动我国慈善事业的发展。

2016年《慈善法》的出台，标志着我国慈善事业进入了一个全新的阶段。《慈善法》共12章112条，涉及慈善组织的申请登记、监督检查和个人发布求助等问题。在慈善事业领域相应出台了一系列配套政策，力度之大，前所未有。

互联网、新媒体也推动了慈善事业的发展。中国进入互联网公益时代最早可以追溯到20世纪90年代的杨晓霞救助活动[①]。随着家用电脑迅速普及以及各类社群文化的兴起，各大门户网站开始相继设立公益频道。2007年腾讯公益慈善基金会成立，成为首家由互联网企业发起的非公募基金会。2008年汶川地震是对全国公益事业的考验。当时随处可见红色的捐款箱以及祈福蜡烛，人们在门户网站、论坛、博客、QQ等渠道自发组织援助、捐款并扩大声量。腾讯在QQ个性签名加入祈福图标，可视为互联网传播公益情绪的早期案例，许多网友也是在这时候开始尝试用网络进行捐款。随着移动支付的普及，全民网上捐赠习惯进一步养成。此后，互联网在扶危救困等公益慈善活动中的渗透程度越来越深，公益活动的范围更加广泛，公益组织及其联合体通过互联网开展公益活动已成为中国公益慈善领域的常态。

拓展阅读　　　　　数字中的公益慈善事业发展[②]

公益慈善与志愿服务事业在我国已呈蓬勃发展态势。截至2021年，全社会公益资源总量约为4466亿元。其中，社会捐赠总量为1450亿元，彩票公益金总量1062亿元，志愿者服务贡献价值折现为1954亿元。全国持证社会工作者达73.7万人，志愿者队伍超过129万支，注册志愿者已经超过2.2亿人，公开发布志愿服务项目超过450万个。各类社会组织达100万家，专职工作人员1250万人，固定资产达到5900亿元，注册的慈善组织近1万家。另外，中国慈善联合会发布的《2020年度中国慈善捐赠报告》显示，2020年，我国接受境内外慈善捐赠总额2253.13亿元，其中内地接受款物捐赠2086.13亿元，首次突破2000亿元，通过互联网募集的善款接近100亿元。社会工作者是社会服务的主体，截至2022年9月20日，全国持证社会工作者已达92.9万人。制度建设方面，公益慈善、志愿服务、社会工作法规建设日益完善，发展环境日益优化，高质量发展前景广阔。有关公益慈善的研究探索紧跟新形势，为慈善发展贡献智慧，坚定走中国特色慈善与志愿服务事业发展之路。慈善事业融入企业发展战略，越来越多的企业开始承担社会责任。政社联合，探索公益慈善、志愿服务与社会工作组织联合应对突发公共事件的应急管理与服务实践方式。社会文化方面，全社会营造了良好的公益慈善、志愿服务与社会工作发展的氛围，国内公益慈善组织有序实施对外援助项目。公益慈善教育也开始发展，公益慈善文化进校园、进社区的社会教育深入人心。可以说，新时代公益慈善、志愿服务与社会工作事业已经展现出全新发展态势。

---

① 20世纪90年代，山东农家少女杨晓霞因患罕见疑难病症受到关注，社会各界给予面临病痛和就医费用难题的杨晓霞极大的关注和支持，捐款总额87万余元，这是当时个人所获得的最大一笔捐助。

② 杨团，朱健刚.中国慈善发展报告（2022）[M].北京：社会科学文献出版社，2023：4-6.

二、国际公益慈善事业的发展历史

由于人口状况、自然地理环境、文化传统、经济与社会发展阶段等诸多因素的叠加影响,世界上众多国家和地区的公益慈善事业发展呈现出极为不同的历史轨迹和特点。

(一)国际红十字会的发展历史

国际红十字会(International Committee of the Red Cross)由瑞士银行家亨利·杜南(Henry Dunant)创立。杜南在1859年时路经意大利伦巴第,目睹了奥地利、法国及萨丁尼亚王国军队在苏法利诺(Solferino)惨烈的战斗,发现伤兵无人照顾,情况凄惨。他于1862年自费出版了《苏法利诺之回忆》一书,希望唤起社会的注意,并号召群众成立一个民间并中立的伤兵救援组织。1863年,杜南与古斯塔夫·莫尼埃(Gustave Moynier)、吉勒姆-亨利·杜福尔(Guillaume-Henri Dufour)、路易斯·阿皮亚(Louis Appai)及西奥·莫诺伊(Theodore Maunoir)一同成立了伤兵救护国际委员会(International Committee for the Relief of the Wounded),此即为最初的国际红十字会。它是世界上最早成立的红十字组织,也是瑞士的一个民间团体,完全由瑞士公民组成,并受瑞士法律的保护和约束,总部设在日内瓦。该委员会的宗旨是在战争中行善。

1864年,红十字运动已经伸延至欧洲12个国家,并在日内瓦首度签署了《改善战地武装部队伤者境遇之日内瓦公约》,即第一个《日内瓦公约》。根据《日内瓦公约》的规定,该委员会以中立团体的身份对战争受难者进行保护和救济,受理有关违反人道主义公约的指控,致力于改进和传播人道主义公约,与有关团体合作培训医务人员,发展医疗设备。

国际红十字会成立100多年来,由于在战时及和平时期对人类社会都有卓著的贡献,因此3次获得诺贝尔和平奖,加上创办人杜南于1901年获得诺贝尔和平奖,总计获得4次最高的和平殊荣。"红十字"不仅是一种精神,更是一面旗帜,跨越国界、种族、信仰,引领着世界范围内的人道主义活动。

(二)美国公益慈善事业的发展历史

美国建国的历史虽然只有200多年,但由于在公益慈善事业上有许多制度性创新,加上许多民众有志愿服务传统,美国一度成为慈善大国。总体来说,美国的公益慈善史可以粗略分为四个阶段,基本上对应着美国民间组织发展较快的四个时期。

1. 18世纪至19世纪中叶

19世纪中叶,美国领土扩张,经济快速发展,各种公益慈善事业和公益慈善组织不断涌现,在一定程度上推动了各种社会改革运动。在19世纪中晚期,美国的公益慈善事业基本完成了从分散性个体善举向非营利机构主导的转变。

2. 19世纪后期至20世纪前半期

这一时期是美国实现工业化与公益慈善事业大发展时期。1900年,美国工业生产能力在世界名列前茅。但与此同时,由于大量城市贫民的产生、外来移民浪潮和贫富悬殊而导致的各种社会矛盾也日益加剧,这些成为美国公益慈善事业发展的条件。

这一时期发生的三个新变化对美国后来公益慈善事业的持续发展具有特别重要的意义,

即大众慈善的蓬勃兴起、新型财富观和私人基金会的出现,以及联邦政府通过法律鼓励慈善捐赠。大众慈善是指千家万户的普通民众都积极参与并能够实施民主管理、民主监督的慈善事业。来自个人的零星捐款或遗赠资产通过一定形式的公共慈善机构集聚和分配,使善款的涓涓细流变成荡涤贫困、疾病和其他社会问题的大潮。新型财富观是指富人仅仅是财富的受托保管人,他们把财富分给社会,增进大众的福利。私人基金会是一类非政府、非营利性组织,有特定的资金来源,由基金的受托人或者理事会进行管理,目的是维持或协助某种公共服务。联邦政府通过法律鼓励慈善捐赠主要是指在1913年美国联邦政府开始征收所得税时,相关法律就对慈善组织给予了免税优待。

3.第二次世界大战结束以后到冷战时期

第二次世界大战结束后,美国经济持续高速发展,公益慈善事业进入了新的发展阶段。这一时期的发展主要呈现为慈善法制的完善,政府与非营利部门建立协作关系,以及一大批以海外救援、发展援助和对外交流为主业的国际性公益慈善组织的出现。

4.冷战结束以后的公益慈善事业繁荣期

1991年冷战结束以后,美国进入了一个公益慈善事业空前繁荣的时期。美国公益慈善之所以能够持续和快速发展,并在全世界产生影响,与以下四个方面的因素有着直接关系,即联邦政府对志愿服务工作加以制度化、超级慈善基金会的诞生、美国历史上规模空前的慈善捐赠和紧急救援、沃伦·巴菲特的捐赠承诺及相关呼吁。

目前,美国的慈善机构正经历着从来自广泛大众的捐赠支持,到越来越多地依赖少数非常富有的个人的转变,这种趋势被称为"头重脚轻的慈善事业"。随着这种情况的发生,越来越多的慈善资金被转移到财富储存工具中,如私人基金会和捐赠人建议的基金会,而不是流向为当下需求服务的慈善机构。一小群超级慈善家正在对非营利组织的优先事项和使命施加越来越大的影响。

第三节 现代公益慈善领域的特点

一、现代慈善的基本理念

近年来,"慈善理念"一词频繁出现在慈善这一研究领域,但人们还没有形成对"慈善理念"的统一定义。我们可以这样理解慈善理念:它是人类发展和社会进步的过程中,在社会实践的基础上,"慈善"这一客观存在在人脑中的反映,主要包括人们对"慈善""慈善事业"的看法、态度及其变化。慈善理念对慈善事业的发展和社会的进步产生着深远影响。

我们可以将慈善理念看作是慈善信念、慈善思想、慈善观念、慈善意识的集中体现。它是慈善活动中各种道德意识、道德行为、道德心理的综合体现,是人们依据一定社会伦理道德的基本价值观念对慈善活动的客观要求所进行的理性认识和价值升华。慈善理念追求的是社会公共利益的实现,追求人的幸福和全面发展,追求公平正义和社会的和谐进步。慈善理念所倡导的仁爱之心、济贫恤弱、关爱社会弱者,有助于克服日益严重的社会疏离和隔膜,增进社会凝聚力和向心力,促进整个社会的稳定与和谐。慈善理念可以被划分为五个层次:第一层次是对慈善的直觉反应和认识,即感性认识层次;第二层次是对慈善及相关问题的经验认识,即知识层次;第三层次是参与慈善事业的动机和价值观念,即态度层次;第四层次是对慈善及相关问题的评价,即评价层次;第五层次是个体慈善行为的方式,即行为意向层次[1]。

现代社会的慈善理念既包含传统慈善的核心理念,又呈现出现代慈善的独特特征。

1.公民权利观

关注人的生命和基本的生存状况,强调人与人之间的关爱和互助,是慈善事业的价值基础和精神内核。在现代社会中,现代慈善文化仍然凸显了尊重人的人本价值观和权利观,认为任何人在人格上无高低贵贱之分,相互平等,一切救济行为都应该当以尊重其权利、人格和尊严为前提,以满足其需要和促进其发展为目的。在现代社会,以公民权利和责任为基础的国家制度成为扶持和帮助弱势群体的根本手段,这为公民权利提供了制度上的保障。

2.公民社会责任观

慈善是一种充满责任感的生活方式和行为方式,如果公民缺乏社会责任意识,不可能产生真正的现代慈善。个人或者团体以自发的形式去帮助一些社会弱势群体,或者投身于公共利益,都充分体现了公民责任意识。具有社会责任意识的公民表现为对他人及他物的普遍尊重和关心,对个人福祉与公共福祉的共同关注和有机结合。这种责任不是分外的德行,而是现代公民在公共生活中主体地位的体现。这种社会责任意识的形成是现代慈善事业的显著标志。

3.利他主义价值观

无偿的善爱是慈善理念区别于经济、政治和法律概念的根本。现代慈善理念中仍然包含着利他主义的基本价值观。利他主义是指一个个体在特定的时间和空间条件下,以牺牲自己的适应性来增加、促进和提高另一个个体适应性的表现。利他主义包括有条件利他主义和无条件利他主义。有条件利他主义主张"利他"应当是有偿性的,持有这种价值观的人在实施利他行为时总是期待能得到他人或社会的报答。无条件利他主义则主张"利他"应当是纯粹的、无私的,持有这种价值观的人在利他过程中不求任何回报,不受社会奖励或惩罚的影响,表现出无私的精神。

4.理性社会财富观

慈善文化倡导"为富者仁"的价值取向,将用自己创造的财富造福人类看作是最高的价值追求,这代表了一种理性的财富观:以合理合法的方式获取财富,以利己利人利社会的方式使用财富,勇担社会责任。

---

[1] 卢进丽.中国慈善意识的现时代反思及其转型[J].山西高等学校社会科学学报,2008(8):14-17.

5. 企业公民观

越来越多的企业领导人和员工意识到"企业公民"的理念观是企业和社会双赢的互惠理念，这就需要将企业看作和普通公民一样的"企业公民"。企业公民有权利，也有责任为建设一个和谐稳定的社会做出应有的贡献。企业在创造利润的同时，也应该为社会尽一份公民的义务，更应该对社会尽一份自己的责任。

6. 社会志愿精神

自主、自觉、自律是慈善理念的重要特征。人们自主、正确地把握伦理关系中的道德责任是产生慈善理念的前提条件。在现代社会，这种道德自觉性体现为志愿精神。志愿精神是一种不以物质报酬为目的，利用自己的时间、技能等资源，在自愿为社会和他人提供服务和帮助的条件下积极参与，并促进社会进步和完善社区工作的精神。这是一种"我为人人，人人为我"的利己利他的境界。

在构建社会主义和谐社会的背景下，慈善理念具体体现为和谐社会的理念、社会责任的理念、救灾应急的理念、携手共办慈善的理念、助人为乐的理念、积德行善的理念、"授人以渔"的理念、志愿服务精神的理念等。

慈善事业的发展程度是衡量一个国家社会文明和道德文明程度的重要标准。传统慈善理念向现代慈善理念的转型，是时代发展和民族建设的迫切需要。不同于传统慈善行为中表现出来的怜悯、恩赐和亲邻扶助，现代慈善理念以人道主义精神为基础，强调平等、互助、博爱、共享，是个体公民履行社会责任与弱势群体享受基本权利的对接，是对生命、尊严和人格的呵护。培育现代慈善理念有助于社会的稳定发展，有助于培育爱心，实现良好的道德风尚和和谐的人际，并培育公民的公共精神品质，可为慈善文化的发展提供良好的氛围。

二、现代公益慈善领域的运行

公益慈善领域的运行有着特定的主体与方式。总体来说，慈善组织是公益慈善领域的核心，通过慈善捐赠、募捐或信托整合资源，通过提供慈善服务或捐赠输送资源。这一基本运行方式也体现在《慈善法》的基本结构中。《慈善法》包括三个基本内容：第一部分是对慈善活动主体与活动内容的规定，包括总则、慈善组织、慈善募捐、慈善捐赠、慈善信托、慈善财产、慈善服务；第二部分是为上述活动更好开展的相关措施，包括信息公开、促进措施、监督管理、法律责任等；第三部分是对上述内容的一些补充规定，即附则。

公益慈善领域在人类社会的运行与发展中发挥着怎样的作用？在现代社会，我们可以从第三次分配的角度来理解这个问题。著名经济学家厉以宁在《股份制与现代市场经济》一书中指出，市场经济条件下的收入分配有三次：第一次是按照市场效率进行分配；第二次是政府通过税收调节；第三次是在道德力量的感召下，通过个人缴纳和捐献等非强制方式再一次进行分配。第二次分配是对第一次的矫正，第三次分配是对第二次的补充，第三次分配以其独有的特点弥补了前两次的剩余空间。

公益慈善活动是第三次分配的主要路径。2019年10月，中国共产党第十九届四中全会通过的《中共中央关于坚持和完善中国特色社会主义制度 推进国家治理体系和治理能力现代化若干重大问题的决定》指出,要"重视发挥第三次分配作用,发展慈善等社会公益事业"。2020年《中共中央关于制定国民经济和社会发展第十四个五年规划和二〇三五年远景目标的建议》再次提出,要"发挥第三次分配作用,发展慈善事业,改善收入和财富分配格局"。作为第三次分配的主要路径,公益慈善活动也具备了其所具有的主要功能,如促进全民共同富裕、推动社会主义精神文明发展和保持社会的活力和创新力等[1]。

公民可以通过多种方式参与公益慈善,如通过社会服务机构提供志愿服务,参与志愿组织的日常管理工作,通过捐赠提供资金支持,甚至成为职业公益人。

三、志愿组织及志愿服务的发展

1970年,联合国大会投票决定建立一个国际性的志愿者组织,称为联合国志愿人员(United Nations Volunteers,UNV)组织。1985年,第40届联合国大会通过决议,从1986年起每年的12月5日为国际促进经济和社会发展志愿人员日(International Volunteer Day for Economic and Social Development),也就是今天的国际志愿者日,并号召政府高度重视志愿服务的意义。志愿服务是当代公益慈善的重要元素。

当代中国的志愿服务组织与文化在改革开放的背景下日益发展。1983年北京市成立"综合保护"志愿服务队伍,1987年广州市设立志愿者服务"热线电话",1989年天津市成立社区志愿服务团队,1990年深圳市成立合法注册的志愿者社团,1994年团中央成立全国性社团"中国青年志愿者协会",这些都是早期志愿服务的有益探索。

2008年四川汶川地震发生后,深入灾区的国内外志愿者达300万人以上,在后方参与抗震救灾的志愿者人数达1000万人以上。2009年国务院新闻办公室发布的《中国的减灾行动》白皮书中指出,随着国家现代化建设不断取得新成就和人民生活水平的日益提高,中国减灾志愿者队伍快速发展。

2008年的北京奥运会,赛会志愿者报名人数超过112万,同时申请残奥会的志愿者人数达到90万,创下历届奥运会之最[2]。2010年广州亚运会,通过广州亚组委官方网站志愿者报名系统、广州市95个固定报名站点,以及流动报名站点和手机自助报名等方式成功申请成为广州亚运会、亚残运会志愿者的人数超过66万人。其中,学生志愿者成为亚运会、亚残运会志愿者的主力军,共计45万人,占申请人总人数的68%。

北京奥运会、上海世博会、广州亚运会举办之后,中国志愿服务组织出现"井喷"的现象。一方面,政府支持和推动的志愿组织大量发展;另一方面,民间自发成立的志愿组织也越来越多。从全国各地的情况看,志愿组织延伸到群众生活的各个领域,发挥的作用越来越大。近年来,中国志愿服务联合会成立并发挥统筹协调作用,中华志愿者协会、中国文艺志愿者协会等组织陆续成立并推动各领域服务发展。民政部也开通志愿服务官方网站"中国志愿服务网",为志愿者和项目搭建平台。各地区诞生种类多样、功能多样的志愿服务组织。志愿服务成为

---

[1] 邓国胜.第三次分配的价值与政策选择[J].复印报刊资料(社会保障制度),2022(2):73-77.
[2] 服务北京冬奥盛会,志愿精神再度闪亮登场|新京报快评[EB/OL].[2022-10-22]. https://baijiahao.baidu.com/s?id=1723279982386047859&wfr=spider&for=pc.

中国人社会生活的组成部分。据《北京2022年冬奥会和冬残奥会遗产报告集(2022)》报告，截至2020年底，"志愿北京"实名注册志愿者人数突破443.6万人，占常住人口的20.6%，其中助残志愿者达13万人。即使在新冠疫情的影响下，2022年北京冬奥会赛会志愿者报名人数也高达115万人。今天，志愿服务已然成为中国人生活的一部分，志愿精神在中国广泛传播。

拓展阅读

走进和平区新兴街朝阳里社区新河里小区柴志华老人的家中，洁净的卫生间、崭新的马桶格外引人注意。柴大爷指着客厅和卫生间之间一片光溜溜的地面对记者说："原来这里有一个30公分的台阶，厕所里也是蹲便，'方便'起来一点都不方便。"柴大爷的如厕难事，是住在同楼的宋忠义老人发现的，这源于朝阳里社区发起的一项名为"小老帮大老"的志愿服务活动。"谁家有事，都言语一声，有难事儿，找志愿者，这就是咱社区的风气！"宋大爷介绍，柴大爷曾经也是社区里的志愿者，如今年近80岁，行动不便，前不久，宋大爷将柴大爷家的情况报告给社区党委和志愿者服务团队。很快，在区民政局的协调帮助下，柴大爷家的卫生间被纳入"一家一策"的适老化改造项目中，仅用了3天时间，老人家厕所门口的台阶去掉了，厕所内外地面调整为同一高度，重新铺设好了水电管线，还定制安装了安全扶手。

这是有关天津和平区志愿服务的众多报道之一。1988年和平区新兴街13名志愿者组成服务小组帮助13户困难家庭，开启了和平区志愿服务的优良传统。1989年3月18日，全国首个社区服务志愿者协会在和平区新兴街成立。2009年3月，朝阳里社区被民政部认定为全国第一个社区志愿者组织发祥地。30多年来，和平区的区、街、社区志愿者协会组织已发展为72个，学雷锋志愿服务站发展为130余个。全区登记在册的志愿服务项目达2553个，全区实名注册的志愿者11.6万人，占全区常住人口的近三分之一。从20世纪90年代的区、街领导带领机关干部与志愿者一起开展的送煤、送菜、送炉具为主要内容的"老三送"，到21世纪初的送岗位、送知识、送健康的"新三送"，再到如今送快乐、送品牌、送服务的"新新三送"，和平区志愿服务活动的内容不断扩展，也给辖区群众带去了更多的温暖。

本章小结

公益与慈善既有联系，又有区别：公益偏重于对公众利益的关注，慈善偏重于对弱者的关切。《慈善法》中的慈善是包含了公益与传统慈善的"大慈善"。公益服务对应《慈善法》中的"慈善服务"。慈善服务可以通过慈善组织自己提供或者志愿者提供。公益慈善有着悠久的历史。现代社会的慈善理念既包含传统慈善的核心理念，又呈现出现代慈善的独特特征。慈善组织是公益慈善领域的核心，通过慈善捐赠、募捐或信托整合资源，通过提供慈善服务或捐赠输送资源。志愿服务是现代慈善的要素。

思考题

1. 你认为公益与慈善有什么区别?
2. 现代社会慈善理念有什么特点?
3. 公民参与公益慈善有哪些路径?

推荐阅读

1. 联合国志愿人员组织(UNV)网：https://www.unv.org/
2. 中国志愿服务网：https://chinavolunteer.mca.gov.cn/site/home
3. 《中华人民共和国慈善法》

第二章　慈善组织

第一节　慈善组织概述

一、慈善组织的定义与认定

慈善组织是社会组织的一种。广义的社会组织是指为了达到某种特定目标而有计划地建立起来的，结构比较严密的制度化的社会群体。人类社会包含各种各样的群体，正式的群体便是组织。广义的社会组织对应的就是这种正式的群体。狭义的社会组织特指一种与政府、企业并列的组织类型。"三部门说"将组织划分为政府、企业、社会组织三类，其中的社会组织就是狭义的社会组织，也被称为第三部门、非政府组织（Non-Governmental Organization，NGO）或非营利组织（Non-Profit Organization，NPO）。狭义的社会组织包括社会团体、基金会和社会服务机构三种类型。从广义和狭义的角度，慈善组织都是社会组织的一种，但是在日常生活中，人们更多在狭义的社会组织的语境下讨论慈善组织。目前，我国对社会组织的管理由民政部门负责。

（一）《慈善法》对慈善组织的定义

《慈善法》第八条规定："本法所称慈善组织，是指依法成立、符合本法规定，以面向社会开展慈善活动为宗旨的非营利性组织。慈善组织可以采取基金会、社会团体、社会服务机构等组织形式。"在《慈善法》中，慈善组织本身并不是一种独立的社会组织形式，也不是一种新设的社会组织形式，而是在现有基金会、社会团体、社会服务机构三类社会组织的基础上，从慈善宗旨角度，按照设定的条件对相关社会组织的性质进行的认定。符合条件的就是《慈善法》所称的慈善组织。

（二）《慈善法》对慈善组织的认定标准

根据《慈善法》第九条规定，慈善组织应当符合下列条件：（一）以开展慈善活动为宗旨；（二）不以营利为目的；（三）有自己的名称和住所；（四）有组织章程；（五）有必要的财产；（六）有符合条件的组织机构和负责人；（七）法律、行政法规规定的其他条件。

根据《慈善法》第十七条规定，慈善组织有下列情形之一的，应当终止：（一）出现章程规定的终止情形的；（二）因分立、合并需要终止的；（三）连续二年未从事慈善活动的；（四）依法被撤销登记或者吊销登记证书的；（五）法律、行政法规规定应当终止的其他情形。

二、慈善组织的特征

根据慈善组织的定义与认定标准,慈善组织应当具有如下特征。

1. 公益性

慈善组织的公益性是指以面向社会开展慈善活动为宗旨,以奉献社会、服务大众为使命,不以特定私人利益作为组织目的,相关财产不得被私人所分配和利用,也不得兼顾私利。所谓"面向社会开展慈善活动",主要是指慈善组织开展慈善活动的受益对象,应当是不特定的多数人。需要说明的是,公益性是慈善组织的重要特征,但不是慈善组织的独有特征。除慈善组织外,其他法人组织和非法人组织,开展公益活动,也可能具有公益性。

2. 非营利性

慈善组织的非营利性是指不以营利为目的,没有股东,不分配利润,组织的成立完全基于非营利的目的。《慈善法》第九条规定慈善组织应具备"不以营利为目的"这一特征,是慈善组织非营利性的具体表现。非营利性包含了三个层面的含义:设立的目的不是为了营利;不排斥投资经营活动;对于投资活动取得的受益,也属于慈善财产的一部分,应当全部用于慈善目的,不得进行与慈善活动无关的分配。"非营利"并不代表慈善组织不能从事一定的投资行为,而是要求其利润只能继续用于慈善事业,不得进行分配,即"禁止利润分配原则"。"非营利性"突出了慈善组织所承担的独特的社会公益功能,体现了利他主义,是慈善组织与企业、公司等营利性组织区分的根本标志。

3. 财产独立性和公共性

慈善组织的财产主要来自捐赠及孳息,捐赠财产一旦被捐赠给慈善组织,就不再属于捐赠人所有。慈善组织对其财产的使用受到慈善宗旨和捐赠合同的限定,必须用于慈善目的,并不得在慈善组织发起人、捐赠人和慈善组织成员中分配。

4. 自治性

慈善组织为切实履行自身宗旨,应当建立一套与其开展活动的特点相适应的内部治理机制,包括决策、执行及监督机制。

三、慈善组织的类型

在中国,慈善组织主要包括基金会、社会服务机构、社会团体三种类型。

(一)基金会

基金会是指利用自然人、法人或者其他组织捐赠的财产,以从事公益事业为目的的非营利性法人。根据我国《基金会管理条例》规定,基金会必须在民政部门登记方能合法运作。我国大部分的基金会属于慈善组织,如中国青少年发展基金会、中国残疾人福利基金会、西安交通大学教育基金会等。

作为一种基本的慈善组织形态,基金会具有以下特点。①慈善性(或公益性)。基金会源于捐赠,是利用自然人、法人或者其他组织捐赠的财产依法成立的非营利法人,基金会是慈善捐赠的制度化和组织化形式。同时,基金会有明确的慈善宗旨,即以从事公益事业为目的,通过各种项目活动使特定群体和整个社会受益。②非营利性。"非营利性"的实质是"非利润分配性",具体表现在:基金会的捐赠人、实际管理者不得从基金会的财产及其运作中获得利益;基金会应具备有效规避较高风险的自我控制机制。③民间性。基金会是自主决策、自主管理的独立法人实体。其治理结构不同于政府,是民主治理、信息公开的社会组织。④基金会的财产管理具有特殊性。基金会是以捐赠为基础形成的公益财产的集合,拥有以基金形式存在的公益财产,通过有效的财产运作实现保值增值是其生命力的体现。

从募捐对象出发,一般将基金会分为公募基金会和非公募基金会。公募基金会是指可面向公众募捐的基金会。公募基金会按照募捐的地域范围,分为全国性公募基金会和地方性公募基金会。非公募基金会是指不得面向公众募捐的基金会。根据《慈善法》规定,现有的非公募基金会符合《慈善法》规定的条件,也可以申请公开募捐资格,开展公开募捐活动。

基金会的运作模式可以分为运作型、资助型和混合型。运作型模式是指基金会将筹集到的资金直接运用于公益项目的开展和管理,与直接受益人有直接的互动与接触,并全面负责项目的管理。资助型模式是指基金会自己并不直接运作和管理项目,而是支持其他公益性机构运作项目并为受益群体提供服务,提供的支持可以是资金、技术或其他形式。混合型模式则是将上述两种方式同时使用的基金会运作方式。

中国的基金会具有明确的公益导向,在开展活动时体现出项目主导的主要特征,比如中国儿童少年基金会的"春蕾计划"、中国青少年发展基金会的"希望工程"、中国人口福利基金会的"幸福工程——救助贫困母亲"、中国妇女发展基金会的"母亲水窖"、中国扶贫基金会的"母婴平安120行动",这些都成为中国慈善事业的标杆项目。

基金会作为慈善组织的基本形态具有自身优势:第一,基金会改变了传统的社会财富分配方式,可以以自愿的方式在较短时间内聚集起大量资源用于慈善活动;第二,基金会有比较规范的治理结构,具有适应新的社会需要和时代变化的可持续发展能力。基金会是现代公益慈善事业的发动机与资源中心,通过整合社会资源、支持优秀项目、鼓励改革创新等多种形式,推动着社会的发展与成熟。

案例链接　　　　　　　壹基金[①]

壹基金最早由李连杰先生于2007年创立,以"尽我所能、人人公益"为愿景,专注于灾害救助、儿童关怀与发展、公益支持与创新三大领域。2010年12月,深圳壹基金公益基金会作为第一家民间公募基金会在深圳注册,是5A级社会组织,连续十一年保持信息公开透明度满分,两度获得慈善领域政府最高奖"中华慈善奖",并获得"先进基层党组织""鹏城慈善40年致敬单位""深圳青年五四奖章"等荣誉。

2007年,李连杰先生与中国红十字总会合作设立"中国红十字会李连杰壹基金计划",以独立运作的慈善计划和专案的形式在中国大陆开展公益事业。2008年10月,为了保证公益项目更高效地实施,在中国红十字总会、上海市民政局等多方管理机构的指导和支持下,上海李连杰壹基金公益基金会以非公募基金会的形式注册成立。作为"中国红十字会李连杰壹基

---

① 来源:壹基金官网 https://onefoundation.cn/。

金计划"的执行机构,上海李连杰壹基金公益基金会严格按照《基金会管理条例》开展各项业务活动,向"中国红十字会李连杰壹基金计划"进行专项的汇报与结算,并接受年度审计。

2010年12月3日,深圳壹基金公益基金会在深圳市民政局的大力支持下正式注册成立,拥有独立从事公募活动的法律资格。深圳壹基金公益基金会注册原始基金为5000万元,发起机构为腾讯公益慈善基金会、万科公益基金会、万通公益基金会、老牛基金会及上海李连杰壹基金公益基金会,每家发起机构出资1000万元。"中国红十字会李连杰壹基金计划"及"上海李连杰壹基金公益基金会"已清算注销,其项目、资金及工作人员由深圳壹基金公益基金会承接。

壹基金搭建了健全的治理机制,建立了58个规章制度,形成了完善的筹资、财务、项目管理、内审和外审等风险控制体系。作为公募性基金会,需要对来自公众捐赠资金进行良好的风险控制,以确保资金能够安全和有效地使用。在资金安全方面,壹基金将资金托管于招商银行,接受招商银行的审核与监督。在内部则建立了完善的项目审计体系,对于所有资助项目都将进行严格的财务审计,对投入于重大灾害中的项目则进行第三方的专项审计,机构则每年接受独立会计师事务所的外部审计。对于壹基金资助开展的项目,除严格财务管理外,还建立起项目监测系统进行日常监测。对于正式立项的公益计划和特别重要的项目,每三年会通过招标程序委托第三方进行评估,以确保项目的质量。

(二)社会服务机构

社会服务机构的出现,源于人们对服务的需求。人们的服务需求一部分可以由企业提供,还有一部分带有公益性质的服务(社区服务、养老服务、扶贫开发、艾滋病救助、环境保护等)由社会提供。在过去中国的行政体制中,这些服务主要由政府或事业单位提供,因此不存在典型意义上的社会服务机构。随着政府行政体制改革和社会转型,社会服务机构渐渐生长壮大,通过各种方式承载了社会服务和公共服务的一些责任。从发展趋势来看,社会服务机构将是社会服务与一部分公共服务的主要供给者,在公共服务供给领域扮演着越来越重要的角色。

社会服务机构要成为慈善组织,需要以面向社会开展慈善活动为宗旨,并符合慈善组织相应的条件。面向社会公众,为残疾人、老年人、处于困境的儿童等群体提供帮扶的社会服务机构,是典型的具有慈善性质的组织,如自闭症儿童康复机构、残疾人康复训练中心、空巢老人关爱之家、农民工法律援助与研究中心等。

案例链接　　　　　广东绿耕社会工作发展中心[①]

广东绿耕社会工作发展中心(绿耕城乡互助社,Center for Advancement of Rural-Urban Sustainability)(以下简称"绿耕")是2011年在广东省民政厅注册的专业社会工作机构,从2001年开始实践农村社会工作,2007年确立"城乡合作"的项目框架。绿耕目前主要在广东、云南、四川、湖南等地开展农村社会工作实践。绿耕的宗旨为:扎根社区,精耕细作,培力弱势,彰显公义。绿耕的三大发展方向为农村/民族/灾害社会工作实践项目、城乡合作网络、行业培训与同伴支持。

---

① 来源:广东绿耕社会工作发展中心网站 http://www.lvgeng.org/.

培育村民组织是绿耕农村社会工作的发力点。绿耕在从化扎根五年，先后组织了乡村旅舍妇女小组、生态种植小组、青梅产品加工互助组、返乡青年文化导赏小组等村民组织，发展多元可持续的生计方式。村民组织利用本地人文传统（古围屋等）和生态资源，开展城乡互动与公平贸易，不仅显著改善村民生计，同时也保护和传承了村庄传统文化，保护了生态环境。

绿耕二十年来深耕社区，秉持以人为本、公平正义、助人自助的社工精神，立足社区日常生活，以"扎根社区，精耕细作，培力弱势，彰显公义"为宗旨，借助城乡合作、公平贸易的平台，在与社区民众同行的过程中协助农民实现生计发展、社会互助、文化传承、性别平等、生态保育等社区可持续发展的目标，致力乡村振兴。

（三）社会团体

社会团体是指中国公民自愿组成，以会员为组织基础，为实现会员共同意愿，按照其章程开展活动的非营利性社会组织，主要类型有行业协会、学会、研究会、促进会、联合会、校友会等。其中，学会和行业协会是社会团体的两种主要形式：学会在科学文化领域发挥着重要作用；行业协会在市场经济中的作用日益增强。我国民政部把社会团体分为四类：一是学术性团体，二是行业性团体，三是专业性团体，四是联合性团体。

依法成立、以面向社会开展慈善活动为宗旨的社会团体即慈善组织。显然，并非所有的社会团体都是慈善组织。社会团体要成为慈善组织，需要以社会公共利益为宗旨，而不是仅服务于会员群体。慈善会、志愿者协会、社会工作者协会等均为典型的慈善组织。行业协会、商会、校友会等社会团体，是以服务会员群体为宗旨，一般不属于慈善组织。

除基金会、社会服务机构、社会团体三种组织形式以外，随着慈善事业的不断发展和慈善领域的创新，慈善组织将来有可能出现其他组织形式。例如，《宁夏回族自治区慈善事业促进条例》就专章规定了鼓励发展社会慈善企业。近年来，通过商业手段获取利润用于扶助弱势群体的社会慈善企业发展很快，将来社会慈善企业等形式也有可能被纳入慈善组织的范围。

案例链接   陕西省妇女理论婚姻家庭研究会

陕西省妇女理论婚姻家庭研究会成立于1986年，并于1999年过渡为法人社团，是一个具有法人资格的非营利性民间妇女机构。研究会的重点服务领域为农村妇女赋权与发展、妇女法律援助、家庭暴力与社会性别培训等，成功地开展了一系列"关注妇女发展、促进两性平等"的行动研究和为妇女提供服务的公益活动，创出了一条行动和理论研究相结合的道路，成为国内颇具影响力的NGO。研究会一直致力于维护女性权益，促进女性发展，已形成针对反对妇女儿童暴力的"一站式社工服务"。同时，通过多年开展的农村基层妇女参选参政工作形成了提升妇女参政水平的有效模式。其次，自1998年起，开始将社会性别培训贯穿到所有项目中，设计、编印各种培训教材和宣传手册等。与媒体、社区等合作进行公众教育。最后，创办内刊《西部女性》，开办西部女性网，建立社会性别资源中心，旨在为社会各界提供咨询和本土经验，共同推动社会性别主流化，至今已举办700余场社会性别培训和讲座。未来，研究会将秉承关注妇女发展的宗旨，在民政部门、各级妇联和基金会的支持下，通过行动研究的方法解决社会问题，着力倡导和促进性别平等，做好女性的陪伴者。

四、慈善组织的结构

慈善组织内部治理结构的完善是确保慈善组织规范运行的重要条件,规范健全的内部治理机构,对于保证慈善组织的健康运行必不可少。通常情况下,慈善组织的内部治理结构主要包括决策、执行和监督三个方面。

一是决策机构。决策机构是慈善组织的中枢,通过定期召开会议等形式,行使决策权,例如:制定、修改章程;选举、罢免慈善组织负责人;决定慈善组织的重大业务计划,如资金募集、管理和使用计划;预算年度收支和审定决算;制定内部管理制度;决定设立办事机构、分支机构和代表机构;决定基金会的分离、合并或终止等重大事项。基金会的决策机构是理事会,社会团体的决策机构是会员大会或者会员代表大会。决策机构依法行使章程规定的职权。因此,在慈善组织的章程中,应当对该慈善组织决策机构的组成和职权作出明确的规定。

二是执行机构。执行机构负责主持开展日常工作,是慈善组织内部负责开展慈善活动的机构。如基金会的执行机构通常是秘书处,在理事长和秘书长的领导下开展工作。执行机构的职权除保证慈善组织的日常运转外,还负责组织实施年度工作计划,协调慈善组织内部各机构开展工作,代表本慈善组织对外签署文件、合同,接受捐赠,开展募捐,管理和使用慈善财产,组织招募志愿者开展慈善活动等。

三是监督机构。监督机构依照章程规定的程序,负责检查慈善组织的财务和会计资料,监督决策机构、执行机构遵守法律法规和章程的情况,有权向决策机构提出质询和建议,并向登记管理机关、业务主管单位以及税务、会计主管部门反映情况等。

第二节 企业社会责任

一、企业社会责任的含义与特点

不同学者、机构从不同视域对企业社会责任(Corporate Social Responsibility)的含义做了不同的界定,时至今日尚未达成共识。这也从另一个角度说明了企业社会责任内涵的丰富多元。

企业社会责任的概念在 20 世纪 20 年代被提出[1]。这之后,人们从不同角度对这一概念进行界定。例如,1935 年被称为"企业社会责任之父"的霍德华·鲍文(Howard R. Bowen)在《商人的社会责任》一书中指出:"商人有义务按照社会所期望的目标和价值,来制定政策、进行决策或采取某些行动。"[2]从企业所有者——商人的角度提出的"责任铁律",要求"商人的社会责任必须与他们的社会权利相称"[3]。从利益相关者的角度构建的"企业社会责任金字塔",体现为经济责任、法律责任、伦理责任和慈善责任。这四个类别或组成部分可以

---

[1] SHELDON O. The Philosophy of Management[M]. Sir Isaac Pitman and Sons Ltd,1924:74.
[2] HOWARD B R,PASCAL G J,GEOFFREY B P. Social Responsibilities of the Businessman[M]. University of Iowa Press,2013:1.
[3] DAVIS K. Can business afford to ignore social responsibilities? [J]. California Management Review,1960,2(3):70-76.

被描述成一座金字塔。其中经济责任是基础，占最大比例，往上依次是法律责任、伦理责任和慈善责任，责任向上逐层递减①。

我国一些学者也基于中国的实践提出了对企业社会责任的理解。例如，提出在企业社会责任的视角下，企业"应当最大限度增进股东利益之外的利益相关者的利益及社会公共利益"，包括"雇佣员工（职工）利益、消费者利益、债权人利益、中小竞争者利益、社会弱者利益及整个社会公共利益"②。根据社会责任与企业关系的紧密程度，也有学者建立了企业社会责任分级模型，将企业社会责任分为三个层次：首先是基本企业社会责任，包括对股东负责、善待员工；其次是中级企业社会责任，包括对消费者负责、服从政府领导、搞好与社区的关系、保护环境；最后是高级企业社会责任，包括积极捐助、热心公益事业。

上述观点基本都围绕着"企业为何要履行社会责任"以及"企业该履行哪些社会责任"等问题展开。总体来说，企业社会责任概念的出现，代表着这样一种价值观念：企业在追求利润的同时，也应该承担社会责任；在遵纪守法的同时，也应合乎道德伦理规范；在维护利益相关者不同诉求的同时，也应关注和参与公益慈善。我们可以这样理解企业社会责任：它是指企业在广义的社会范畴里所承担的责任，包括经济责任、社会责任、法律责任、环境责任、伦理责任、慈善责任等。具体来说，就是企业在依法运营过程中遵循商业伦理与社会道德标准，为利益相关者和社会创造价值，以实现经济、社会与环境可持续发展的理念和行为。企业社会责任具有以下几个重要特点。①超越单一利润目标，即企业除了关注利润，还应该关注其他诸如法律、伦理和慈善等领域。②对利益相关者的责任目标的平衡。多位学者将企业社会责任视为企业在获取经济利益的同时，主动承担起对其他利益相关者的责任。③企业社会责任的多维性。在企业的生存和发展环境中，存在着诸多利益相关者，每个利益相关者都有他们独特的目标诉求，而且这些目标彼此之间很可能会存在着此消彼长的冲突关系，企业社会责任应采用多维体系来进行判断评价。

案例链接   腾讯的企业志愿服务创新实践

腾讯志愿服务最早是由腾讯员工自主发起的志愿活动，是腾讯"用户为本，科技向善"这一愿景使命的最有效反映。2007年腾讯公益慈善基金会成立，志愿者工作被纳入公司整体公益的范围。2007年腾讯志愿者协会成立，协会以"用行动让爱传递"为使命，组织开展企业志愿服务活动。截至2020年底，共有16658名员工成为腾讯志愿者，共组织2162次活动，活动参与人次高达38102，总计服务时长超过174504小时。腾讯志愿者协会在2020年腾讯企业社会责任部门与企业文化部门联合设立的"腾讯公益和社会责任奖"中，获得"年度公益与社会责任奖""腾讯公益与社会责任——人气奖"。

---

① CARROLL A B, BUEHHOLTZ A K. Business and Society: Ethics and Stakeholder Management[M]. 4th Editon. Ohio: South-Western Publishing, 2000: 35.

② 刘俊海. 论全球金融危机背景下的公司社会责任的正当性与可操作性[J]. 社会科学, 2010(2): 70-79, 189.

据不完全统计,腾讯现有150多个志愿服务项目,覆盖扶贫、扶助残障、儿童青少年保护、助老、文化保护、动物保护、医疗护理、法律援助等13个方向。2020年的疫情中,腾讯志愿者被紧急招募起来,参与到健康码、远程医疗等服务疫情的紧急开发中。志愿服务不再是少数人的"业余爱好",成为许多腾讯员工在工作中践行企业文化的价值追求。

在管理方面,腾讯志愿者协会下设25个分会,按照地区、领域、事业群和特色分会组成。另外还有一些项目制的志愿者计划,采取各个分会自运营模式,覆盖了环保、特殊儿童关爱、老人关爱、视障关爱、动物保护、技术公益、救援、助学、绿色网络等领域。每一个分会都有自己核心的理事成员,协会定期纳新,给予员工有更多参与志愿服务的机会。志愿者工作没有涉及人力资源团队,协会层面设专职会长1名,向企业文化部总经理和总经理助理汇报,并由其审批各项工作决议。协会开展定期培训,有专门发起及记录志愿者服务时长的系统,由各分会相关人员进行数据的统计和录入。

腾讯志愿者协会的志愿者们用行动传递"向善"的火种。越来越多的业务部门也从各自能力出发尝试"业务-公益"模式,开发出许多有影响力的志愿服务项目,例如"视障IT技术培训项目""腾格里沙漠植树项目"等。腾讯志愿服务成为企业文化引领员工志愿服务发展的典型案例。

二、企业开展公益慈善活动的方式

企业开展公益慈善活动有不同的方式。在资助内容上,可以分为资金捐赠、物资捐赠和服务捐赠的方式;在资助对象上,可以分为直接资助受助对象和通过公益慈善组织进行捐赠的方式;在资助模式上,可以分为设立企业基金会和通过企业社会责任部门等方式。

(一)企业公益慈善的资助内容

1. 资金捐赠

资金捐赠是企业从事公益慈善活动最主要的方式之一。历年来,企业捐赠一直是社会捐赠的主体,其中民营企业的捐赠额度一直占据企业捐赠总额的一半以上。资金捐赠具有直接、便捷和使用方便等优势,是最受公益慈善组织欢迎的捐赠方式。

2. 物资捐赠

根据中民慈善捐助信息中心的分析,企业的物资捐赠以药品、救灾物资、出版物、软件、衣被、医疗设备、教学设备、机械设备和房产为主。其中,捐赠药品和医疗设备最多,其次是软件、出版物和教学设备,再次是食物和水、衣被、日用品、机械设备等。

物资捐赠往往会达到多方受益、互助共赢的效果。一方面,企业通过捐赠物资,特别是自己的产品,可以提升企业的品牌知名度,树立良好的企业社会形象。另一方面,受赠方也可免费或低价获得种类丰富、迫切需求的物资。例如:对于遭受灾害的地区来说,对救灾物资、药品、医疗设备等的需求最为迫切;对贫困偏远地区的学生来说,教育资源、图书、营养餐等物资的捐赠更加现实。

但是,物资捐赠也存在一些不容忽视的问题,例如:捐赠物资,特别是艺术品等涉及拍卖变现的问题;软件等具有知识产权的产品等涉及难以估价的问题;捐赠的药品折价高,以及药品、食品等涉及保质期的问题;剩余物资涉及处理不透明的问题;捐赠的物资会出现与受助对象需求不匹配的问题等。这些问题得不到妥善解决,将关系到企业物资捐赠的积极性,也会影响到物资捐赠的使用效率等。

3. 志愿服务

企业除捐赠资金与物资外,还可以通过动员、选拔企业员工担任志愿者或者支持志愿活动的方式履行其社会责任。企业的支持可包括提供带薪的志愿服务时间、匹配服务以帮助员工找到感兴趣的机会、表彰志愿者、组织团队以支持企业锁定的公益事业。

企业通过志愿服务的方式从事公益慈善活动,有时可以取得意想不到的效果。一方面,企业的志愿者往往具有专业知识与技能,可以在专长领域帮助公益慈善组织更有效解决社会问题,更好地服务社区。另一方面,如果企业志愿者能够发挥自己的管理知识,帮助公益慈善组织完善组织管理、提升组织能力,或者发挥自己的专业技能,这样带来的效果有时比单纯的现金与物资捐赠更持久。除上述方式外,在企业创办或企业发展规划中也有实现企业社会责任的可能性。例如,对可再生能源的投资,可以在降低二氧化碳排放、推动人类可持续发展目标的实现方面发挥积极作用。

案例链接 　　　　隆基绿能对企业社会责任的履行

隆基绿能科技股份有限公司(以下简称"隆基绿能"),作为全球领先的太阳能科技公司,是我国积极履行企业社会责任的企业代表之一。隆基绿能是中国同时加入气候组织"三个100"和科学碳目标倡议(Science Based Targets initiative,SBTi)的企业,其相信光伏科技是应对气候变化的有力武器,并会在实现联合国2030可持续发展目标过程中发挥关键作用。隆基绿能提出"Solar for Solar"模式,在为全球创造低成本清洁能源的同时,践行清洁生产和绿色制造理念。隆基绿能加入SBTi,设立科学的温室气体减排目标和路径,促进实现碳达峰和碳中和,承诺在2028年前实现在全球范围内的生产及运营所需电力,100%使用可再生能源。隆基绿能计划在2025年前完成能源管理系统的部署,并以2015年为基准年,能源使用效率提高35%。同时,在未来10年内,将安装充足的电动车充电设施,引导员工将家庭用车转换为电动汽车。

隆基绿能在自身发展的同时不忘做社会事业的促进者,热心于社会公益事业,同时推动优质教育,为社区发展做出积极贡献。隆基绿能持续以光伏科技助力减负,坚持"用领跑者的标准做好光伏扶贫",以光伏科技助力消除贫困。

(二)企业公益慈善的受助对象

企业开展公益慈善活动,从受助对象来看,可以分为直接资助受助对象和间接资助受助对象两种方式。

1. 直接资助

直接资助受助对象是企业从事公益慈善活动的传统方式。当人们遭遇灾害、困难、病患等情况而无力自救、无法承担时,企业有时会根据具体情况,向弱势群体提供直接的救助。企业在履行社会责任时,其直接资助的受助对象往往分为几种类型:一是企业内部的员工及家属,例如,企业向患严重疾病的员工捐赠;二是与企业存在一定相关利益的伙伴,如客户、合作伙伴、供应商等;三是与企业没有直接关联的弱势群体,如特大自然灾害后一些企业直接到灾区进行资助帮扶。

2.间接资助

随着现代公益慈善组织的兴起,越来越多的企业开始选择通过间接资助的方式,即通过公益慈善组织进行捐赠。这是因为现代公益慈善组织有完善的治理结构和专业的工作团队,能够更有效地开展公益慈善项目。企业通过公益慈善组织进行捐赠,还可以享受减免税的待遇。

通常,企业在选择合作伙伴时,会选择公开透明度高、知名度高的公益慈善组织。同时,企业也会根据企业的战略,选择资助的领域,并将公益慈善项目与企业的核心价值观、经营目标、品牌定位等结合起来。

(三)企业公益慈善的资助形式

在当代,承担和履行企业社会责任已经为大多数企业所接受,甚至成为企业战略规划的重要组成部分。企业开展公益慈善活动,从资助形式上来讲,可以设立企业基金会或通过企业社会责任部门等进行资助。

1.设立企业基金会统筹公益慈善活动

2004年开始实施的《基金会管理条例》将基金会分为面向公众募捐的基金会(简称公募基金会)和不得面向公众募捐的基金会(简称非公募基金会),并允许企业、个人利用自身资产设立非公募基金会。因此,自《基金会管理条例》颁布以来,我国的基金会,特别是非公募基金会发展迅速。

近年来,企业发起成立非公募基金会已经成为一个新的趋势。企业通过发起、成立基金会来开展公益慈善活动,可以提高企业从事公益慈善活动的效率与专业性。一方面,企业成立基金会之后,企业开展公益慈善活动,只需要基金会批准,而不需要通过企业董事会的批准。显然,这可以大大提高企业从事公益慈善活动的效率,特别是在遇到重大自然灾害时,企业基金会可以迅速回应灾区的需求,而不需要经过时间漫长的企业董事会的审批。另一方面,企业基金会往往有专职人员负责基金会的管理,因此企业从事公益慈善活动的专业程度也会有所提升。

显然,企业设立基金会,能较好弘扬企业文化和社会价值观,有效积聚人财物等公益慈善资源,充分发挥其品牌优势、专业能力等,从而更好地推动企业参与公益慈善活动,满足社会需求。

2.通过企业社会责任部门开展公益慈善活动

除设立企业基金会的方式外,大多数企业通过设立企业社会责任部门或公共关系部门来从事和开展公益慈善活动。企业社会责任部门往往结合企业自身的专业知识、技术、信息、能力等优势,有针对性地开展公益慈善活动,提升企业形象。

第三节　社会企业和公益风险投资

一、社会企业的含义

社会企业是一种新兴的组织形式。相比于商业企业,社会企业(Social Enterprise)出现较晚,它是在政府、市场及志愿部门失灵的背景下产生的,目的是解决那些政府解决不了、市场不愿意、志愿部门又无法解决的问题。对社会企业还没有形成统一的定义。著名社会企业格莱珉银行(Grameen Bank)的创立者、诺贝尔经济学奖获得者穆罕默德·尤努斯(Muhammad Yunus)提出了社会企业的七个标准:①企业的目标是解决贫困问题,或者一个或多个威胁人类和社会的问题,而非追求最大利润;②企业将实现财务与经济的可持续性;③投资者只能收回其投资,除原始投资外不派发红利;④投资返还后,利润留给企业以实现企业进一步的扩张和发展;⑤企业要具有环保意识;⑥员工在优于一般标准的工作环境下得到市场工资;⑦快乐工作。尤努斯在《新的企业模式:创造没有贫困的世界》一书中发展了社会企业的理念,他说:"一个社会企业可以收回一些成本,一个有社会责任的商业企业家可以收回100%或者更多的成本,因此可以将先前的慈善领域转向商业领域。"①

在基本特征方面,学者的意见是统一的,即社会企业使用商业手段实现社会价值、解决社会问题,兼顾经济回报与社会使命,社会使命优先。一般来说,至少半数以上的收入来自交易而非政府补助或捐款的企业,才能称为社会企业。社会企业至少有两大特性,也被称为社会企业的双重底线。一是企业特性,即社会企业与一般企业一样,能够可持续地生产并提供服务,能承担经济风险等。这种特性使得社会企业与一般企业一样能够在市场经营运作,富有竞争力,并获得盈利。二是社会特性,即社会企业与非营利组织一样,具有让共同体受益的社会目的。

社会企业在欧美的兴起是与福利国家危机相伴随的。20世纪70年代欧美国家的经济增速放慢,失业率的上升导致了大量政府难以解决的社会问题出现,如老龄化问题、长期失业者问题、残疾人就业问题等。社会企业的出现,有效地弥补了福利国家的公共政策不足。美国政府在20世纪70年代末削减了扶贫、教育、医疗、社区、环境等方面的投入,使得非营利组织资金匮乏,它们中很多选择通过从事商业活动获得收入,以求依靠自身力量得以生存和发展。此后,社会企业成为所有为实现社会目标而进行商业活动的组织的统称。因此,美国对社会企业的界定很广泛,包括从事社会公益事业的营利公司、以追求商业利润和社会目标为双重宗旨的组织、从事商业活动的非营利组织三种模式。欧洲的社会企业类型则包括合作社、社区公司、社区小型企业,以及从事慈善事业的企业。

社会企业与公益慈善组织、企业社会责任有什么区别与联系?社会企业与公益慈善组织的共同点体现在组织性、目的公益性、民间性、自治性上。组织性是指社会企业和公益慈善组织都是以组织的形式存在的。目的公益性是指它们的目的都是公共利益而非私利。民间性是

---

① 尤努斯.新的企业模式:创造没有贫困的世界[M].鲍小佳,译.北京:中信出版社,2008:10.

指它们是从民间自下而上发起成立的。自治性是指组织都是独立自主运营的。社会企业与公益慈善组织的不同主要体现在：前者收入主要依靠产品或服务的收费，盈余可以低度分配，主要采取创新的方式解决社会问题；后者收入主要依靠捐赠，盈余不进行分配。社会企业与企业社会责任的区别在于社会企业的根本目标是解决社会问题，而企业社会责任的根本目标是为了支持企业创造利润。

案例链接 　　　　社会企业在中国：深圳残友集团[①]

深圳残友集团创立于1997年，当时身患重症血友病的郑卫宁先生为寻求一种新的"活法"创建残友，在互联网刚萌发之际，把新知识经济时代的"非体力劳动"作为残疾人就业的基本取向。经过20多年探索，从5名残障人士、1台电脑的打字复印小作坊，自我运营发展，形成一套标准化可复制的残疾人就业加无障碍生活社区的社会创新可持续发展模式，现已成为拥有慈善基金会、社会组织群、社会企业群的综合型平台，全国5000多名残障人士实现稳定的强势就业。

在标准化无障碍社会服务支撑下，依托互联网、数字孪生、AI＋大数据、元宇宙的面向鼠标＋键盘和依托以基因与细胞科技为核心的面向试管＋器皿的服务领域，非体力劳动的核心方式，旗下有残友生物、残友软件(834579)、残友智建等公司，在生命科学、软件开发、BIM咨询等高科技领域，实现了残障群体的稳定强势就业。

残友的社会创新可持续发展模式，荣获全国金牌认证社会企业，已从深圳走向全国，甚至在全世界都已受到广泛关注和影响，入选哈佛大学、中欧国际商学院等经典教学案例。残友的成长史同时也是残障人士改变生存方式的社会运动史，已成为全国公益典范和社会创新的一张靓丽名片。

二、社会企业的分类

从组织动机角度看，社会企业可以划分为使命无关型、使命相关型和使命中心型三种类型。使命无关型社会企业的生产营利与社会项目没有直接关系，而是以商业领域的生产营利来满足社会项目资金需求。使命相关型社会企业的经营活动与组织本身的使命密切相关，或者可以说其经营活动本身就有公益目标。使命中心型社会企业以社会公益为终极使命，其业务本身不仅能够直接产生社会效应，而且通过所产生的社会效应产生其利润。

从社会创新程度角度看，社会企业可以划分为就业型社会企业和创新型社会企业。就业型社会企业也称为就业整合型社会企业，在欧洲较为普遍。这些企业的社会目的是帮助残障人士、无业青年等弱势群体获得工作机会，实现自立和社会融入。具体方式有：企业为弱势群体提供劳动机会，并因此获得政府不同程度的补助；企业通过开展生产活动、短工或短期培训，特定人群得以重新回归社会。创新型社会企业的"创新"是指建立一种资源集合器和财富放大

---

① 来源：残友官网 http://www.canyoucn.com/founder/index.html#founder_intro.

器,提高现有资源的产出。这种资源集合器和财富放大器是以公共财富,而不是以私人财富为指向的。创新型社会企业不仅仅满足于创造就业机会,还希望通过创新调动社会资源和公众参与,探寻解决社会问题、引发社会变革的根本方法。

从注册类型角度看,社会企业可以划分为企业型社会企业和非营利组织型社会企业。企业型社会企业中,有些以商业企业名义注册,例如有限责任公司、股份有限公司等。在部分国家,还存在着专门为社会企业设计的专门注册形式,如英国的独资企业(Solo Proprietorship)、私人有限公司(Private Limited Company)、公共有限公司(Public Limited Company)、有限合伙企业(Limited Partnership)、合作社(Cooperative)、担保有限公司(Company Limited by Guarantee,CLG)、社区利益公司(Community Interest Company,CIC)、美国的低利润有限责任公司(Low-profit Limited Liability Company,L3C)、共益公司(Benefit Corporation)、弹性目标公司(Flexible Purpose Corporation),比利时和美国的社会目的公司(Social Purpose Corporation),意大利、芬兰、立陶宛等国的社会企业。

对于非营利组织型社会企业,有些国家根据非营利组织法律,也有为社会企业设计的专门注册形式,如希腊的有限责任社会合作社、法国的集体利益合作协会、葡萄牙的社会团结合作社、波兰的工人合作社等。此外,也有以普通非营利组织形式注册的社会企业。

此外,从运行模式划分,社会企业也存在三种模式:第一类是客户模式,以弱势群体为消费者,为他们提供免费或低价的商品,消费者是受益人;第二类是员工模式,企业雇佣弱势群体作为员工,员工是受益人;第三类是产品模式,帮助弱势群体链接更大的市场,帮助他们实现更好的销售成绩,产品生产者和服务提供者是受益人。

从地理分布上看,我国社会企业发展还不够均衡,一线城市发展较快。在领域方面,中国已认证社会企业的服务领域主要集中在无障碍服务、医疗卫生、农村发展、养老等领域,领域分布逐渐趋向多元和平衡。近年来,中国政府通过购买服务和与公益组织合作的方式进行了很多有益的尝试。在社会治理优化方面,创新导向社会企业的加入能够产生积极的推动作用。社会企业能够在支持性的制度环境当中通过与政府、市场和慈善组织的合作更加高效地解决社会问题,成为国家协同治理当中的重要一环。

三、社会企业家与社会企业家精神

社会企业的灵魂是社会企业家(Social Entrepreneur),社会企业家既要有社会目标,也要有企业家精神。有学者认为企业家就是"把经济资源从生产率较低的领域转移到生产率较高且回报率更大的领域的人"。按照这个标准,社会企业家就是把经济资源转移到对社会更有裨益的领域的人。社会创新是社会企业家的特质,社会企业家的手段是在资本力量不愿涉及的领域开拓新的市场机会,寻找更新更好的方法来创造和维护社会价值。

戴维·伯恩斯坦(David Bornstein)通过数百个案例概括出社会企业家的六个品质:乐于自我纠正、乐于分享荣誉、乐于突破自我、乐于超越边界、乐于默默无闻地工作、拥有强大的道德推动力。商业企业家和社会企业家其实非常相似,他们以同样的方式思考问题,区别不在于他们的性格或能力,而在于他们的本质。正如巴西乡村供电项目的领导人法维奥·罗萨所说:

"一个项目,只有当它证实能使人们更幸福,使环境更好,并代表着一种更好的未来和希望时,它对我才是有意义的。这是我的项目的灵魂。"① 这些品质将社会企业家与商业企业家区分开来。

社会企业家与商业企业家最重要的差异在于,社会企业家总是明确地设定自己的社会使命,其主要目标是使世界变得更美好,这影响到他们如何判定自己的成功以及如何运作自己的企业。成功的社会企业家擅长运用各种资源去完成他们的社会目标。社会企业家具有强烈的社会使命感,具有创业能力、创新能力和变革能力,能够以创造性的方法应对社会问题,是社会变革的重要推动者。判定社会企业家的成功标准不在于他们赚取的经济利润,而在于他们在多大程度上创造了社会价值。判断某项特定服务或产品所创造的社会价值非常重要。成功的社会企业家需要具有创造更大社会价值的战略远见,也需要具有能吸引合作者和投资方,以及所服务社区的策略与气魄。

什么是社会企业家精神(Social Entrepreneurship)?现在尚未形成清晰的概念,但是人们普遍认同社会企业家潜心于"大规模的系统的社会变革"是其重要特征。

全球非营利组织创投机构阿育王(Ashoka)的创始人比尔·德拉伊顿(Bill Drayton)认为:"社会企业家的工作便是,当发现社会的某一部分运转不灵时,通过变革这一系统,普及解决问题的方法,并说服整个社会迈出新步伐来解决这一问题。社会企业家不满足于只是给一条鱼,或教其如何钓鱼;他们不彻底变革整个钓鱼业便不会罢休。识别和解决大规模的社会问题需要社会企业家,因为只有社会企业家才能有虔诚的愿景和不懈的决心,直到他们成功变革整个系统。"②

也有人用四个要素如何重建社会均衡的力量来理解社会企业家的精神③。第一个要素是企业家。到底是哪些品质界定了谁才称得上是社会企业家呢?必须对设定目标和解决问题具有创造性;他在情感上要深深地致力于创造遍及整个社会的变革,这事实上也是社会企业家的驱动力。第二个要素是理念。与商业企业家不同,社会企业家并不为他们的投资者或他们自身追求收益,"社会企业家对那些能对社会的重要部分或整个社会产生大规模的、变革性惠益的价值理念感兴趣。与商业企业家假设市场可以支持改革创新,甚至可能为投资者提供实质性回报的价值主张不同,社会企业家的价值主张瞄准了一群服务水平低下的、被忽视的或非常弱势的群体,这些群体缺乏金融手段或政治力量来实现能使他们受益的改革"④。第三个要素是机遇。在其他人发现问题的地方,社会企业家却发现了机遇。社会企业家不会让他们本身有限的资源阻挡实现愿景的脚步。他们善于利用很少的资源

---

① 伯恩斯坦.如何改变世界:社会企业家与新思想的威力[M].吴士宏,译.北京:新星出版社,2006:276.

② DRAYTON B. The citizen sector: Becoming as entrepreneurial and competitive as business[J]. California Management Review,2002(44):123.

③ 莱特.探求社会企业家精神[M].苟天来,何君,滕飞,等译.北京:社会科学文献出版社,2011:5.

④ MARTIN R, OSBERG S. Social entrepreneurship: The case for definition[J]. Stanford Social Innovation Review,2007,5(28):34-35.

做更多的事,并不断地从他处汲取资源。他们有效地利用有限的资源,他们通过与他人合作或寻找合伙人来更好地发挥他们有限资源的作用。他们发掘所有可以利用的资源,利用商业手段从商业部门获取资源。第四个要素是组织。组织化运作虽然有明显的缺陷,但是也提供了重要的能力。社会企业家是采取行动的革命家,社会企业家精神是为了实现社会使命而不断寻求提升、创造和变革。

成功的社会企业家需要拥有社会企业家精神,能够把这四个要素联合在一起,把握特别的机遇,开创特别的理念,利用企业家的特别技能,在一个组织内集中力量,创立和发展具有社会使命的社会企业。

四、公益风险投资

社会企业融资的一条有效途径是公益风险投资。公益风险投资不仅为社会企业提供资金支持,还提供管理和技术支持,通过与被投资方建立长期的、深入参与的合作伙伴关系,达到促进社会企业模式创新及可持续发展的目的。

公益风险投资是与影响力投资类似的概念,最早由约翰·洛克菲勒三世(John D. Rockefeller Ⅲ)在20世纪60年代提出。他所讲的公益风险投资,是用一种敢于冒险并承担风险的方法对一些不受人重视的社会事业进行融资。20世纪90年代中期,出现了界定更集中的公益风险投资形式,成为社会企业融资的有效途径。公益风险投资与风险投资基金运作方式相似,并不直接运作公益项目,而是为其他慈善组织提供资金以及专业咨询和培训,帮助其发展成为高效率的组织机构。

(一)公益风险投资的含义

公益风险投资冲击了传统捐赠的理念和实践,被视为将商业理念应用于非营利部门的典范。1984年半岛社区基金的组织年报中首次提出把硅谷的商业风险投资实践运用到慈善组织行为中,将公益风险投资定位为"非营利部门对商业风险投资机构的一些特定投资方式的使用"[1]。2004年,欧洲公益创投协会(European Venture Philanthropy Association,EVPA)对公益风险投资的解释为,为追求社会受益,各种投资主体投资在善举上的风险资本和人力资源。

公益风险投资的出现,在某种程度上消除了公益传统资金在来源和使用上的限制。用传统方式募集资金一般期限较短,资金常常仅限于直接服务,不能用来加强组织建设。而在公益风险投资中,资本支出不再仅仅是捐赠,而是一种投资,注重增强非营利组织有效履行其使命的能力,因此不仅提供资金支持,还调配其他有价值的资产,如技术和管理经验、社会关系等,同时也会投入大量时间参与到非营利组织的活动中。公益风险投资与商业风险投资、传统基金会的比较如表2-1所示。

---

[1] 刘志阳,邱舒敏.公益创业投资的发展与运行:欧洲实践及中国启示[J].经济社会体制比较,2014(2):206-220.

表 2-1 公益风险投资与商业风险投资、传统基金会的比较①

种类	公益风险投资	商业风险投资	传统基金会
对象	社会企业	商业企业	非营利组织
目标	创新性地解决社会问题	利润回报	帮助弱势群体
着眼点	组织能力建设	组织能力建设	项目实施
评估	总体能力表现	总体能力表现	项目流程细节
投资期限	3～5年	5～7年	1～3年
合作方式	深度介入、伙伴关系	伙伴关系	保持距离、限于项目
退出策略	偿还贷款、创始人回购	首次公开发行、出卖股份	项目结束自然退出

公益风险投资具有明显的积极意义。通过公益资金的回收循环使用，相同的资金量将产生更大的社会效益。与传统慈善不同，公益风险投资需要在经济效益和社会效益之间实现平衡，本质目标是为社会带来更大的公益辐射效应，通过辐射惠及更多的人。对被投资者而言，由于回收的压力，在资金的使用上会更追求效率。投资方和被投资方的社会企业具有紧密的关联，不仅是资金的支持，还有专业的管理、社会关系等技术和资源支持，投资人往往作为社会企业的董事高度参与其运营管理，有利于促进社会企业的规范管理和可持续发展。

除收益外，公益风险投资还存在一些风险。一方面，社会、文化、宗教以及教育慈善投资的效益和影响是非常难以测量的，比如饥饿问题就不是一个3年或5年的公益风险投资计划能够有效解决的。另一方面，公益风险投资如果参与过深，可能会威胁到非营利组织的传统使命。"非营利组织不是着眼于盈亏的组织。当一些捐赠者在争取越来越高的工作效率时，组织可能会逐渐放弃为最需要的地方提供服务，因为这些需求往往是最棘手的问题，解决成本也很高。"②因此一些观点认为，并不是所有的慈善都要与商业相融合。

2009年以来，欧美以外的国家对公益风险投资的兴趣日益增加，公益风险投资基金开始在亚洲发展起来。2011年，亚洲公益创投网络建立，它对亚洲公益风险投资发展的影响如同EVPA在欧洲的作用，对我国社会企业的兴起也有重要影响。

(二) 公益风险投资的现状

中国的公益风险投资实践起步较晚，大部分集中在对创业阶段的社会企业的投资，缓解了一些慈善组织发展早期的资金困境，并通过恰当的商业模式，解决其后期成长问题。主要有以下几种模式。

一是公益组织扶持模式。国内第一家进行公益风险投资的组织成立于2006年，最初的名称为"新公益伙伴"，后注册为"公益事业伙伴基金会"。公益事业伙伴基金会聚集了麦肯锡、奥美、德勤、摩托罗拉、诺华等跨国企业以及国内的君和律师事务所、永丰余集团，还联合了中国青少年发展基金会和中国扶贫基金会两家大型公募基金会。公益事业伙伴基金会的服务对象是民间慈

---

① 王名.非营利组织管理概论[M].北京:中国人民大学出版社,2010:3.
② 舒博.社会企业的崛起及在中国的发展[D].天津:南开大学,2010.

善组织,定位是以专业和创新的精神、风险投资的运作模式和企业管理的理念,整合国内外一流企业和大型基金会的各项资源,帮助具有开拓潜力的民间慈善组织进行能力建设,以提高其募款能力和运作公益资源的效率,成为运作能力完善、具有公信力的高效组织,推动中国慈善事业健康发展。公益事业伙伴基金会开发出了一套针对中国慈善机构的评估体系,包括目标清晰度、策略质量、领导人与团队素质、运营与项目执行力、规范和专业程度等要素。这套评估体系有助于选择计划支持的组织和项目。公益事业伙伴基金会在项目选择上坚持三个原则:①看预期能产生的社会效益,其经验在未来能够被其他慈善组织分享和复制;②看慈善组织领导人的心态、人员专业化程度;③看双方是否有默契。公益事业伙伴基金会努力挖掘有发展潜力的慈善组织,结合不同企业的智力和优势给予其支持,并积极提升企业团队成员的才能。

专门扶持初创期慈善组织的典型模式是慈善组织孵化器,如上海浦东非营利组织发展中心。针对初创期慈善机构面临的办公场地、业务开发、执行能力不足、资金缺乏等问题,上海浦东非营利组织发展中心借鉴了西方社会在NPO领域引入的孵化器模式,创立伊始即以"助力社会创新,培育公益人才"为使命,为中小型民间慈善组织初创期提供关键性支持,通过民间力量兴办、政府支持、专业团队管理、社会公众监督、慈善组织受益的模式,扶助初创期的民间慈善组织成长。

二是企业专项基金会模式。联想集团是国内企业公益风险投资的领军者,投资有潜力的慈善组织,并为其提供配套服务,成为中国慈善组织的孵化器。2007年开始,联想集团在北京启动了公益风险投资计划,在缩小数字鸿沟、环保、教育、扶贫赈灾领域公开资助优秀的草根机构,为它们提供资金支持,并在组织的战略规划、信息技术和管理等多方面给予帮助。联想集团将企业自身的管理优势嫁接到慈善组织身上,帮助它们以企业化的方式运作,提高其募款能力、管理能力和运作效率。作为一种创新性公益实践,公益风险投资已经成为联想集团展示公益价值主张、承载企业社会责任的重要标志。

三是政府购买模式,即地方政府通过公益风险投资比赛,向社会各界征集公益服务项目创意,对获选实施相应项目的慈善组织给予资助。从统筹公益项目到引导社会组织实施公益项目,政府以购买慈善组织服务的方式实现政府角色的转换。

本章小结

慈善组织是指依法成立、符合《中华人民共和国慈善法》规定,以面向社会开展慈善活动为宗旨的非营利性组织,可以采取基金会、社会团体、社会服务机构等组织形式。慈善组织需要根据政策法律规定进行认证和终止。

企业社会责任是指企业在广义的社会范畴里所承担的责任,包括经济责任、社会责任、法律责任、环境责任、伦理责任、慈善责任等。具体来说,就是企业在依法运营过程中,遵循商业伦理与社会道德标准,为利益相关者和社会创造价值,以实现经济、社会与环境可持续发展的理念和行为。企业从事公益慈善活动有不同的方式。从资助内容上,可以分为资金捐赠、物资捐赠和服务捐赠的方式;从资助对象上,可以分为直接资助受助对象和间接资助受助对象的方式;从资助模式上,可以分为设立企业基金会和通过企业社会责任部门等进行资助的方式。

社会企业使用商业手段实现社会价值、解决社会问题,兼顾社会效益与经济效益,它和传统企业与慈善组织有一致和相异之处。社会企业可以根据组织动机、社会创新程度和注册类型进行分类。社会企业家具有强烈的社会使命感,具有创业能力、创新能力和变革能力,能够以创造性的方法应对社会问题,是社会变革的重要推动者。社会企业融资的一条有效途径是公益风险投资,公益风险投资不仅为社会企业提供资金支持,还提供管理和技术支持,通过与被投资方建立长期的、深入参与的合作伙伴关系,达到促进社会企业模式创新及可持续发展的目的。

思考题

1. 什么是慈善组织?慈善组织的形式有哪些?
2. 在我国,慈善组织的认定标准是什么?
3. 企业社会责任有哪些表现形式?
4. 什么是社会企业?社会企业和公益风险投资有什么关系?

推荐阅读

1. 郑功成.《中华人民共和国慈善法》解读与应用[M].北京:人民出版社,2016.
2. 阚珂.中华人民共和国慈善法解读[M].北京:中国法制出版社,2016.
3. 王名.非营利组织管理概论[M].北京:中国人民大学出版社,2010.
4. 邓国胜.公益慈善概论[M].济南:山东人民出版社,2015.
5. 伯恩斯坦.如何改变世界:社会企业家与新思想的威力[M].吴士宏,译.北京:新星出版社,2006.
6. 徐永光.公益向右 商业向左:社会企业与社会影响力投资[M].北京:中信出版社,2017.
7. 毛基业,赵萌,等.社会企业家精神:创造性地破解社会难题[M].北京:中国人民大学出版社,2018.

第三章　募捐与捐赠

第一节　慈善募捐

一、慈善募捐的定义

募捐,也称为筹款、劝募等,是指慈善组织基于慈善宗旨,向社会民众、企业、政府或基金会募集财产的活动。慈善募捐是社会组织影响社会、获取资金的一种方式,是慈善活动的重要环节,也是开展慈善活动的前提和基础。

募捐主要包括四个要素,即募捐主体、募捐客体、募捐形式和募捐媒介。募捐主体是指进行募捐的人或机构,是募捐行为的主动方;募捐客体是指募捐的对象或者潜在的捐赠者,是募捐行为的被动方;募捐形式是为了达到募集资金的目的,募捐主体与募捐客体开展募捐活动的方式及方法;募捐媒介是指募捐主体进行募捐行为所使用的工具,包括网络、广播、电视、报纸等。

二、慈善募捐成功的基础条件

怎样才能更有效地募集资金,实现募捐的目标呢?由于募捐行为就是募捐主体以不同的方式向募捐客体提供信息,以表达出诚意,获取对方的认同和信赖。因此可以说,慈善募捐行为重心在于"劝说",无论募捐主体选择哪一种方式进行募捐,这仍是一个说服别人的过程。基于这一认识,在开展募捐前,社会组织需同时满足如下几点才可能成功进行募捐。

1. 良好的社会公信力

社会组织只有拥有一个诚信的形象,以及良好的社会声誉,才会得到资助者、受益人和公众的认可。一般认为,具有良好公信力的社会组织,在社会大众中能够拥有较好的口碑,不仅能吸引更多志愿者和专业人士的参与,还能使社会大众响应募捐或者参与到捐赠过程中。所以,拥有良好的社会公信力对于社会组织而言十分重要。一个社会组织如果想要拥有良好的社会公信力,最基本的条件就是拥有合法的组织主体资格、明确的公益使命、透明的信息机制和良好的外部形象。

2. 规范的财务记录

通常来说,捐赠人在捐赠后,会关心一些与捐款相关的问题,如捐款是否用到了实际的工作中?捐款是否被浪费、滥用?发布的财务信息是否真实可靠?捐款是否存在私分、挪用等情况?为回应上述问题,社会组织应当及时制作准确、完善的财务记录,并确保记录被完整保存,表明捐赠方的捐款未被滥用浪费,符合政府法规、机构章程以及捐赠方的要求。

3.良好的公共关系策略

慈善募捐有赖于媒体传播。媒体传播能够提高公众对社会组织的了解,吸引更多员工、志愿者、捐赠者的参与。为了打造良好的公共关系,社会组织必须善于与媒体建立积极的伙伴关系,站在媒体的角度思考问题,积极主动地为媒体提供新闻点,争取媒体的参与和支持。

4.正确的募捐方法

募捐活动涉及方方面面,主要包括募捐策略、捐赠渠道、组织品牌、筹募方式、舆论宣传、过程管理、客户服务等。社会组织要想成功地进行慈善募捐,必须选择合适的募捐方法。

三、慈善募捐的形式与方式

募捐形式和募捐方式,是募捐活动不同层面的特征。募捐形式属于战略层面的内容,是指慈善组织对募捐的整体性安排。募捐方式属于战术层面的内容,是指对某个募捐活动的具体性安排。不同的募捐形式通常可以使用同一种募捐方式。

(一)慈善募捐的形式

慈善组织的发展经历了三个历史阶段,即传统社会组织阶段、近代社会组织阶段和现当代社会组织阶段。募捐形式也相应经历了三个发展阶段,即传统募捐形式、近代募捐形式、现代募捐形式。

1.传统募捐形式

传统募捐形式与传统社会组织阶段相并行。传统社会组织阶段与熟人社会的特征密切相关,因此传统募捐形式也是以人情关系为基础开展的。社会组织在这一阶段最常用,也最为有效的募捐形式是"眼泪劝捐",即"个案募捐"。所谓眼泪劝捐,是指以煽情的形式打动捐赠人,从而获取捐赠。眼泪劝捐的形式能够成功的基础在于两点。第一,稳固的熟人关系。这种募捐形式立足于熟人关系之上,即以相互间的信任为基础。第二,煽情的内容。要开展这种募捐形式,募捐者应具备经过反复遴选与提炼的煽情内容。这些内容多以悲惨、可怜、残酷、不人道等为关键词。这种募捐形式成本较小,效果直接,因此获得了多数传统社会组织的偏爱。但同样,这种募捐形式也存在巨大的问题,如传播负能量、道德绑架、使捐赠方被迫捐赠等。

2.近代募捐形式

随着大工厂、大城市的出现,慈善组织领域也出现了明显的变化。由于社会逐渐不再是依托于传统的熟人社会,而是变成了符合近代特征的陌生人社会,慈善组织也开始向大规模的基金会等组织转型。由此,募捐形式也开始出现略带有企业营销色彩的项目募捐形式。所谓项目募捐,是指慈善组织以具体的项目为基础,采用类似于企业营销的形式开展社会传播,提升该项目品牌价值,并开展捐赠客户维护工作,最终推动捐赠人捐赠的一种募捐形式。

这种募捐形式有以下特点。第一,以项目为基础,因此必须有一个设计完善、效果良好的项目。第二,成功关键在于开展大规模的社会传播。不过,宣传的着力点未必是项目本身,也可能是其他方面,比如个案、项目发起人等。第三,传播的目的是提升项目品牌价值。从品牌学的角度来看,捐款其实就是品牌价值的成功转化。在项目募捐中,项目实现了品牌化,而品牌价值提升是成功募捐的基础。第四,应开展捐赠客户维护工作。只有构筑牢固的客户关系,甚至实现从客户满意向客户惊喜的转变,才能真正地实现成功募捐。第五,设计专业的募捐方案,并由专业团队加以实施。只有这样,原始资源才能向捐赠进行转化,才能实现成功募捐。

不过,值得注意的是,项目募捐也存在诸多问题。它拒绝营利性因素进入募捐领域,而是以纯粹的非营利形式开展营销类活动,无法最大限度调动社会资源,实现市场和社会的共赢。

案例链接　　　　　　　　希望工程

"希望工程"是共青团中央、中国青少年发展基金会为救助中国贫困地区失学少年儿童而开展的一项活动,是一项民间发起的公益事业。这项工程实施以来,受到海内外的广泛关注与支持,先后帮助了数百万失学儿童重返校园。在贫困山区,建起数千所小学校舍,为中国的扶贫工作和普及9年义务教育做出了贡献。

当时在中国的一些贫困地区,许多学龄少儿因为家境贫困,不能入学或中途辍学。1989年3月,中国青少年发展基金会宣告成立,同时建立了"救助贫困地区失学少年基金"。不久,共青团中央向全国发起实施以救助失学儿童、促进贫困地区基础教育事业发展为目的的"希望工程"。

"希望工程"向全社会募集资金,用以设立助学金,长期资助中国贫困地区品学兼优而又因家庭贫困失学的小学生重返校园,直到小学毕业;为贫困地区建立"希望小学";为贫困地区小学购置教具、文具和书籍;为贫困地区的优秀中小学生提供特别奖学金,资助他们深造直到大学毕业。

截至2020年,全国"希望工程"累计捐赠收入175.8亿元,资助困难学生639.7万名,援建希望小学20593所、希望厨房6598个、援建快乐系列项目45771个。同时,还根据贫困地区实际推出了"圆梦行动"、乡村教师培训等项目。

"希望工程"项目有效推动了贫困地区教育事业发展,服务了贫困家庭青少年成长发展,弘扬了社会文明新风。"希望工程"成为我国社会参与最广泛、最富影响力的公益事业之一。

3. 现代募捐形式

随着社会的不断发展,西方国家掀起了一股社会领域市场化的浪潮,即非营利与营利界限的逐步破除。在这一前提下,商业与社会的广泛合作成为一种趋势。这种趋势进入募捐领域,也就造就了善因营销(Cause Related Marketing)。所谓善因营销,就是由社会组织,特别是慈善组织与企业合作开展的营销活动。因此,善因营销的最大特色是引入了商业资源,即实现了社会与商业资源的综合运用。这一特色使得善因营销的影响力更大,效果更好。例如,一些电商平台倡议消费者捐赠一元钱,助力贫困地区小学生改善营养的活动就属于善因营销。

善因营销成为慈善界和商界"宠儿"的原因,主要是由于它不仅能推动企业的品牌建设和产品销售,还能够提升社会组织的知名度和影响力,并带来真实的资金回报。也就是说,善因营销不是简单地等同于慈善组织协助企业销售产品,其对慈善事业也是有帮助的。它能够结合商业与社会双方的资源,发挥出任何单一主体所不能发挥的巨大能量。

(二)慈善募捐的方式

募捐方式是指对某个募捐活动的具体性安排。募捐方式主要分为三类,即日常募捐计划、特殊目的募捐计划和财产管理募捐计划①。

日常募捐计划是指非营利组织日常性的募捐活动。日常募捐的方式很多,如邮寄、电话、电视、义演义卖等传统的募捐方式。非营利组织在募捐时会使用其中一种或多种。特殊目的募捐计划主要针对的是一次性的、临时性的募捐。在这类募捐活动中,捐款人大都有自己的审核标准,不能通过他们的评判,就无法获得他们的捐款。特殊目的募捐包括私人大宗捐款、政府机构和公司的捐款以及资本募集运动。财产管理募捐计划是指捐赠人将财产交给非营利组织运营,以获取运营收益,并约定在一定条件下将财产捐给非营利组织,或提前约定在捐赠人离世后将财产捐赠给非营利组织。人们参与这种捐赠方式的一个重要原因是他们可以享受收入的税收优惠。财产管理募捐计划主要包括遗赠、集合收入资金、慈善剩余财产赠予以及人寿保险/财产转移信托。

拓展阅读　　　　　网络募捐新方式

近年来,由于互联网的高速发展,募捐方式日新月异,很多之前从未听闻过的募捐方式纷纷出现,并且效果显著。

壹基金,是由影视明星李连杰发起,原属于中国红十字会的一个项目,于 2010 年 12 月在深圳正式注册为独立的公募基金会,这是非官方基金会取得公募权的首个成功案例。

壹基金的募捐口号是"一个人+一元钱+每个月=一个大家庭"。以中国巨大的人口优势,这个简单的想法有效地动员了亿万人参与到这项活动中,并捐出了大量的钱。壹基金的募捐成功,在于其多样有效的募捐方式。

除了募捐箱和银行转账的传统方法,壹基金还采用了多种新的策略:通过信用卡和 PayPal 在线捐赠;与商业银行合作,进行每月直接付款;与自动取款机的所有者和经营者联合打造捐赠平台;手机劝募。壹基金最巧妙的策略是与大型网上购物平台——淘宝网开展合作,为劝募创建一个新的品牌,淘宝的客户可以捐钱或捐赠他们在网上购买的产品。

四、与慈善募捐相关的法律规范

募捐活动必须遵守相关的法律规范,募捐者还应遵守基本的道德规范、社会规范。

(一)募捐的基本行为规范

要做好募捐,必须遵守一些基本行为规范②。

1.资金使用的规范

募捐的成本与服务投入比例应当合理。筹募总收入中,必须有一个合理的比例应用于直接相关项目活动中,并与捐赠者的预期一致,且募捐成本合理。同时总的募捐和行政的成本也

---

① HOPKINS B. The Law of Fundraising[M]. John Wiley & Sons Inc. ,2008:22.
② 褚蓥.社会组织募捐管理[M].北京:中国社会出版社,2016:4.

必须合理。我国规定基金会工作人员工资福利和行政支出不得超过当年总支出的10%,公募基金会每年用于章程规定的公益事业支出不得低于上一年总收入的70%,非公募基金会每年用于章程规定的公益事业支出不得低于上一年基金余额的8%。如没达到相应百分比的限制,应提供证据说明理由。如新成立组织的募捐和行政成本会更高一些,寻求资助的组织应当根据要求证实其申请的项目和活动资金使用规范且符合捐赠者的期望,且需对其进行适当的控制和调整等。

2. 募捐信息的规范

募捐信息的规范包括以下内容:披露组织的真实信息,信息规范且准确、可信,没有误导;募捐申请书应对所申请资助项目进行清晰的描述,包括募捐主题、项目内容、预期目标、募捐方式、预期效果、受益人分析报告、资助方案等;必须主动陈述项目相关信息,如申请人和捐助者与受益人的关系、受益者的名称或目标群体的信息、所需资金的项目和活动等。

3. 捐赠者管理的规范

捐赠者管理的规范包括以下内容:捐赠者有权利得到与资助款项相符的正式收据;募捐申请书应注明机构名及捐款用途;任何有意向的捐款人都可以获取相关资料,如近年年报、财务报告、慈善组织注册证明、理事会成员名单等;如慈善组织认为一个捐赠意向会严重影响到自身的财务状况、收入和组织的利益相关者,并造成利益冲突,该组织要鼓励捐赠者寻求独立的第三方意见;尊重捐赠者对资料的保密要求,即便双方捐赠关系结束,仍需承担保密责任;尊重捐赠者的隐私,严格规范有关捐款人的个人资料的收集、保存、使用、查阅及改正等程序;捐赠者有权查阅自己的捐赠记录;尊重捐赠者和潜在捐赠者,注意对捐赠者的反馈,控制募捐请求的频度,不要频繁地打扰捐赠者等。

4. 募捐工作的规范

募捐工作的规范包括以下内容:精确表述机构服务和活动并解释说明如何使用募捐资金,尊重慈善活动受益人的隐私与尊严;代表慈善组织收集捐款或发动捐款的志愿者、员工和外聘协调员应做到公平、正直,遵守相关法律法规,不接受和本机构目标使命矛盾的捐赠;募捐员工除工资与服务费外,不应有提成;不能以任何形式变卖捐助者的联系方式等。

5. 财务透明度的规范

财务透明度的规范包括以下内容:所有的捐赠都要用于支持慈善组织的工作;所有指明用途的资助都要按规定专款专用;财务年报内容应该翔实,充分体现募捐的总额、各种支出(包括工资和管理费用)、各类慈善活动的开销等信息,并且符合国家税务和财务制度的标准;行政办公费用和募捐开支不能超过资源发动和管理效力方面的费用;理事会应定期回顾机构募捐项目的进度和收支有效性。

(二)不正当的募捐行为应负的法律责任

了解违反规范的法律后果同样很重要。首先,《慈善法》第三十三条规定,禁止任何组织或者个人假借慈善名义或者假冒慈善组织开展募捐活动,骗取财产。此外,《慈善法》第一百零一条规定,开展募捐活动有下列情形之一的,由民政部门予以警告、责令停止募捐活动;对违法募集的财产,责令退还捐赠人;难以退还的,由民政部门予以收缴,转给其他慈善组织用于慈善目的;对有关组织或者个人处二万元以上二十万元以下罚款:(一)不具有公开募捐资格的组织或者个人开展公开募捐的;(二)通过虚构事实等方式欺骗、诱导募捐对象实施捐赠的;(三)向单位或者个人摊派或者变相摊派的;(四)妨碍公共秩序、企业生产经营或者居民生活的。

第二节 公开募捐

慈善募捐,包括面向社会公众的公开募捐和面向特定对象的定向募捐。公开募捐是指慈善组织以慈善为目的、向社会公众募集款物的行为。募捐对象的不特定性和广泛性、募捐方式的公开性和透明性是其重要特征,如慈善组织在公共场所设立募捐箱、面向社会公众义演义拍等行为。定向募捐是向特定对象筹集款物的行为,募捐范围有限,募捐方式往往是半公开甚至不公开的,如慈善组织向当地知名企业家或在某单位内部进行募捐的行为。

在我们日常生活中接触更多的是公开募捐,因此本节主要介绍公开募捐的相关信息。公开募捐通常来说主要分为四步:申请资质、制定公开募捐方案、公开法定信息和信息披露。

一、公开募捐的资格

《慈善法》第二十二条规定,慈善组织开展公开募捐,应当取得公开募捐资格。在了解公开募捐资格如何获得之前,我们首先要明确公开募捐与个人求助之间的区别。

个人求助是指求助人为自己或者亲属、同事、朋友等有直接关系的人请求帮助,并获得资助,其属性为"私益慈善",法律并不禁止这种行为。而慈善组织开展的公开募捐,其受益人是"不特定的大多数人"。被法律明确禁止的是个人开展公开募捐。如果是为了救助本人及近亲属以外的他人在网络上发起的个人募捐,属于非法募捐,需要承担相应的法律责任。无论是不是公众人物,只要以个人名义发起公开募捐,都属于违法行为。如有人在朋友圈或微博上发帖,以个人名义为山区贫困儿童募集学费,或者为陌生病人筹款治疗,这种行为被《慈善法》明令禁止。

根据《慈善法》第二十二条,有两种取得公开募捐资格的方法。①申请取得。依法登记满二年的慈善组织,可以向其登记的民政部门申请公开募捐资格。民政部门应当自受理申请之日起二十日内作出决定。慈善组织符合内部治理结构健全、运作规范的条件的,发给公开募捐资格证书。②登记取得。法律、行政法规规定自登记之日起可以公开募捐的基金会和社会团体,由民政部门直接发给公开募捐资格证书。

二、公开募捐的相关规定

(一)公开募捐的信息公开

慈善组织开展公开募捐与公众密切相关,必须定期及时公开相关情况,既要有募捐开展前的事前公开,也要在公开募捐活动进行中公开信息。慈善组织在开展公开募捐活动过程中公布相关信息,既是慈善组织说服募捐对象实施捐赠的需要,同时又有利于社会公众和新闻媒体等对慈善组织的公开募捐行为依法实施监督。

《慈善法》第二十五条规定,开展公开募捐,应当在募捐活动现场或者募捐活动载体的显著位置,公布募捐组织名称、公开募捐资格证书、募捐方案、联系方式、募捐信息查询方法等。这对信息公开的地点和内容提出了要求。需要说明的是,《慈善组织信息公开办法》还规定,慈善组织与其他组织或者个人合作开展公开募捐的,还应当公开合作方的有关信息。

同时,《慈善法》第七十三条规定,公开募捐周期超过六个月的,至少每三个月公开一次募捐情况,公开募捐活动结束后三个月内应当全面公开募捐情况。

(二)公开募捐的方案制定

《慈善法》第二十四条规定,开展公开募捐,应当制定募捐方案。《慈善组织公开募捐管理办法》对慈善组织公开募捐方案的备案做了详细规定,明确指出慈善组织应当在开展公开募捐活动的十日前将募捐方案报送登记的民政部门备案。

公开募捐是慈善组织开展慈善活动的资金来源的重要方式,需要进行充分的筹备和细致的安排。实践中慈善组织在开展公开募捐活动前,一般都需要做周密的计划和安排,制定翔实的募捐方案。募捐方案的制定主要包括以下几个方面:募捐目的、起止时间和地域、接受捐赠方式、银行账户、受益人、募得款物用途、募捐成本、剩余财产的处理等。

三、公开募捐的方法

慈善组织进行公开募捐的方法多种多样。《慈善法》第二十三条规定,开展公开募捐,可以采取下列方式:(一)在公共场所设置募捐箱;(二)举办面向社会公众的义演、义赛、义卖、义展、义拍、慈善晚会等;(三)通过广播、电视、报刊、互联网等媒体发布募捐信息;(四)其他公开募捐方式。《慈善法》第二十三条同时规定,慈善组织采取前款第一项、第二项规定的方式开展公开募捐,应当在其登记的民政部门管辖区域内进行,确有必要在其登记的民政部门管辖区域外进行的,应当报其开展募捐活动所在地的县级以上人民政府民政部门备案。

1. 在公共场所设置募捐箱

在银行、商场、超市等地方设置固定募捐箱,或者在公园、市政广场等人流量较为密集的公共场所设置流动募捐箱,都是较为常见的募捐方式。对捐赠人来说,这是一种相对便捷的方式。由于募捐箱与捐赠人直接面对面,提供了一个便于社会大众捐款的渠道,让人们表达爱心,有利于扩大慈善事业的影响力,提高社会公众的慈善意识。需要注意的是,在公共场所设置募捐箱,除了需要事先取得公开募捐资格证书,还可能需要取得公共场所管理者的同意和城市市容市政等部门的许可。

2. 举办义演、义赛、义卖、义展、义拍、慈善晚会等

慈善组织通过组织表演、比赛、买卖、展览、拍卖会等活动,扣除合理成本后的全部收入,即为募捐所得。慈善晚会是指慈善组织通过邀请不特定多数人参加晚会的形式,向参加者募集财产的活动。这些形式已经广泛运用在募捐活动中,并且取得了很好的效果,既宣传了慈善理念,又收获了爱心。

3. 通过广播、电视、报刊、互联网等媒体发布募捐信息

慈善组织开展公开募捐的效果如何,关键要看募捐信息的传播速度和范围。当前,通过广

播、电视、报刊、互联网等媒体发布募捐信息已经屡见不鲜了,这种方式能够使更多的人知悉募捐活动,《慈善法》也肯定了这些做法。腾讯公益平台自2015年起每年9月第一周发起的全民公益节日——99公益日,涵盖扶贫救灾、疾病救助、教育助学、生态环保、文化保育等各类公益议题,已成为中国参与人数最多、影响力最广、场景最多元的全民公益行动日之一。但需要注意的是,《慈善法》第二十三条规定,慈善组织通过互联网开展公开募捐的,应当在国务院民政部门统一或者指定的慈善信息平台发布募捐信息,并可以同时在其网站发布募捐信息。

拓展阅读　　中国慈善组织互联网募捐信息平台的发展

2016年,中华人民共和国民政部根据《慈善法》有关规定,以及"统筹规划、循序渐进,公开透明、自愿申请,分批考察、择优指定"的原则,组织开展了首批慈善组织互联网募捐信息平台遴选工作。2018年和2020年又分别进行了第二批和第三批信息平台的遴选。

互联网募捐信息平台的遴选是为了加强互联网技术在慈善领域的运用,支持慈善组织在更大范围内依法发布互联网公开募捐信息。民政部要求,参与遴选的平台及其运营主体应在互联网行业、慈善领域具有较大影响力或一定代表性。平台运营主体须具有独立法人资格,在"信用中国"、企业信用信息公示系统等信息系统中无严重违法失信记录,未因违反《慈善法》被责令停止活动或受到行政处罚。平台运营主体是社会组织的,该社会组织近3年内未受到登记管理机关的行政处罚。

4. 其他公开募捐方式

上述三种募捐方式并没有穷尽目前慈善组织能够采用的所有方式,生活中比较常见的还有上门募捐、电话募捐、短信募捐等。而且随着信息技术的不断发展,将出现新的信息传播途径,募捐方式也必将不断创新。《慈善法》无法一一穷尽,也没有必要因此频繁地修改法律。所以,这一规定为今后募捐方式的创新和发展留下了空间。

第三节　慈善捐赠[①]

慈善捐赠是社会公众参与慈善事业、为慈善事业作出贡献的重要途径,也是慈善组织得以生存、慈善事业得以发展的基础。

一、慈善捐赠的定义

《慈善法》第三十四条规定,本法所称慈善捐赠,是指自然人、法人和其他组织基于慈善目的,自愿、无偿赠与财产的活动。

(一)慈善捐赠主体

《慈善法》立法宗旨之一就是要发展慈善事业,弘扬慈善文化,通过鼓励和支持最广泛的人有钱出钱,有力出力,参与慈善事业,从而践行社会主义核心价值观,弘扬中华民族传统美德。

---

① 本节内容主要来自阚珂. 中华人民共和国慈善法释义[M]. 北京:法律出版社,2016.

为更好地鼓励更广泛的人参与慈善捐赠,保护捐赠人的积极性和合法权利,有必要明确慈善捐赠主体的范围。

目前,我国的境内慈善捐赠主体主要是公民、法人和其他组织,境外慈善捐赠主体主要有海外华侨华人以及港澳台同胞,当然其中也不乏一些外国公民。

自然人是相对于法人而言的,是基于自然出生而依法享有民事权利、承担民事义务的个人,不仅包括我国境内的公民个人,也包括港澳台同胞、华侨华人及外国公民。判断某一自然人捐赠行为的法律后果时,必须考虑捐赠人是否具有法定的民事行为能力。依据《中华人民共和国民法典》第十七条规定,十八周岁以上的自然人为成年人。《中华人民共和国民法典》第十八条规定,成年人为完全民事行为能力人,可以独立实施民事法律行为。十六周岁以上的未成年人,以自己的劳动收入为主要生活来源的,视为完全民事行为能力人。《中华人民共和国民法典》第十九条规定,八周岁以上的未成年人为限制民事行为能力人,实施民事法律行为由其法定代理人代理或者经其法定代理人同意、追认;但是,可以独立实施纯获利益的民事法律行为或者与其年龄、智力相适应的民事法律行为。实践中,一些学校动员未成年学生实施捐赠的情况并不少见,这样的捐赠在充分尊重未成年人意愿的情况下,还必须符合《中华人民共和国民法典》有关自然人民事行为能力的规定。

所谓法人,是指依法成立,有必要的财产和经费,有自己的名称、组织机构和场所,具有民事权利能力和民事行为能力,依法独立享有民事权利和承担民事义务的组织。我国的法人包括企业法人以及机关、事业单位和社会团体法人。它们是重要的慈善捐赠主体。

所谓其他组织,是指除自然人、法人以外的各类非法人的社会组织。

(二)慈善捐赠是赠与的一种形式

赠与是指赠与人将自己的财产无偿给予受赠人,受赠人表示接受的一种行为。其中,受赠人可以是任何自然人、法人或者其他组织。慈善捐赠是赠与的一种形式,是有条件的赠与,即是基于慈善目的而实施的赠与。基于慈善目的的要求,慈善赠与的受赠人只能是慈善组织或者受益人,相对于一般赠与的受赠人的范围要窄。

(三)慈善捐赠是基于慈善目的实施的赠与行为

一般而言,帮助在经济或者生活上陷入困境、凭自己的能力难以脱困、急需社会提供帮助的个人,或者促进社会各项事业的发展和进步都属于慈善目的。

根据《慈善法》第三条规定,本法所称慈善活动,是指自然人、法人和其他组织以捐赠财产或者提供服务等方式,自愿开展的下列公益活动:(一)扶贫、济困;(二)扶老、救孤、恤病、助残、优抚;(三)救助自然灾害、事故灾难和公共卫生事件等突发事件造成的损害;(四)促进教育、科学、文化、卫生、体育等事业的发展;(五)防治污染和其他公害,保护和改善生态环境;(六)符合法律规定的其他公益活动。基于开展上述活动的需要所实施的赠与都是慈善捐赠。

(四)慈善捐赠是自愿无偿的

慈善捐赠应当是捐赠人自主、自愿的行为,捐赠人有权根据自身情况决定是否进行慈善捐赠、捐赠什么、捐赠多少、捐赠方式、捐赠期限、向哪个慈善组织或者受益人进行慈善捐赠等。自然人、法人和其他组织有权决定是否进行慈善捐赠,任何组织或者个人,都不能强行摊派或者变相摊派,都不能强行或变相要求其进行慈善捐赠,否则就是违法行为。

另外,慈善捐赠是捐赠人和受赠人双方的自愿行为,既不能强行摊派,也不能强迫受赠,捐赠程序应当体现慈善捐赠人和受赠人双方的意愿。例如,捐赠协议是一种约定捐赠人和受赠人权利义务的形式。但需要注意的是,是否签订捐赠协议应当取决于捐赠人和受赠人双方的意愿,受赠人不得强迫或者变相强迫捐赠人签订捐赠协议。实践中,慈善组织应当尊重捐赠人的意愿,为捐赠人提供充分空间予以灵活变通,以达到既实现慈善宗旨,又有效地保护捐赠人合法权益与捐赠意愿的双赢效果。

慈善捐赠同时也应当是无偿的。从民事行为上看,慈善捐赠也是一种赠与行为。捐赠人将自己的财产给付受赠人,受赠人取得捐赠财产,无须向捐赠人支付相应的代价。

二、捐赠内容

捐赠财产构成慈善财产的主体,最终会被用于帮助那些陷入困境的人。现实生活中,很多人可能都有通过捐赠帮助他人的想法。对于这一问题,法律已经给了我们明确答案。为了汇集各种力量参与慈善活动,推动慈善事业发展,对于各种捐赠形态,国家本着开放的精神,都立法予以认可,并对捐赠财产的合法性、安全、卫生、环保和产品质量作出规范要求。

《中华人民共和国公益事业捐赠法》第九条规定,捐赠的财产应当是其有权处分的合法财产。捐赠财产包括货币、实物、房屋、有价证券、股权、知识产权等有形和无形财产。捐赠人捐赠的实物应当具有使用价值,符合安全、卫生、环保等标准。捐赠人捐赠本企业产品的,应当依法承担产品质量责任和义务。可以从以下四个具体方面来理解捐赠内容。

第一,捐赠人捐赠的财产应当是其有权处分的合法财产。首先,自然人、法人或者其他组织用于慈善捐赠的财产必须是自己的合法财产。财产所有权的取得不得违反法律规定,禁止任何组织或者个人侵占、哄抢、私分、截留或者破坏国家的、集体的以及公民个人的合法财产。捐赠财产必须具有合法性,即财产的来源、取得和占有必须符合宪法和法律的有关规定。盗窃、抢劫或以其他非法手段获得的财产,不属于合法财产,不能作为捐赠财产。

除此之外,捐赠人对其捐赠的财产还必须依法享有处分权。所谓处分权,是指所有人对财产享有依法进行处置的权利。处分权是一项重要的财产权能,它与所有权关系密切。对财产拥有所有权的人,当然拥有处分权。对财产行使处分权有两种方式,即对财产的消费和转让。对财产的消费属于事实上的处分,而对财产的转让属于法律上的处分。

第二,捐赠财产的形式包括货币、实物、房屋、有价证券、股权、知识产权等多种形式。货币是传统的捐赠财产形式,包括纸币、硬币、储蓄存款、电子货币等。货币的捐赠方式多种多样,包括传统的现场付款、邮政汇款、银行转账、提供金融票据,现代新兴的电子支付,如网上银行、手机银行、支付宝、微信等方式。实物捐赠是一种常见的捐赠形式。这里的实物是指现实存在的、具体的、可见的、有价值的物品,属于有形财产的形式。实践中,汽车、药品、电器、电子产品、衣物等是常见的捐赠物品。近年来,也出现了捐赠房屋等不动产的。房屋捐赠涉及房屋所有权变更,需要依法办理不动产登记手续。

另外,随着我国文化市场的发展,也开始出现以字画、古玩对慈善组织进行捐赠的现象。如2013年雅安地震发生后,中华少年儿童慈善救助基金会联合多个艺术机构举行名人名家慈善捐赠书画笔会,该次笔会收集的全部字画作品,经统一登记造册后,全部捐献给中华少年儿童慈善救助基金会。这些作品经公开拍卖,拍卖所得善款全部捐赠给雅安地震灾区。对于字画或者古玩捐赠,应当遵守有关法律法规,特别是文物保护相关法律法规,依法进行变卖或拍卖,将所得价款用于慈善事业。

有价证券和股权是近年来新兴的捐赠财产的形式。有价证券是指标有票面金额,用于证明持有人或该证券指定的特定主体对特定财产拥有所有权或债权的凭证。有价证券是虚拟资本的一种形式,它本身没有价值,但有价格。按财产权利的不同性质,有价证券可分为三类,即商品证券、货币证券及资本证券。商品证券是证明持券人有产品所有权或者使用权的凭证,取得这种证券就等于取得对这种商品的所有权,持券者对这种证券所代表的商品的所有权受法律保护。属于商品证券的有提货单、运货单、仓库栈单等。货币证券是指本身能使持券人或第三者取得货币索取权的有价证券。货币证券主要包括两大类:一类是商业证券,主要包括商业汇票和商业本票;另一类是银行证券,主要包括银行汇票、银行本票和支票。资本证券是指由金融投资活动或与金融投资有直接联系的活动产生的证券。持券人对发行人有一定的收入请求权,它包括股票、债券及其衍生品种,如基金证券、可转换证券等。股票是资本证券最常见的形式。股权即股票持有者所具有的与其拥有的股票比例相对应的权益及承担一定责任的义务。慈善股权捐赠,是指有股权的自然人、法人或其他组织将自己持有的股权,捐赠给慈善事业,通过股权变现或者分红用于慈善目的的行为。

知识产权是指人们就其智力劳动成果所依法享有的专有权利,通常是国家赋予创造者对其的专有权或独占权。各种智力创造,比如发明、文学和艺术作品,以及在商业中使用的标志、名称、图像及外观设计,都可被认为是某一个人或组织所拥有的知识产权。知识产权主要包括著作权、专利权和商标权。知识产权从本质上说是一种无形财产权,其客体是智力成果或者知识产品,是一种无形财产或者一种没有形体的精神财富,是创造性的智力劳动所创造的劳动成果。它与房屋、汽车等有形财产一样,都受到国家法律的保护,都具有价值和使用价值。有些重大专利、驰名商标或作品的价值也远远高于房屋、汽车等有形财产。因此,以知识产权进行慈善捐赠也是被鼓励的。

第三,捐赠财产应当符合一定的规范要求。首先,捐赠人捐赠的实物应当具有使用价值。实物的使用价值是指其具有能够满足人们某种需要的属性,如粮食能充饥、衣服能御寒、汽车能运输等。有使用价值的物品,或者可以被消费以满足衣食住行等基本生活需要,或者可以被用于交换,以换取金钱或者其他利益。捐赠人以实物进行捐赠,是为了给生活陷入困境的人提供必要的帮助,该实物或者可以直接满足受益人某方面的需要,或者可以因其具有使用价值而被折现,或者可以为受益人换取其他可以满足生活需要的物品。如果捐赠人捐赠的实物没有使用价值,慈善捐赠行为本身就失去了存在的基础。其次,捐赠人捐赠的实物应当符合安全、卫生、环保等标准。捐赠人捐赠的实物,最终会用以满足人们生产和生活的需要,应当符合国家有关产品质量的法律法规规定和强制性技术标准。

第四,对捐赠人捐赠本企业产品也有规范要求。捐赠人捐赠本企业产品的,应当依法承担产品质量责任和义务。《中华人民共和国产品质量法》对生产者的产品质量责任和义务做了专门规定。第四条规定,生产者、销售者依照本法规定承担产品质量责任。第二十六条规定,产品应当"不存在危及人身、财产安全的不合理的危险,有保障人体健康和人身、财产安全的国家标准、行业标准的,应当符合该标准"。第二十七条规定,产品或者其包装上的标识必须真实,并符合下列要求:(一)有产品质量检验合格证明;(二)有中文标明的产品名称、生产厂厂名和厂址;(三)根据产品的特点和使用要求,需要标明产品规格、等级、所含主要成份的名称和含量的,用中文相应予以标明;需要事先让消费者知晓的,应当在外包装上标明,或者预先向消费者提供有关资料;(四)限期使用的产品,应当在显著位置清晰地标明生产日期和安全使用期或者失效日期;(五)使用不当,容易造成产品本身损坏或者可能危及人身、财产安全的产品,应当有警示标志或者中文警示说明。裸装的食品和其他根据产品的特点难以附加标识的裸装产品,可以不附加产品标识。捐赠人作为生产者,如果因其捐赠的本企业产品存在质量问题,给受益人或者其他消费者造成损失的,应当依法承担赔偿责任。

三、捐赠途径与捐赠渠道

(一)捐赠途径

《慈善法》第三十五条规定,捐赠人可以通过慈善组织捐赠,也可以直接向受益人捐赠。慈善捐赠的受益人主要是指在经济或者生活上陷入困境、凭自己的能力难以脱困或者遇到自然灾害、事故灾难、公共卫生事件等突发事件造成损害、急需获得社会帮助的人。

对于一般民众而言,囿于时间精力所限,可能无法亲力亲为地参与某一项具体的慈善活动。如果直接捐赠给受益人也会带来一些问题,如慈善财产如何有效使用、剩余的慈善财产如何处理等。向慈善组织捐赠可以避免产生这些问题。因此,将自己所拥有的财产捐赠给慈善组织是一般民众易于选择的参与慈善事业的重要形式。《慈善法》也对慈善组织进行了规定,鼓励人们更多地通过慈善组织进行捐赠。因为慈善组织有健全的内部治理结构、严格的财务管理制度,可以有效地对慈善财产进行管理和使用,更好地发挥慈善财产的效用。

在慈善捐赠中,政府一般不可以作为受赠人,更不可以成为直接受益人。但根据《中华人民共和国公益事业捐赠法》第十一条规定,在发生自然灾害时或者境外捐赠人要求县级以上人民政府及其部门作为受赠人时,县级以上人民政府及其部门可以接受捐赠,并依照本法的有关规定对捐赠财产进行管理。无论是公益性社会团体、公益性非营利事业单位作为慈善捐赠的受益人,还是政府及其部门作为慈善捐赠的受益人,都必须保证捐款用于符合慈善宗旨的公益事业,最终的实际受益人只能是处于困境的需要社会提供帮助的个人。

(二)常见捐赠渠道

传统捐赠渠道主要包括现金捐赠、邮局汇款捐赠以及现场捐赠。此外,还出现了越来越多的新兴捐赠方式。互联网为慈善带来了非凡的新机遇,从而使在线捐赠成为一种新兴的捐赠方式。无论是让企业捐出一部分网上销售利润给非营利组织,还是作为汇合资金、才智和知识的互联资源,抑或是提供好的捐赠信息,互联网为打造联系更加紧密、消息更加灵通的慈善事业创造了越来越多的机遇。工作单位捐赠也是一种常见的捐赠形式。许多捐赠人参与在工作单位的募捐活动,采用的方式是定期从员工工资单中直接扣除善款。这个系统通常由接收捐款的非营利机构联合会进行管理。

四、选择值得信任的机构

如何做一个明智捐赠人？首先需要注意社会公信力。慈善组织公信力是慈善组织在社会上被公众接受和信任的程度。慈善组织透明和不透明这扇门的钥匙掌握在公众的手里，公众完全可以用好自己的权利。如何看一个慈善组织是否具有良好的社会公信力，主要注意九个方面。①具有法律主体地位，是注册组织。根据《中华人民共和国公益事业捐赠法》《基金会管理条例》的相关规定，可以接受社会捐赠的主体是公益性社团法人、公益性非营利事业单位、县级以上人民政府及其部门。②运作规范，即规范的治理结构（理事会、监事会、秘书处等）、规范的民主议事制度、规范的内部行政管理制度、规范的内部人事制度以及规范的内部财务制度。③透明度高（尤其是财务公开透明），主要是指基本信息公开、治理信息公开、业务活动信息公开、年度财务报告公开以及组织动态公开。④项目的有效性，主要是指项目是否按照预定计划使规定的受益者受益、项目对利益相关方（受益者、社会组织、政府、捐赠方）带来了什么积极影响，以及该项目对政策层面有无影响。⑤第三方监测评估结果，主要包括第三方项目评估报告和第三方财务审计报告。⑥专业的运营团队，主要包括专职的管理人员、明确的分工和协作（行政、项目、筹资、外联、检测评估、财务等），以及良好的志愿者管理体系。⑦项目的可持续性，即项目完成停止资金输送后，项目是否可持续。⑧项目的可复制性，即获取的项目经验是否可在其他地区推广。⑨是否可以开具捐赠收据。

找到值得信任的捐赠机构十分重要，以下是一些基本的策略：①参考独立第三方评估机构的评估结果；②参考机构官方网站，重点看年报和财报；③关注成功的项目案例；④关注项目的有效性；⑤关注受益者的感受；⑥关注媒体报道；⑦关注其社会影响；⑧关注新媒体信息。

五、与捐赠相关的法律与伦理

（一）捐赠人的捐赠义务

慈善捐赠属于公益活动，捐赠人和受赠人达成捐赠协议的，应当根据诚实信用原则的要求，按照捐赠协议履行相关义务。按照一般的赠与合同，捐赠人逾期未交付捐赠财产的，并不强制要求其交付财产。但在以下两种情况下，需要强制履行交付捐赠财产的义务。

（1）捐赠人通过广播、电视、报刊、互联网等媒体公开承诺捐赠。捐赠人通过相关媒体公开承诺捐赠，社会对此已经知晓，对社会的正面效应也已形成。如果允许捐赠人出尔反尔随便撤销承诺，会对社会形成较大的负面影响，影响社会诚信观念的树立和诚信文化的形成，影响社会慈善活动的正常进行以及慈善文化的健康发展。

（2）捐赠财产用于扶贫、济困、扶老、救孤、恤病、助残、优抚，救助自然灾害、事故灾难和公共卫生事件等突发事件造成的损害，并签订书面捐赠协议的。之所以作这些规定，是因为扶贫、济困、扶老、救孤、恤病、助残、优抚，救助自然灾害、事故灾难和公共卫生事件等突发事件，具有基础性和紧迫性的特点，如果签订了书面捐赠协议，就应当认真履行，这体现了以人为本的人道主义精神。

当然，履行捐赠义务也存在例外情形。在捐赠人公开承诺捐赠或者签订书面捐赠协议后经济状况显著恶化，已经严重影响其生产经营或者家庭生活的情况下，如果再强制要求其履行对外捐赠义务,有违慈善的人道主义精神。例如,企业通过互联网公开承诺捐赠,在实施捐赠前,因经济危机陷入经营困境以致资不抵债进入破产程序,此时如果再要求其履行原来的捐赠义务,就背离了慈善活动的初衷。再如,自然人公开承诺捐赠后陷入生活困难,自身都需要接受社会救助,要求其履行捐赠义务,既不可能实现,也有违人道主义精神。

(二)捐赠人的基本权利

捐赠人拥有相关的知情权和监督权。首先,捐赠人有权查询、复制其捐赠财产管理使用的有关资料,慈善组织应当及时主动向捐赠人反馈有关情况。捐赠人将财物捐赠给慈善组织,捐赠的财物由慈善组织管理、使用,但捐赠人享有对捐赠财产管理使用情况的知情权。一方面,捐赠财产来源于捐赠人,赋予其知情权,让其了解相关情况,体现了对捐赠人真实意愿的尊重和负责。另一方面,这也是对慈善组织进行监督的一种途径。捐赠人行使知情权的方式主要包括查询、复制相关捐赠财产使用的有关资料,这是法律赋予捐赠人的权利。慈善组织应当为捐赠人行使知情权创造条件,需要反馈相关情况的,应当及时主动向捐赠人反馈有关情况,这是法律对慈善组织规定的一项义务。

同时,捐赠人拥有对慈善组织使用慈善财产的监督权。《中华人民共和国公益事业捐赠法》第十八条规定,受赠人与捐赠人订立了捐赠协议的,应当按照协议约定的用途使用捐赠财产,不得擅自改变捐赠财产的用途。如果确需改变用途的,应当征得捐赠人的同意。慈善组织开展慈善活动,应当依照法律法规和章程的规定,按照募捐方案或者捐赠协议使用捐赠财产。慈善组织确需变更募捐方案规定的捐赠财产用途的,应当报民政部门备案;确需变更捐赠协议约定的捐赠财产用途的,应当征得捐赠人同意。

慈善组织履行法定程序后,可以变更捐赠协议约定的捐赠财产的用途。如果未履行法定程序即变更捐赠财产的用途,则构成滥用捐赠财产。例如,捐赠协议约定捐赠财产应当用于教育,但慈善组织将该财产用于环境保护。再如,捐赠协议约定捐赠财产应当在一定期限内使用完毕,而慈善组织超出使用期限,长期搁置对该资金的使用。滥用捐赠财产,违反了捐赠协议,属于违约行为。《中华人民共和国民法典》第五百七十七条规定,当事人一方不履行合同义务或者履行合同义务不符合约定的,应当承担继续履行、采取补救措施或者赔偿损失等违约责任。按照规定,慈善组织违反捐赠协议约定的用途,滥用捐赠财产的,捐赠人可以要求慈善组织加以改正。慈善组织拒不改正的,捐赠人可以向民政部门投诉举报或者向人民法院提起诉讼。民政部门可以对慈善组织进行警告,责令其限期改正;逾期不改正的,责令限期停止活动并进行整改。人民法院可以根据当事人的请求,依法判决慈善组织承担相应的法律责任。

本章小结

募捐是指慈善组织基于慈善宗旨,主要向社会民众、企业、政府或基金会募集财产的活动,主要包括四个要素,即募捐主体、募捐客体、募捐形式和募捐媒介。

募捐形式和募捐方式,是募捐活动不同层面的特征。募捐形式属于战略层面的内容,是指慈善事业组织对募捐的整体性安排,经历了三个发展阶段,即传统募捐形式、近代募捐形式、现代募捐形式。募捐方式属于战术层面的内容,是指对某个募捐活动的具体性安排。募捐方式主要分为三类,即日常募捐计划、特殊目的募捐计划和财产管理募捐计划。

公开募捐是指慈善组织以慈善为目的、向社会公众募集款物的行为,募捐对象的不特定性和广泛性、募捐方式的公开性和透明性是其重要特征。

慈善捐赠是自然人、法人和其他组织基于慈善目的,自愿、无偿赠与财产的活动。慈善捐赠属于公益活动。

捐赠人和受赠人达成捐赠协议的,应当根据诚实信用原则的要求按照捐赠协议履行相关义务。同时,捐赠人有着基本的权利,包括知情权和监督权。

思考题

1. 募捐的方式有哪些?你认为它们各自的优缺点是什么?
2. 作为捐赠人,你具有什么权利?在面对一些慈善机构拒绝向大家公开信息时,你会如何做?
3. 在选择值得信任的捐赠机构时,你最看重哪一个条件?为什么?
4. 当你准备进行捐赠时,你会更倾向于选择哪一个捐赠渠道?为什么?

推荐阅读

1. 盖里.手把手教你做公益[M].周展红,郭聪,译.广州:广东人民出版社,2016.
2. 卡格尼,罗斯.全球劝募:变动世界中的慈善公益规则[M].徐家良,苑莉莉,卢永彬,译.上海:上海财经大学出版社,2018.
3. 朱友渔.中国慈善事业的精神[M].北京:商务印书馆,2015.
4. 萨金特,尚悦,等.慈善筹款原理与实践[M].孔德洁,顾昊哲,叶盈,等译.桂林:广西师范大学出版社,2021.
5. 刘选国.中国公益的修炼:从优秀到卓越[M].北京:中央编译出版社,2017.
6. 阚珂.中华人民共和国慈善法解读[M].北京:中国法制出版社,2016.

第四章　慈善伦理

在公益慈善事业快速发展的大背景下，如何增强公益慈善领域从业人员及志愿者的专业伦理意识，提升其专业伦理素养，践行专业伦理原则和标准，从而进一步推进公益慈善与志愿服务事业规范化、科学化、专业化发展，已成为当代中国公益慈善、志愿服务和社会工作事业发展的一个重要问题。

慈善伦理本身就是一个很大、很复杂的主题，众说纷纭，至今没有在业界达成共识。这里谈到的慈善伦理主要是指把慈善看作一个专业、行业或职业所应遵循的实践伦理。为了更好地理解之后谈到的慈善伦理主题，首先需做以下几点说明。

第一，本章所讨论的慈善是"大慈善"概念，即包括公益、慈善在内的所有公益慈善活动，是广义的慈善。相应地，本章提到的慈善伦理也是广义的慈善伦理，是狭义慈善伦理、公益伦理、志愿服务伦理和社会工作伦理的总和。

第二，伦理可分为个人伦理、组织伦理、社会伦理、专业（或行业、职业）伦理。个人伦理建立在个人价值观基础之上，主要通过个人自律约束个人行为举止。组织伦理建立在团体价值观基础之上，主要通过明文规定的组织制度、规定、守则等形式约束组织内工作人员的言行举止。社会伦理则是建立在社会共同的价值观基础之上，主要通过约定俗成的社会规范约束整个社会成员的言行举止。专业伦理建立在整个专业价值观基础之上，往往通过专业誓言、职业道德指引或专业伦理守则的形式，来约束整个专业（行业、职业）从业人员的行为举止。

第三，本章的公益慈善伦理主要以社会工作伦理为基础，这是由于以下两方面的原因。①从大慈善的视角出发，社会工作伦理是慈善伦理的核心，也是慈善伦理专业性的体现。社会工作伦理与社会工作在现代慈善事业中孕育产生，而现代慈善事业在社会工作带动下日益走向科学化、现代化、专业化、规范化。在美国，社会工作专业开设的第一门课程就是慈善募集，关于社会工作的第一本书也是在慈善基金支持下完成出版的[①]。在当代，专业伦理已经被看作是社会工作走向成熟与专业化的重要标志。从某种意义上讲，社会工作专业伦理，也就是慈善专业（行业和职业）的伦理。②现阶段社会工作伦理发展较为成熟。1994年中国社会工作协会（现更名为中国社会工作联合会）制定了《中国社会工作者守则》。2012年民政部出台了《社会工作者职业道德指引》以规范整个社会工作行业的发展。而狭义的慈善伦理、公益伦理和志愿服务伦理现阶段还只是零散体现在不同的法规政策之中。一些相关研究成果也主要关注较为宏观层次问题的讨论。相对而言，社会工作伦理对公益慈善实践的指导意义更强。

---

① 聪茨.美国慈善史[M].杨敏,译.上海:上海财经大学出版社,2016:11-12.

第一节　慈善伦理的概念及慈善伦理的主要作用

作为公益慈善、志愿服务与社会工作领域的人士,在从事专业活动中,要拥有慈善伦理敏感性,明确慈善活动所涉及的相关利益方的行为界限,掌握处理专业伦理困境的基本方法,对于有效保护各行为主体的权益,避免风险与伤害,促使整个行业健康发展具有重要作用。

一、相关概念界定

(一)价值观与伦理

价值观是人们评价判断一切事物的观念、信念,它具有主体性、稳定性、可变性、可选择性、多层次性、抽象性等特点。不同的个体、人群、阶层阶级、组织机构和国家社会有不同的价值观。伦理一般是指人与人相处的各种道德准则。《韦氏大学英语词典》(第十版)中对伦理的解释有四种含义:一套道德原则或价值观念;一套理论或道德价值理论和体系;个人或团体所要遵守的行为准则;有指导性的哲学。

伦理和价值观在很多情况下的含义是一致的。本书提到的伦理广义上是指人与人、人与社会和人与自然之间相处的行为准则;狭义的伦理是指建立和维持人际关系所要遵守的行为准则。从这个意义上讲,价值观是伦理的内在观念,伦理是体现价值观的行为准则。

(二)专业伦理

专业伦理与个人伦理、组织伦理和社会伦理既有相同之处,也有一定区别。相同之处包括以下方面。①它们都不是一成不变的,而是会随着社会发展不断变化。例如,医学伦理的典型代表——希波克拉底誓言已存在两千多年。当代的希波克拉底誓言与古代的希波克拉底誓言相比已经有了很大变化,现代的医学伦理抛弃了古代医学伦理的神学色彩和医学只传授给医生世家子女的狭隘职业传承观念。②专业伦理的呈现方式和其他伦理的呈现方式一样是多样化的,专业伦理可以以誓言、守则、职业道德指引等方式来呈现。③与其他伦理一样,专业伦理具体条款的表述方式,可以以倡导的积极方式来表述,被称为积极伦理;也可以以强制的消极方式来表述,被称为消极伦理。例如,慈善专业伦理的专业使命在于促进人类福祉和进步,尤其关注弱势群体、陷入贫困和困境中人们的需求和增强其能力;体现护士职业伦理的南丁格尔誓言中有"务谋病者之福利"。这就是积极伦理的表述方式。再如,社会工作的专业伦理中有"社会工作者不得从任何专业关系中获取不当利益,或是剥削其他人以得到个人的、宗教的、政治的或是商业的利益",护士职业伦理的誓言中有护士坚决"不能做损害病患和职业的事",这就是消极伦理的表述。

专业伦理与其他伦理的不同之处主要在于以下方面。①调节的范围不同。专业伦理调节某一具体专业的专业关系,约束慈善专业人员、兼职人员(或辅助人员)与志愿者的言行举止。②专业伦理更加体系化。专业伦理一般包括哲学基础、价值体系、伦理原则和伦理标准几个层次。哲学基础是指该专业生存与发展的愿景或最终目标,以社会工作为例,社会工作专业的哲学基础就是促进人类,特别是弱势群体和贫困者生活质量的提高,促进社会公平与社会进步;价值体系是指专业价值内容由哪些重要的正向概念构成,例如提升服务对象生活质量、社会正义、尊重、接纳等;伦理原则是说明其价值体系内各概念应如何进一步被理解,将价值体系和伦理标准合二为一,可以称之为伦理价值观;伦理标准将伦理原则进一步具体化为可操作的行为标准。③专业伦理突出强烈的职业或专业责任感与使命感,并引导专业人员付出更多努力,达到专业要求,承担更多的社会责任,促进社会公平和进步。④专业伦理特别注重推动职业的专业化,为此倡导发展专业伦理,确保服务对象利益,确保服务水准,赢得大众信任,树立起专业信誉,促进整个行业与职业专业化、规范化、科学化发展。

(三)慈善专业价值观与慈善专业伦理

根据价值观与伦理的区别,我们可以把慈善专业价值观理解为慈善工作者评价判断各种慈善关系的专业观念或信念,慈善专业伦理则是慈善工作者调节、处理慈善活动中人与人、人与社会、人与自然之间关系的专业行为准则与规范体系。简言之,慈善伦理就是慈善行业所有工作人员的专业行为操守、行为守则或者慈善工作者的职业道德指引。这里主要围绕对慈善活动中人与人关系的处理来谈论慈善伦理。

二、慈善伦理的主要作用

慈善被看作是一个国家繁荣昌盛、国民健康幸福的必备条件。《慈善法》中提出"慈善行业组织应当建立健全行业规范,加强行业自律",强调了伦理建设的重要性。专业伦理价值观的形成则是一个职业或专业成熟的重要标志。有了专业价值体系作为基础理念,有了专业伦理约束相关人员的专业行为,其发展才可以称得上逐步进入理性发展之路,迈进了逐步成熟的阶段。我们可以从以下几点理解慈善伦理的作用。

第一,有助于行业自律。慈善组织要走专业化、职业化道路,在慈善活动运作过程中就必须要增强行业自律。在日常的慈善活动中,缺乏专业伦理守则将带来诸多问题。例如,人们对慈善工作者专业行为的界限不清、认识模糊;忽略捐赠者意愿;资金流向不透明、使用不规范、监管不严;慈善运营过程信息不公开;有意识无意识地伤害服务对象;影响慈善事业声誉,阻碍慈善事业健康发展。

第二,有助于有效激发慈善从业人员强烈的专业责任感和使命感,更好地处理个体与其所掌握的社会资源、同事、机构、社会的关系。慈善行业的从业者都经受过一些专业学习和训练,掌握专业知识与技能,握有一定社会资源,要处理好与同事、同伴、机构和社会利益之间的关系。依照慈善伦理对从业人员和志愿者提出更高要求,有助于进行职业或专业监督和职业或专业自律,使其不断提升精神境界,善用所掌握的社会资源,更理性地处理与同事、同伴、机构和社会利益之间的关系,维护慈善专业、行业乃至全社会的利益,促进慈善事业高质量发展。

第三,明确慈善关系中必须摒弃、不能出现的职业或专业行为,便于各级政府、媒体、社会公众、慈善行业内各组织、社会组织内部的同事对慈善活动进行监督。一旦有工作人员和志愿者有违规行为即会受严格处罚,将会被撤销在慈善行业内工作或担任志愿者的资格,违反专业规范者甚至会被清理出慈善行业。当一个十几年从事一个职业或专业的人被清除出这个行业,基本上就等于失去了谋生的重要技能,很难立足于社会。在某种程度上,专业价值观和专业伦理的约束作用要大于个人伦理、组织伦理与社会伦理,甚至大于某些法规对人们行为的约束力。这样的原则可以有效维护慈善专业与行业的声誉,促进慈善事业健康发展。

第四,以行为守则或者职业道德指引的形式,建立健全慈善专业的主要价值观体系和专业伦理,有助于赢得公众的支持和信任。可通过慈善伦理强调依法依规有效利用社会慈善资源,提供高质量的慈善服务。慈善伦理的健全使得公益慈善事业易于赢得公众的支持和信赖。

第五,建立健全公益慈善专业的主要价值观体系和专业伦理,有益于在遇到伦理困境时做出更好的抉择。在慈善活动中,有时难免会遇到一些伦理困境的挑战,比如:尊重个人与生命至上价值理念之间的选择;服务对象个人利益与整体社会利益之间的选择;慈善工作者个人价值观与服务对象价值观之间的选择;服务对象个人价值观与重要他人价值观之间的选择;多元文化敏感问题的选择。如果没有慈善伦理的具体规定,面临上述伦理困境,慈善工作者和志愿者就会无所适从;而有了慈善伦理的具体规定,慈善工作者和志愿者将会举一反三,做出比较适当的抉择。

需要明确的是,专业伦理的建立健全不可能一蹴而就,而是一个漫长的过程。不同的历史时期,出现的重点问题不同,都会不断丰富专业伦理的内容。建立健全慈善专业的主要价值观体系和专业伦理,有助于慈善工作者及志愿者深入思考自己专业行为恰当与否,进而内化专业价值与伦理,运用专业价值观体系和专业伦理,合理而有效地调节慈善领域的专业关系和专业行为,有益于更好地保护慈善工作者和志愿者,也有益于促进慈善事业的发展。

第二节 慈善伦理的主要理论

慈善伦理是多元的。伦理理论的作用是解释伦理行为背后的价值观因素,并为实践中的伦理抉择提供依据。

一、伦理理论及其功能

个人伦理理论是解释个体依据其价值观做出行为对错选择的一系列知识体系。个体会基于对的理由,来选择对的行为,并且能够面对现实中复杂的伦理情境做出抉择和回应[①]。对于同一实践情境,价值观不同的个人,就会选择不同的伦理行为,也会做出不同的伦理决策与回应。

专业伦理理论是指专业人士在其专业领域内以他们认同的价值观为依据,选择做出适合处理专业关系的行为的一系列知识体系。换言之,专业人员会基于符合专业性的理由,来选择符合专业关系要求的专业行为,并且能够对所面临的专业实践中复杂的专业伦理情境做出符合专业性的伦理决策与回应。

慈善伦理理论是指慈善行业内的所有工作人员和志愿者在慈善活动运行过程中,以他们达成共识的专业价值观为依据,来选择合适的专业行为准则并作出抉择,将之运用于复杂专业伦理实践的一系列知识体系。慈善伦理理论可以帮助慈善活动相关人员获得专业伦理的敏感性,善于理解自己和他人的价值观和决策行为。利用慈善伦理理论也可以较好地解决伦理情

---

① 古特曼.社会工作伦理[M].田秀兰,彭孟尧,译.台北:学富文化事业有限公司,2011:41.

境中的抉择问题,当伦理情境中的行为标准与价值观出现矛盾与冲突时进行恰当的排序①,由此来寻求解决伦理困境的方案,并解释该方案设计的原因。

二、主要的慈善伦理理论

从古至今,学者们对伦理行为及其原因的解读莫衷一是,分为许多派别。主要的慈善伦理理论有美德论、宗教神学论、人道主义论、道德情感论、快乐论、进化论、义务论、效果论、正义论、权利论、职责论、女性主义论、关怀论、叙事论(也可称之为文化情景论)等。下面对主要的慈善伦理理论作简要介绍。

(1)美德论,是指以个人内在德行完善为基本价值尺度,判断行为是否良善(正确的、好的)的知识体系。在中国,代表人物有孔子、孟子、老子等。他们的思想中都包含着慈善伦理的要素。例如性善论认为,人生来就有恻隐之心——仁、羞恶之心——义、恭敬之心——礼、是非之心——智。在国外,美德伦理论的代表人物有苏格拉底、柏拉图、亚里士多德、西塞罗等。主要观点是善的本体在于求真,以理性追求幸福,强调个人内在的特质与人格品德是高尚的,而非仅仅是外在的表现和行为。西塞罗认为:"没有什么比仁慈和慷慨更能体现人性中最美好的东西了。"②

(2)宗教神学论,以神的恩典作为引导指引人们从事良善行为。持此观点的学者认为人不可能具有改过迁善的能力,只有凭借神的恩典才能获得救赎。鼓励人们像蜜蜂一样勤奋工作,创造财富,但辛勤工作不是为了自己的享受,而是为了能帮助更多需要帮助的人。每一个人都有责任和义务代表神灵救助陷入苦难之中的人或进行互助。持此观点的学者认为,去探望处于困境中的孤儿寡母,作为要求来说是一种宗教行为,作为动机来说是一种仁慈行为,是保持自我不受世俗污染的美德行为③。

(3)人道主义论,主张一切以人为中心,是以人道取代神道的伦理价值观。它反对宗教对人性的扼杀与抑制;关注人的幸福,重视人的价值,提倡尊重人和人的生命、爱护人、关心人、不伤害人;主张超越人种、国家、宗教的差别,承认人与人之间相互平等、相互尊重、相互扶持。法国哲学家孔德是这一观点的代表人物,这一观点将人抽象化,用抽象的人性解释人类社会。

(4)道德情感论,是以人们的道德情感为基本价值尺度,感受行为是否应该的知识体系,主要代表人物为大卫·休谟、亚当·斯密。他们否认理性在道德中的决定作用,认为仁爱、同情、怜悯,慈善等利他观念都源于人性中固有的道德情感④。亚当·斯密提出:一个人无论怎样自私,这个人天赋的本性中都明显地存在着一种道德情感,使他关心别人命运,把别人的幸福看成是自己的事情,虽然他除了看到别人幸福而感到高兴外一无所得。这种本性就是怜悯和同情,即当看到或逼真地想象到他人的不幸遭遇时所产生的感情⑤。

---

① 斯佩里.心理咨询的伦理与实践[M].侯志瑾,译.北京:中国人民大学出版社,2012:23.
② 西塞罗.西塞罗三论[M].徐奕春,译.北京:商务印书馆,1998:110.
③ 刘慧.当代中国公益伦理精神培育研究[M].北京:新华出版社,2020:57.
④ 刘慧.当代中国公益伦理精神培育研究[M].北京:新华出版社,2020:58.
⑤ 斯密.道德情操论[M].蒋自强,钦北愚,朱钟棣,等译.北京:商务印书馆,1997:5.

(5)快乐论(也被称为享乐论),是以人们获得快乐为基本价值尺度,来判断行为是否良善(正确的、好的)的知识体系,主要代表人物为伊壁鸠鲁。他认为道德的良善行为可导向快乐和愉悦的感受。

(6)进化论,是以促进和增强人与环境的适应性为基本价值尺度,来判断行为是否良善的知识体系,主要代表人物为达尔文、斯宾塞、克鲁泡特金等。斯宾塞提出人在实践活动中通过激发利他情感、道德感、同情感、共同荣誉感,选择促进整个种族、整个人类发展的行为就是善的行为。克鲁泡特金认为人能够进步和发展的根源在于互助,互助是增强人与环境适应、促进人类发展的最基本、最重要的功能[①]。

(7)义务论,是以人类社会普遍道德律令为基本价值尺度,判断行为是否良善(正确的、好的)的知识体系,主要代表人物为康德。康德提出,我们敬畏什么?头上的星空、内心的道德法则。我们应当做什么?实践理性批判和求善。我们应当怎么做?人为自己立法,道德自律;自律使人伟大、自由和有尊严。因而,康德不注重效果,而很看重动机,认为人们不能完全控制行为的结果,但人可以控制的是自己的意志,所以自律很重要。他强调遵守规范、听从道德律令。所以,做慈善动机很重要。如果动机不纯,就是伪慈善,而不是真慈善。

(8)效果论(也被称为目的论、结果论),是以结果是否使社会上最大多数人获得最大幸福为基本价值尺度,来衡量行为是否良善(正确的、好的)的知识体系,主要代表人物有边沁。持此观点的学者认为只有给社会上最大多数人带来最大幸福的行为才是善的行为。他们还给快乐分了等级,指出感官快乐是低级快乐,精神快乐才是高级快乐。他们认为人性向善就是人们天生乐意放弃低级快乐而选择追求高级快乐的取向。效果论引起了一些争议,例如是否可以为了社会上最大多数人的快乐幸福牺牲少数人的快乐幸福?是否意味着做慈善的行动比动机更重要[②]?这些都是值得思考的问题。

(9)正义论,是以社会公平正义为基本价值尺度,判断行为是否良善的知识体系,主要代表人物有罗尔斯。罗尔斯提出一个社会可以有许多美德及优点,而公正则是社会中最重要的美德。一个缺乏公正的社会,无论效率多么高,都比不上一个效率较差但较公正的社会。公正可以使社会道德化。罗尔斯探讨的公正主要是分配的公正,他反对功利主义,也反对极端的自由主义,强调平等尊严。他认为正义有两个条件:一是每个人都有同等的权利,拥有个人基本自由;二是在社会和经济不平等的情况下,做到差异性平等原则(即对社会中最弱势的人最为有利)和机会平等原则。

(10)权利论,是以尊重个体权利为基本价值尺度,判断行为是否良善(正确的、好的)的知识体系。这一理论假设个体是被赋予了诸多权利的载体,当一种行为尊重个体权利时,就是良善的;若侵犯个体权利时,就是错误的。

(11)职责论,是以社会赋予个体的角色与职责作为基本价值基础,来判断行为是否良善(正确的、好的)的知识体系。持此观点的学者认为个体履行了社会职责、怀有良好动机、选择

---

① 刘慧.当代中国公益伦理精神培育研究[M].北京:新华出版社,2020:63.
② 布鲁克斯.谁会真正关心慈善:保守主义令人称奇的富于同情心的真相[M].王青山,译.北京:社会科学文献出版社,2008:28.

可以接受的方式、行为本质良好，那么行为就是良善的、道德的。例如，社会对家庭监护人的职责要求是不能有忽视儿童照顾的行为；现代社会对国家的职责要求之一是做好弱势群体的基本生存保障的制度安排等。

（12）女性主义论，是以女性主义视角来批判、建构的一种旨在解放妇女的伦理理论。它批判贬低、歧视与伤害女性的伦理理论与道德实践，构建男女平等，或社会性别平等的伦理观。这里的男女平等不是指绝对平等，而是主张差别平等，即基于两性生理差异的自然事实，基于女性长期受到不公正待遇的历史事实与现实情况，对女性在具体特征的差异状态下（怀孕、哺乳、身体能力、种族、阶级、宗教、年龄、族裔、婚姻）拥有享受特殊照顾权利的社会观念与制度安排。例如，在离婚时，对怀孕与哺乳期女性权益保护的制度安排。差别平等不仅仅指女性可以享有特殊照顾权利，也体现在儿童、残障人士、老年人具有享受特殊照顾的权利。同时，女性主义论也强调不能把女性看作是需要扶助的"弱者"，女性与男性一样也是社会主体，应自尊、自信、自强、自立，积极主动参与社会与适应环境，维护女性的尊严与权利。

（13）关怀论，是以是否有助于维系关怀者与被关怀者彼此之间充满关怀的关系为基本价值尺度，判断行为是否正确的知识体系，主要代表人物是女权主义代表人物卡罗尔·吉利根和奈尔·诺丁斯。这一理论产生的背景是女权运动和女权主义，其研究对象、思想方法、价值观念、伦理态度都独树一帜。

关怀论看重自我在人际脉络中与他人不可分割的关联性和相互依存性。在关怀论视角下，人与人之间的关怀与自我的独立和自主是同等重要的。关怀论重视关怀、关系、责任、脉络、沟通、情意、个别特殊表达的声音、差异中的公平对待，更重视某种行为选择是否有助于维系彼此充满关怀的关系。

关怀论不仅重视关怀者与被关怀者之间的关系，还特别关注被关怀者角色的主动性。而且，关怀论的关怀并非完全取决于关怀者一方的态度与目的，还考虑这种关怀在被关怀者身上产生什么样的效果。关怀论还强调，关怀者应致力于提升他人的作为，但以不妨碍别人的"他者性"为原则，避免为他人决定应该做什么事情，强调服务对象自决。

（14）叙事论，是通过讲述个体生命故事引发深刻生命感觉，建构具体的道德意识和伦理诉求，引导良善行为的知识体系。

学者刘小枫认为伦理是以某种价值观为经脉的生命感觉，伦理学是关于生命感觉的知识，考究各种生命感觉的意义。伦理学有两种，即理性的和叙事的。理性伦理通过探究生命感觉的一般法则和人的生活应遵循的基本道德观念与理则来规范人们行为；叙事伦理通过讲述个人经历的生命故事，提出关于生命感觉的问题，营造具体的道德意识和伦理诉求。

叙事论关注个体身上遭遇的普遍伦理的例外情形，从个体独特命运的例外情形去探问生活感觉的意义。它是从一个人曾经怎样和可能怎样的生命感觉来摸索生命的应然。当讲故事和听故事的人为叙事中这一个体的命运动了感情，叙事语言就会不经意地形塑或改变一个人的生命感觉，使他/她的生活发生了改变。叙事伦理的道德力量就在于，一个人进入过某种叙事的时间和空间，深入个人的生命奇想和深度感情，他/她的生活就可能发生根本变化，这种激发自内的道德力量是理性伦理所没有的。

上述伦理理论，有关注美德善行的，有看重善言善行是快乐之源的，有关注道德情感引导的,有关注慈善动机的,有关注慈善行为的,有关注自我的独立与自主的,有关注互助的,有关注社会公正的,有关注尊重个人权利的,有强调个体个别独特性的,有强调关怀关系维系的。可以说,没有一个伦理理论是完整或完美的。但是无论如何,这些伦理理论从不同方面、不同层次为慈善伦理的实践与建设提供了可供借鉴的价值基础和理论基础。

第三节 慈善伦理的主要价值观与行为准则

一、相关职业专业伦理价值观的启迪

与慈善专业一样,医生、护士、心理咨询师都是与人打交道、具有助人性质的实践性很强的从业者。他们也被人们认为是与公益慈善行业密切相关的人。在现实中,他们常常会与慈善工作人员一起组建跨专业合作队伍,共同进行扶弱、助贫、帮困等各种公益服务。这些相关职业的专业伦理对慈善伦理的建立健全具有重要借鉴意义。

首先来看看指导医生治疗实践的专业伦理价值观,医生的专业伦理价值观集中地体现在希波克拉底誓言之中。希波克拉底誓言现代版内容中就包含了许多医学专业伦理的基本准则,对于慈善行业具有借鉴意义:尊重前辈、扶持后辈与促进专业发展,生命至上、不伤害,接纳、诚信、合作、尊重、保密、感恩,平等公平,维护患者利益,维护社会利益和能力。也有人将医学伦理概括为八大原则:行善原则,对服务对象有利原则,无伤害或最大限度降低对服务对象伤害原则,公正原则,人道即尊重、同情、关心、救助服务对象原则,尊重服务对象生命原则,服务对象具有自主决策权原则,保密原则。

拓展阅读　　　　　　　　　希波克拉底誓言

几乎所有学现代医学的学生,入学的第一课就要学希波克拉底誓言,而且要求正式宣誓。可以说现代医学界的人没有不知道希波克拉底的。在其他领域里,如律师、证券商、会计师、审计师、评估师、推销员等,都拿希波克拉底誓言作为行业道德的要求。这个誓言成为人类历史上影响最大的文件之一。随着历史发展,希波克拉底誓言也有不同的版本,以适用于不同的文化与时代。

我们可以从中发掘丰富的专业价值观。例如:"我宣誓要尽我最大的努力和我最好的判断力去实现我的誓言:我将非常尊重和学习我们的医学前辈历尽千辛万苦所获得的科学成果及医学知识。我也将十分乐意去传授这些知识给我的后来者及未来的医生。"这是尊重前辈、扶持后辈和促进专业发展的价值观。再比如:"为了病人本人的利益,我将采取一切必要的诊断和治疗的措施,同时,我一定要避免两种不正当的倾向,即过度治疗或无作用的治疗。"这是生命至上、不伤害的价值观。

护士职业的伦理价值观,或指导护士实践的专业伦理基本准则集中体现在南丁格尔誓言之中。我们可以从中发掘护士职业必须要恪守的六项伦理价值观:忠于职守、不伤害、能力、保密、合作和病人利益优先或提升病人福祉。

心理咨询与治疗实践的伦理价值观主要有七项:不伤害,即避免、最小化或防止对来访者

施加伤害,无论是否有意;公正,即鼓励公平,对所有个体一视同仁;诚信,即做出真实的承诺,重视对来访者及他人的承诺,维持真诚一致的交流;正直,即提倡准确、诚实、坦率,在信守诺言的同时避免轻率和不明确的承诺;对人的尊重,即尊重价值、个体差异,以及所有个体的隐私、保密和自我决定的权利;来访者自决,即鼓励促进来访者自主使用各种已知信息的能力,与此相关的行为准则包括胜任力、专业表露、知情同意、隐私权利以及保密;善行,即促进社会利益、建立与维持专业关系、避免双重关系①。

新闻专业伦理价值观主要有五条:生命至上;真实性;不伤害或者最小损害;善意,即以建设性的态度对公共事务及其他事务进行友好监督;良知,即捍卫事实真相,尊重当事人人格与隐私,考虑对未成年人的未来的影响等。

从上述对医生、护士等专业实践伦理价值观基本准则的归纳和介绍,可以看出这些专业的实践伦理价值观大致包含了一个行业内所有工作人员(包括全职人员、兼职人员、志愿者),处理与其服务对象、与前辈和同事、与专业发展、与跨专业团队中其他相关专业人员,以及与整个社会利益等关系的基本行为准则。这些专业伦理观基本准则都是在长期的专业实践中提炼出来的,又应用于专业实践,以外化的誓言或条文规定形式呈现,长期在其职业与行业领域内推行,逐步内化于全体工作人员的职业与专业实践意识之中,渗透于职业与专业实践的各个环节和方方面面,从而强有力地约束规范行业内所有工作人员的行为。这些专业伦理价值观一经产生就长期传承,在实践中随着时代发展而不断完善,具有强大的生命力,形塑职业发展的专业方向,促使一个职业不断走向专业化、科学化。

这些专业伦理价值观基本准则的长期实践与对其专业发展的影响,启发着我们对我国慈善事业的专业伦理价值观基本准则、涉及的范围和应当包含内容的思考。从慈善专业实践伦理价值观基本准则涉及的范围而言,它和社会工作专业实践伦理价值观一样,可以分为五个层次,主要包括:慈善行业内所有工作人员(包括全职、兼职、志愿者)处理好与其服务对象(包括捐赠者、受益者)的关系;与慈善组织、前辈和同事的关系;与跨专业团队中其他相关专业人员的关系;与专业信誉维护与发展的关系;与整个社会利益和文明进步的关系。

二、当代中国慈善伦理价值观的主要内容

新时代中国特色慈善伦理价值观的内容,首先包含富强、民主、文明、和谐,自由、平等、公正、法治,爱国、敬业、诚信、友善的社会主义核心价值观。社会主义核心价值观不仅引导积极向上向善的社会价值取向、升华奉献友善的社会道德风尚,也为建立健全慈善行业内的专业伦理价值观体系提供了重要指导。慈善工作者与志愿者应热爱公益慈善和志愿服务工作,以高度的责任心正确处理与服务对象、同事、慈善组织、慈善专业及社会的关系。

基于社会主义核心价值观,《慈善法》和《志愿服务条例》的要求,借鉴上述几个专业,特别是社会工作专业伦理价值观的基本准则内容,结合慈善事业强实践性的专业特色,适用于目前慈善专业伦理价值观的基本准则主要包含增进服务对象福祉、促进社会公正公平、尊重、接纳、服务对象自决(自愿)、个别化、保密、诚信、能力、合作、促进组织和专业发展、维护社会利益等。

---

① 斯佩里.心理咨询的伦理与实践[M].侯志瑾,译.北京:中国人民大学出版社,2012:21-22.

1. 增进服务对象福祉

慈善专业作为践行第三次分配,促进先富帮后富,实现共同富裕过程中具有特殊重要意义的行业,首要使命就是通过改善社会资源分配,改变人与环境,来增进全体社会公众的福祉,尤其是满足贫弱群体、特殊困难群体与个体的需求,增进其福祉。

2. 促进社会公正公平

慈善专业的工作者带领社会爱心人士与志愿者树立"共建共治共享"现代化中国的新时代理念,关爱帮助贫弱群体、特殊困难群体与个体,让他们也能分享社会发展与进步的成果,从而促进社会公正公平。慈善专业所讲的社会公正公平,绝不是按照人数分配慈善资源的绝对平等,而是指差别平等,即慈善资源应更多地倾斜于贫弱群体、特殊困难群体与个体。在处理慈善资源分配和具体的个别化问题时,强调儿童权益优先、残疾人或者老年人权益优先、特殊时期的女性权益优先、特殊困难群体权益优先原则。慈善工作者与志愿者应勇于挑战社会的不公平,并超越其个人利益来提供慈善服务。

3. 尊重

慈善工作者与志愿者应尊重每一个人与生俱来的尊严与价值,以及由此引申的权利;以尊重和关怀的态度及言行举止,对待每一个慈善资源提供者与使用者。尊重与欣赏不同类别服务对象群体与个人的价值;理解、尊重、关心服务对象,使慈善工作成为慈善资源募集与分配、个人与社会关系协调的桥梁和纽带。尊重的专业价值提醒慈善工作者不应在言行举止中贬低、歧视、伤害服务对象,而应全心全意为服务对象提供专业服务,最大限度维护服务对象的合法权益。慈善工作者与志愿者不得利用与服务对象的专业关系,谋取私人利益或其他不当利益,损害服务对象的合法权益。

4. 接纳

慈善工作者与志愿者相信人都有改变的潜力,应运用同理心,与慈善资源提供者和使用者建立良好的专业关系。不因任何人的家庭背景、种族、民族、肤色、性别、年龄、就业岗位、惯习文化、信仰、身心状况、婚姻状况、社会及经济地位,或者对社会贡献不同而区别对待。这里的接纳,既包括工作者的自我接纳,也包括工作者对服务对象的接纳,还包括服务对象对工作者的接纳。任何的偏好与偏见都会影响双方接纳,从而影响专业关系的建立。同时要注意,接纳是同情服务对象处境,而不是一味地对服务对象说好听的话。

5. 服务对象自决

慈善工作者与志愿者应培养服务对象的自我决定能力,尊重和保障服务对象对与自身利益相关的决定进行表达和选择的权利。面对慈善资源提供者,不应逼迫其捐款捐物或进行道德绑架,面对需要慈善资源与志愿服务帮助的贫弱群体或者特殊困难群体,也应创造机会和条件,激发他们做出自我选择与自我决定的能力。慈善工作者应对服务对象做出的决定保持中立的态度。例如,慈善工作者不能对一个遭受家暴的受虐者做出的不离婚决定,当面或背后妄加评断。同时,慈善工作者也应了解服务对象自决原则不是绝对的,当服务对象由于特殊的身心障碍、遭受袭击或在信息阻塞等紧急情况下,无法做出适合自己的抉择时,慈善工作者可以帮助服务对象。例如，当一个遭受家暴的儿童受到施虐者的威胁等，不敢指认施虐者时，只要证据确凿，慈善工作者与志愿者就可以采取强制报告的方式，保护受虐儿童的权益。

6.个别化

慈善工作者与志愿者应清醒地认识到无论是慈善资源与志愿服务提供者，还是需要慈善资源与志愿服务帮助的贫弱群体或者特殊困难群体，每一类、每一个服务对象的身心状况、家庭背景、种族、民族、肤色、性别、年龄、就业岗位、惯习文化、信仰、婚姻状况、社会及经济地位，或者对社会贡献程度等具体情况及其所处的环境时空都是独特的、不同的，即使是以往同类型服务对象的成功经验也需要谨慎使用。

7.保密

慈善工作者与志愿者应在不违反法律、不妨碍他人正当权益、执行慈善组织制度规范的前提下，尊重服务对象（包括慈善资源提供者与慈善服务接受者）的隐私权，保护服务对象的隐私，不得泄露服务对象的信息；对在服务过程中获取的信息资料（肖像、照片、视频、记录资料等）予以保密。其信息资料的保管与使用范围和状况（包括慈善组织、项目负责单位、服务对象的其他家庭成员、媒体、商业机构、司法与其他部门等）应得到服务对象的知情同意。当然对服务对象信息资料保密也不是绝对的，当保密原则遇到人的生命安全问题时，保护人的生命安全始终应放到第一位。

8.诚信

慈善工作者与志愿者在提供慈善专业服务时，应诚实、守信、尽责，始终意识到专业使命，在取得相应专业资质或培训后开展相应的慈善专业服务。同时，在进行慈善专业服务过程的各个环节，通过告知或相关信息披露方式，让服务对象得以掌握充分的信息。

9.能力

慈善工作者与志愿者应在自身专业技能和服务能力范围内提供慈善服务；应不断接受专业培训，继续学习、内化和践行专业理念，持续充实专业知识和技能，提升专业能力，促进专业技能的发挥和专业地位的提升；应继承中华民族的优良传统，借鉴国际公益慈善与志愿服务工作发展的优秀成果，总结中国公益慈善与志愿工作经验，推动适应中国式现代化发展、具有中国特色的公益慈善与志愿服务工作的高质量发展，并走向国际。

10.合作

慈善工作者与志愿者应与同事、同伴和跨专业合作者建立平等互信的工作关系；应主动与同事、同伴和跨专业合作者分享知识、经验、技能，互相促进。慈善工作者与志愿者应尊重其他慈善工作者、跨专业人士和志愿者的不同意见及工作方法；在慈善活动中的任何建议、批评及冲突，都应以负责任、建设性的态度沟通和解决。慈善工作者与志愿者应相互支持，对同事、同伴与合作者违反慈善专业要求与规定的言行予以提醒，对他们受到的与事实不符的投诉予以澄清。

11.促进组织和专业发展

慈善工作者与志愿者应认同慈善组织使命和发展目标，遵守组织规章制度，按照组织赋予的职责开展专业服务;应积极维护组织的形象与声誉,在发表公开言论或进行公开活动时,应表明自己代表的是个人还是组织;应致力于推动组织遵循慈善专业使命和价值观,促进组织成长,参与组织管理,增强服务能力,提高服务质量,积极维护慈善专业信誉与形象。

12.维护社会利益

慈善工作者与志愿者,应运用专业视角,发挥专业特长,参与相关政策法规的制定和完善,维护社会公平正义,增进社会福祉;应正确鼓励、引导社会大众参与慈善志愿服务事业与社会公共事务,推动建设新时代共同富裕的和谐社会;当需要对工作者、志愿者、服务对象的个人价值观、专业价值观与社会利益做出选择时,慈善工作者与志愿者应勇于挑战,正确回应所遇到的违反国家法律法规,特别是违反社会福利法律法规的言行,维护社会利益;应推广公益慈善与志愿服务的专业服务,促进社会慈善志愿服务资源合理分配,使特殊困难群体和社会大众一起,共建共治共享社会文明发展的成果。

本章小结

目前,新时代公益慈善与志愿服务事业在我国已呈蓬勃发展态势,在这一新形势下,如何增强慈善行业内公益慈善、志愿服务与社会工作界人士的专业伦理意识,提升专业伦理素养,践行专业伦理原则和标准,从而进一步推进公益慈善与志愿服务事业规范化、科学化、专业化发展,已成为一个重要问题。

慈善专业价值观是慈善工作者评判各种慈善关系的专业观念或信念。慈善专业伦理是慈善工作者调节、处理慈善活动中人与人、人与社会和人与自然之间关系的专业行为准则与规范体系。

建立健全慈善专业的基础价值观体系和专业伦理,有益于增强行业自律,更好地处理与相关利益群体的关系,有益于唤醒和内化慈善工作者对专业、行业与社会的负责感和使命感,维护行业和社会的利益与声誉,也有益于慈善工作者和志愿者在慈善活动中,更好地保护自己,摆脱职业倦怠。

慈善伦理的主要理论包括美德论、宗教神学论、人道主义论、道德情感论、快乐论、进化论、义务论、效果论、正义论、权利论、职责论、女性主义论、关怀论、叙事论等,这些伦理理论从不同方面、不同层次为慈善伦理的实践与建设提供了可资借鉴的价值基础和理论基础。

新时代慈善伦理价值观的主要内容包括增进服务对象福祉、促进社会公正公平、尊重、接纳、服务对象自决(自愿)、个别化、保密、诚信、能力、合作、促进组织和专业发展、维护社会利益等。

思考题

1.为什么要加强慈善伦理建设?

2.什么是伦理理论?在各种伦理理论中,你最认可哪一种?

3.中国当代慈善伦理价值观的主要内容有哪些?

推荐阅读

1. 古特曼.社会工作伦理[M].田秀兰,彭孟尧,译.台北:学富文化有限公司,2011.
2. 刘慧.当代中国公益伦理精神培育研究[M].北京:新华出版社,2020.
3. 斯密.道德情操论[M].蒋自强,钦北愚,朱钟棣,等译.北京:商务印书馆,1997.
4. 布鲁克斯.谁会真正关心慈善:保守主义令人称奇的富于同情心的真相[M].王青山,译.北京:社会科学文献出版社,2008.
5. 王银春.慈善伦理引论[M].上海:上海交通大学出版社,2015.

第五章 公益项目

第一节 公益项目概述

一、什么是项目

项目是为了创造独特的产品、服务或成果而进行的临时性工作。要理解这个定义,有两个要点。第一,项目的目标是提供可交付的成果。可交付的成果,可以是无形的,也可以是有形的。具体来说,可交付成果可以是一个独特的产品,例如一种新药;可以是一种独特的服务或提供服务的能力,例如针对老年人的慢性病普查、残疾人在某方面的就业能力的调查;也可以是一项独特的成果,例如通过对电商助农发展的调研取得的调研报告。第二,所谓临时性,是指项目有明确的起点和终点。当然,项目执行的时间区间并不意味着项目影响的持续时间。项目虽然有特定的起止时间,但是其交付成果可能会在项目终止后依然存在,例如大规模对儿童早期的营养干预,可能会对儿童一生的健康产生影响,进而影响某一个地区的人口与社会整体发展[①]。

二、什么是公益项目

公益项目可以从不同角度被界定。在本教材中,我们以《慈善法》为基础定义公益项目。公益项目是指慈善组织和其他组织以及个人,出于主动承担社会责任的意识,为了公众利益,提供特定的公益性产品、服务或成果而进行的、有着明确起点与终点的工作。

与一般商业组织开展的项目相比,公益项目在目的上更加注重创造社会价值,包括关注服务对象或社会全体的福祉,关注社会公平正义。社会需要的满足往往是公益项目的目标,例如解决社会贫困、实现社会公正等。同时,公益项目特别关注项目产生的长远影响,不仅要制造产出(Output),而且追求社会改变和项目受众行为改变的效果(Outcome)。正因为如此,公益项目的效果更加深入,但也相应较难衡量。

三、大学生参与公益项目的主要路径

大学生参与公益项目,主要方式是以志愿者身份提供志愿服务。同时,大学生也可以通过参加社会创新、设计与规划公益创投项目来参与公益。本节介绍大学生提供志愿服务的主要路径。

根据中国志愿服务网统计,截至2023年6月,全国实名注册的志愿者总数已达2.31亿,共有志愿者队伍126万个,志愿者项目总数924万个,累计服务时间达386578万个小时。国

---

① 项目管理研究所.项目管理知识体系指南[M].6版.北京:电子工业出版社,2018:4.

务院新闻办公室2022年发表的《新时代的中国青年》白皮书显示,截至2021年底,14~35岁注册的青年志愿者已超过9000万人,他们活跃于志愿服务的各个领域,其中社会公益服务占比59.74%,关爱扶助服务占比38.76%,环境保护服务占比32.14%,社区发展服务占比31.12%,乡村振兴服务占比15.45%,成长辅助服务占比15.44%。大学生作为中国青年群体的重要代表,在各项志愿活动中展现了自己的青春风采。

随着中国非营利组织逐渐形成规模并受到越来越多的关注,大学生参与社会志愿服务活动的方式由校园组织逐渐向自发参与的方向发展。进入大学,随着空闲时间相对增加,社会认识不断增长,不少学生期望投身社会志愿服务活动来充实自己的生活并且为社会作出一定的贡献。那么,新时代大学生可以通过哪些路径来参与公益服务呢?具体来说,可以有以下几种途径[1]。

1. 通过课程实践参与公益活动

各个高校开展了多种多样的课程,其中有不少课程要求加入实践内容并会纳入成绩考核,其中就包括要求学生开展各种公益活动。大学生可以按照兴趣选择相关课程,在学习相关知识的同时开展实践活动,把理论与实践相结合,在老师的专业指导下完成志愿公益服务。

2. 参加校内的社团及协会

2005年1月教育部、共青团中央联合下发的《关于加强和改进大学生社团工作的意见》中明确指出,要积极支持大学生社团开展健康有益的活动。目前,高校社团及协会已成为大学生培养兴趣爱好、扩大求知领域、增加交友范围、丰富内心世界的重要群体组织,在大学生中具有很强的凝聚力。同时由于学生社团的进入门槛低、退出自由,吸引了众多学生的参与,其组织的活动也主要在校园内或邻近社区,以短期和不定主题的活动为主。在众多社团和协会中,有一类公益性、受学生喜欢的组织,那就是青年志愿者协会。在这个协会里,可以比较轻松地接触到不同的志愿者活动。同时由于这个协会往往具有传承性,积累的很多公益资源都是个人无法接触到的,这也为广大学生参与志愿公益服务提供了便利。

3. 参与高校团委直接组织的活动

高校团委组织的志愿活动总体分为两方面:一方面是在平时积极开展的志愿服务实践活动,主要形式是以学校青年志愿者协会为基础,借助团组织、学生会和社团的力量,在发挥院系专业特长的同时,深入开展敬老助残、科技创新、义务支教、关爱留守儿童、关爱身边困难同学等志愿服务活动;另一方面是利用暑期开展的社会实践活动,引导青年学生深入西部、农村、社区等基层一线,在帮助青年学生了解基本国情、认识社会大众的同时,开展支教、敬老院义务服务、博物馆导游等力所能及的志愿服务与公益活动。

4. 参与社会组织策划的公益活动

大学生还可以通过参加各种社会组织、基金会、企业组织的活动来开展公益服务。截至2016年7月,我国正式登记和在社区内部成立的志愿服务组织已超过18万个,在开展志

---

[1] 王茜茜.大学生参与志愿服务的途径分析及对策研究[J].大学教育,2022(3):222-224.

愿公益服务方面发挥了巨大的作用。各社会组织一方面通过承接政府购买服务、寻求企业支持和开展网络众筹等方式筹措资金、资源,开展公益项目;另一方面通过公开招募大学生志愿者参与服务。各类社会组织已经成为凝聚各类社会资源、推动公益慈善事业发展的重要力量。

5. 利用互联网平台,寻找公益服务活动

在"互联网+"的时代,志愿服务活动的组织、招募和记录早已通过信息化平台来实现。志愿服务网络平台可以为大学生们搭建有效的信息沟通平台,实现志愿服务主体、客体及志愿服务信息的高效供给,大学生通过网络平台(如网站、公众号等)可以即时了解谁需要服务、需要什么样的服务等志愿服务对象信息,并进行自由选择;活动组织方也可以查阅志愿者个人状况、专业特长等志愿服务主体信息。

6. 参与政府主导的大型赛会

在2008年北京奥运会中,我们可以看到许多大学生志愿者的身影,他们在奥运会中乐于助人、积极奉献,向世界展示了中国青年的风采。自2008年北京奥运会以后,在各种政府主导的大型赛会中都可以看到大学生志愿者的青春风采,而这些活动对于大学生志愿者的需求也越来越大。对大学生来说,这些活动普遍具有层次高、人数多、培训正规、内容精彩等特点,为广大大学生志愿者提供了施展才华的舞台。

案例链接　　成为巴赫主席的OFA志愿者是种怎样的体验?[①]

在北京冬奥会开幕前几周,国际奥委会主席巴赫就曾撰文称,2022年北京冬奥会将是一个重要的时刻,北京将以和平、友谊和团结的精神把世界凝聚在一起。带着对北京冬奥会的热切期待,巴赫开启了他的北京之旅,在短短20天里,有三名志愿者作为OFA(Olympic Family Assistant,奥林匹克大家庭助理)全程陪同他参加了冬奥会期间的各项活动,来自北京外国语大学的王文卓就是其中之一。

王文卓用"有惊喜也有压力"回忆自己作为巴赫的OFA的整个过程。她认为,作为OFA的责任和义务就是通过自己的努力,让巴赫在北京冬奥会有一段良好的体验和难忘的经历,而语言则是OFA发挥作用的桥梁。作为巴赫三个OFA中唯一掌握德语的助理,王文卓希望在所有可能的情况下都能用德语和巴赫沟通,给他宾至如归的感觉。初次相见时,巴赫主席笑称她的德语没有任何口音,比自己的还要好,受到肯定的王文卓对接下来的服务有了更多的信心。

凭借自己的专业,王文卓在巴赫和我国运动员之间架起了一座沟通的桥梁。在延庆赛区国家高山滑雪中心2月7日的男子滑降比赛中,中国运动员张洋铭没能顺利完成比赛,巴赫在终点区对他表示了安慰,王文卓临时担任起翻译工作。巴赫将一枚徽章赠予运动员,表示希望这个小礼物能成为他之后比赛的动力,祝他顺利完成接下来的比赛。王文卓把巴赫的鼓励一句句翻译给运动员听,并向巴赫转达了张洋铭努力完成比赛的决心。事后王文卓特别关注了

---

① 本案例摘自中国青年志愿者公众号2022年5月30日的文章《成为巴赫主席的OFA志愿者是种怎样的体验?》。

这名中国选手第二天的比赛,欣喜地发现他顺利完成了比赛。王文卓坦言,看到这样的结果,觉得自己"也为奥林匹克精神的发扬做出了一点贡献,作为志愿者架起了国际奥委会和中国运动员之间沟通的桥梁"。

2月20日下午,巴赫在北辰洲际酒店召开答谢会,接见并感谢了包括北京外国语大学OFA志愿者王文卓在内的北京冬奥组委主席团队工作人员。在答谢会结束后当晚的闭幕式上,巴赫在致辞中四次用中文感谢中国,并特别感谢了志愿者的付出。巴赫用中文说出的一句"志愿者,谢谢你们",是对王文卓等北京外国语大学OFA志愿者在内所有冬奥会志愿者的肯定与认可。

王文卓以及其他冬奥会志愿者一样,正是志愿服务的践行者,他们通过参与政府主导的大型赛会,实现了自己的志愿梦想。举办2022年北京冬奥会,对于北京来说,具有重要意义,而对于许多有意参与志愿服务的青年来说,更是一次难得的机会。在本案例中,王文卓等人正是抓住了这一次机会,利用政府举办大型赛会的契机,踊跃报名参与志愿服务。在服务过程中,面对服务对象——国际奥委会主席巴赫,王文卓熟练地运用自己的专长德语做好翻译工作,同时细心、积极地参与巴赫的行程规划,搭建起了巴赫与各位运动员、工作人员之间的桥梁,为北京冬奥会的成功举办贡献了自己的力量,向世界展示了良好的中国青年形象。

7. 参与专项行动计划

自1996年共青团中央成立青年志愿者行动指导中心以来,共青团中央就特别注重通过专门项目来推动青少年志愿服务工作的开展。1999年以来,在共青团中央的指导下,开展了诸如研究生支教团项目、大学生志愿服务西部计划、"暖冬行动"、"七彩假期"等。这些项目在服务的时长与地点等方面都有所要求,并且有政府的资金保障和政策支持,有的还需要大学生志愿者在参与前进行专门培训后方能参与。

8. 自发开展进行公益活动

除通过以上途径参与各项公益活动之外,大学生还可以根据自身实际情况,利用闲散时间自发组织开展一些公益活动。比如,家中如有旧衣服、玩具、书籍等自己不再需要但仍然可以使用的,可以将它们整理起来捐献给一些贫困家庭,或者捐献给当地的志愿服务站点或团体,在确认真实的情况下贡献自己的力量。

案例链接　　　　共青团关爱农民工子女志愿服务行动[①]

"共青团关爱农民工子女志愿服务行动"由共青团中央发起,于2010年5月4日在全国各地集中启动,至今已经成功运行十余年。2020年,共青团中央青年志愿者行动指导中心、中国青年志愿者协会秘书处联合中国志愿服务基金会、中国平安人寿保险股份有限公司等单位,合作支持170支志愿服务团队,常态化、专业化地提供相关志愿服务。该行动广泛动员青年志愿者为农民工子女健康成长提供形式多样、切实有效的志愿服务,加强新格局下

---

① 本案例摘自中国青年志愿者网2021年9月29日的文章《十年磨一剑 情暖下一代——关爱农村留守儿童志愿服务常态化项目化》。

青年志愿者行动品牌建设,支持"两个全体青年"工作目标的实现,是共青团和青年志愿者工作的一项重要任务。

"共青团关爱农民工子女志愿服务行动"以随父母进入城市的农民工子女和留在农村的农民工子女为主要服务对象,按照"青年志愿者小组(或团队)+农民工子女+接力"的项目实施模式,组织青年志愿者小组(或团队)与农民工子女建立结对关系,进行结对服务,并建立接力机制,形成长期有效帮扶。该项服务重点围绕五个方面开展。一是学业辅导。依托街道社区和乡镇活动场地、农民工弟学校、农民工聚居地等,通过开展"七彩课堂""爱心小课桌""爱心家教"等形式的学业和兴趣辅导,帮助农民工子女提高学习成绩和综合素质。二是亲情陪伴。组织青年志愿者陪同留在农村的农民工子女做游戏、聊天交流等,帮助他们与父母进行电话、视频等沟通,促进他们保持良好的心态、培养健全的人格。三是感受城市。组织青年志愿者带领进入城市的农民工子女,利用课余时间就近就便参观爱国主义教育基地、博物馆、科技馆、高校、企业等,帮助他们了解和融入城市。四是自护教育。组织青年志愿者为农民工子女讲授安全、自护和健康、卫生等知识,提高他们的安全意识和自护能力,促进他们养成健康的生活习惯。五是爱心捐赠。开展图书、玩具、文体用品、生活用品、亲情电话卡、教学设备等物资和资金捐助,为农民工子女创造更好的学习、生活条件。

江苏省常州市团市委组织常州11所高校开展"七彩假期"志愿服务项目,分赴68个青年服务阵地,开展了136场活动,帮助数千名少年儿童度过了快乐、充实的暑假生活,得到了儿童家长和社会各界的广泛好评。获得2019年"七彩假期"示范团队的青岛职业技术学院团委,组建了11支志愿服务团队,与11个服务点长期结对,在每个服务点扎实服务10天以上。青年志愿者赵晨子说:"我们所做的并不能替代父母的爱,但我们会竭尽所能地去关爱他们,鼓励他们,陪伴他们度过一个美好的童年。"返乡大学生志愿者刘子凡在日志中写道:"我更加坚定一个信念,学好自己的专业,回到生我养我的家乡,与乡亲们携手奔向越来越好的幸福大道。"

提升志愿服务的专业性,是当代志愿服务面临的重大课题。中国青年志愿者协会秘书处联合中国少年儿童新闻出版总社,研发制作了"七彩假期""乡村少年宫建设"等各类志愿服务活动包,统一免费配送活动标识、专题微课视频,配套教辅用具、志愿者手册、医用口罩、测温仪等物资,助力青年志愿者提升服务能力,努力为项目常态化实施提供产品支撑和保障。

我们可以对这个案例进行一些分析。

该案例的服务对象是谁?案例的服务对象为随父母进入城市的农民工子女和留在农村的农民工子女。无论是在城市的农民工子女,还是在农村的农民工子女都面临着基础教育、成长发育、家庭照顾、卫生健康等方面的迫切需求,而家庭经济水平、父母照护能力、生活环境、社会支持等因素往往制约着农民工子女需求的满足。因此,对农民工子女提供志愿服务对于子女个人、农民工家庭和整个社会而言,都是十分迫切和至关重要的。

该案例设计了何种服务?案例通过青年志愿者(或团队)与农民工子女结对的方式确保农民工子女能够长期获得志愿服务,在青年志愿者和服务对象之间建立长期有效的帮扶关系。与此同时,在志愿者变动或服务对象变动时,志愿服务行动的接力机制也能够保证服务的持续。在服务内容方面,为了保证服务对象的全方位发展,志愿服务从学业辅导、亲情陪伴、感受城市、自护教育、爱心捐赠五个方面设计服务方案,提供多元化服务以满足农民工子女在成长中的多种需求,确保服务内容能够有效促进服务对象健康成长。

该案例提供的志愿服务通过何种方式组织?项目由共青团中央发起,共青团中央、中央文明办、教育部、民政部、中国青年志愿者协会联合实施。为推动该项志愿服务,共青团中央专门建立了团内各级联动工作机制。在共青团中央层面,项目由书记处负责,青年志愿者工作部作为运行办公室统筹协调,机关各部门都积极参与;在地方层面,该项工作由省级团委、地市级团委党组负责,办公室设在负责青年志愿者工作的部门;县级团委负责实施工作的具体安排和协调,联合学校、企事业单位等参与支持项目;街道社区和乡镇团组织负责掌握农民工子女情况及需求,对接志愿者开展经常性活动。自上而下的服务组织动员机制组织和动员了上百支志愿服务队伍,成千上万的高校学子成为青年志愿者,加入服务农民工子女的志愿队伍之中,在全国各地的村镇社区开展服务。

可登录中国青年志愿者官网,注册成为中国青年志愿者,进入志愿项目中的关爱行动专题页面可以了解该项目的最新动态,查询各省市志愿者招募信息并参与其中。此外,大学生也可通过所在地省、市、区团委的志愿者专门工作机构或负责志愿者工作的部门、所在学校的校团委了解当地项目的相关信息和具体安排,报名参与志愿服务。

随着我国社会经济的发展和青年志愿者行动的开展,大学生与社会接触联系的渠道也越来越便捷和多样。如今,大学生已经成为志愿服务的主力军,活跃在各类赛事、社会服务和岗位中,对社会和谐发展发挥着重要的作用。与此同时,国家与社会也为大学生提供了多种途径参与志愿公益服务活动,比如参加高校社团或协会活动、参与社会慈善组织举办的活动、参与政府举办的大型赛会或者参加共青团组织开展的一系列专项行动计划等。大学生们应当利用好自己的空余时间与社会提供的各种资源,自觉主动地参与到各种丰富多彩的志愿公益服务活动中去,在志愿服务活动中绽放自己的青春色彩,为祖国建设添砖加瓦。

第二节　公益项目策划

案例链接

小贺是某儿童服务机构的社会工作者。在服务儿童及家庭的过程中,她发现从儿童保护的视角来看,家长在日常生活中很多行为属于针对儿童的不当行为。根据她的了解,这些行为会侵害儿童的基本权利,对儿童未来的发展造成消极的影响。她希望能够策划一个项目,去改变这种现象……

小张是一名大学生,她曾经通过志愿者社团,到一所中等职业技术学校做支教工作。她发现这所学校里的学生存在一定的行为和心理问题,例如叛逆、自我否定、对未来没有希望。志愿活动虽然结束了,但是小张觉得自己无法忘记这些孩子,她希望能够策划一个项目,去陪伴这些孩子做出改变……

公益项目策划的基本思路是:通过增强服务对象生活中的保护性因素或者削弱/消除风险性因素,预防问题的发生或者减少问题的消极影响。项目策划所有工作均可以以此为核心开展。

一、明确项目目标

在项目策划之初,我们关于项目的想法往往不够聚焦,不能直接作为项目目标。因此,首要的工作是明确项目目标。项目目标最核心的内容是回答项目"要解决谁的什么问题"。"谁"是指项目的服务对象,"什么问题"是指项目要解决的服务对象具体、明确且有意义的需要。

1. 明确关注的问题

最初触动我们开发项目的问题通常比较宽泛。我们可能了解到某个人/群体在生存和发展方面遇到了困难。这些关注可能来源于日常生活的观察、新闻报道、调查报告或研究论文等。例如,你多次看到有关青少年心理健康的报道,这可能会触发你去思考如何预防心理问题的发生。这种关切可能促使你想进一步做出努力去推动改变。公益项目要回应的问题往往是社会需要,背后是社会问题。仅仅几个案例加上一腔热情是远远不够的。我们需要充足的材料去证明自己的关切是有意义的。

如何证明自己的关切是有意义的?通过回答"问题"有多急迫是一个常用的方式,我们至少可以从两个方面收集材料来确定"问题"的急迫性。①有多少人正在面临或即将面临这个问题?②问题会带来怎样的消极影响,情况有多恶劣?依然以青少年心理健康为例。我们在网络上、日常生活中发现人们对青少年心理健康讨论得非常多。但是,究竟有多少青少年存在心理健康问题,童年期不良的精神状况会给个体发展带来怎样的消极影响?我们可以通过查找一些资料回答这些问题,从而去验证自己的关切是否有意义。资料的来源可以是官方数据、社会调查报告或学术研究论文。一般来讲,大型的社会调查会告诉我们问题的严重程度,而学术研究报告会告诉我们问题带来的消极影响。例如,世界卫生组织的数据显示,在全球范围内每7名10~19岁的青少年中就有1人患有精神疾病,占该年龄组全球疾病负担的13%。抑郁、焦虑和行为障碍是青少年患病和残疾的主要原因。自杀是15~29岁人群死亡的第四大原因。《中国国民心理健康发展报告(2019—2020)》指出,在小学4~6年级学生中抑郁风险的检出率为11.4%,初中生为26.6%。《中国国民心理健康发展报告(2021—2022)》显示,虽然与2020年调查结果相比,青少年的抑郁风险比例总体有所下降,但是"抑郁检出率随年龄增长呈现出上升趋势"这一特点仍然是存在的。初中三个年级的抑郁得分均显著高于小学三个年级,初中三个年级也存在显著差异,年级越高,抑郁得分越高。各年级的抑郁风险检出率的差异也是显著的。同时,在另一个衡量心理健康的重要指标"孤独"方面,该次调查发现总体上四成左右的青少年有时或经常感到缺少伙伴、被冷落或与人隔开①。这些让我们更具体地了解到青少年心理健康问题的普遍性与发展程度。青少年心理健康问题如果不得到及时应对,消极后果会延伸到成年期,限制个体在成年后过上丰富充实的生活,这已经成为全球关心青少年发展人们的共识。

---

① 傅小兰,张侃.中国国民心理健康发展报告(2021—2022)[M].北京:社会科学文献出版社,2023:38-40.

除使用已有的报告与研究确认问题外，我们还需要对能够接受项目的群体开展直接的观察，这是因为社会现象复杂多变，报告与研究揭示的往往是一般性的规律。而项目直接服务的对象是整体中的一个局部，在具有这个群体共性特征的同时，也往往具有自己独特性，甚至在某些方面体现出与总体不同的特征。因此，当项目的具体服务群体能够确定下来时，我们需要在了解服务对象一般特征的基础上开展具体特性的调查研究。在实践中，这项工作被称为"需要评估"。

"需要"是复杂的专业名词，一般指生存发展的必要条件。需要往往被区分为普通需要和特殊需要。研究者已经形成了从不同视角对普通需要进行的界定。社会心理学家马斯洛（Abraham H. Maslow）将人类需要划分为五个层次：生理、安全、社交、尊重以及自我实现。马斯洛的理论是"层次需要说"的代表。"整体需要说"则是将人类需要看作相互作用的一个整体，多种需要往往整合在一起共同推动作为结果的人类行为。例如佩尔曼（Perlman）认为人类需要是过去、现在、将来的生理-心理-社会的组合。此外，"阶段性需要说"也是一种影响较大的理论视角。托尔（Towle）认为，普通需要就是所有人都具有的，对人的生存和发展十分重要的需要，如身体健康、个人发展、情感成熟、智力发展、与他人联系和精神需求等。在不同阶段，人的普遍需要有所不同[1]。同样属于从阶段性角度看待人类需要的，还有埃里克森（Erik Erikson）。埃里克森将人的发展分为八个阶段，每个阶段都面临着一个危机，解决这些危机就成为不同阶段的需求与任务。总体来说，从不同视角出发，对人类需求的理解就不同。同时，不同个体、群体也会存在需要的人际差异，这就是特殊需要。影响需要人际差异的主要因素有性别、年龄、宗教、种族、生理和心理能力、社会经济地位等。

我们还有必要将需要和需求进行区分。需求（Demand）更多地被经济学使用，指人们因需要一件产品而产生的购买欲望。与需求相比，需要更加紧迫、更加必要。公益慈善领域关注基本的、必要或紧急的人类需要。与需求相比，我们可以这样理解需要："人们在所处环境中，经由客观比较或主观感受，感觉在某一方面有所匮乏而产生危机感，但又缺乏通过市场经济解决的能力，因而要求或极度期盼某些团体或组织采取特定的行动干预，提供必要的物质或服务以解决困境，恢复或增进其福祉。"[2]在这种情况下，个人、家庭或群体因受到环境及其他因素的限制，未能发挥其内在潜能，从而不得不面对一些社会、经济或健康方面的问题。人们想要走出在生活适应和个人发展方面的困境时产生的需要，就是公益慈善领域关注的"需要"。

如何开展对需要的测量？布拉德肖（Bradshaw）对需要的四种分类，为我们提供了视角。第一，规范性需要。由专业人员、专家学者、行政人员依据专业知识和现存规则，制定在特定环境下人类所需的标准，如儿童的身高体重发育标准。如果一个儿童的身高低于正常发育标准，那么他就有了接受适当干预，促进其生长发育的需要。第二，感受性需要。当个人被问到对某种特定服务是否有需求时，其反应就是感受性需要。该需要可以通过调查获得，是个人主观的感觉。第三，表达性需要。感受性需要如果通过行动或表现来明示就成为表达性需要。如家

---

[1] 顾东辉.社会工作概论[M].2版.上海：复旦大学出版社，2020：2-5.
[2] 万育维.社会福利服务：理论和实践[M].台北：三民书局，1996：127.

长主动要求得到育儿的指导,就成为其表达性需要。第四,比较性需要。这是根据某种特征所作比较后发现的不足。如当事人具有已接受服务者相同的特征,但是没有获得同样的服务,就有了比较性需要①。

案例链接

在本节一开始的两个案例中,小贺和小张尝试通过上述方法,去明确项目关注的问题。

小贺关注儿童遭受不当对待的问题。为了明确项目关注的问题,她通过查找公开数据资料、阅读文献和开展针对服务对象的家访活动,对儿童情绪行为问题的发生率、消极影响以及儿童的需要进行了深入了解,逐渐明确了项目关注的问题,其过程如下。①问题的发生率。2015年,一项由联合国儿童基金会支持的研究针对68篇研究文献进行了元分析,结果显示中国0~17岁儿童中,遭受身体虐待的比例超过26%,遭受情感虐待的比例接近20%,被忽视的比例为26%②。②问题的消极影响。父母通过攻击性、暴力或不一致的反应等不当方式对待孩子,会增加孩子出现不当行为的风险,造成孩子在儿童期、青春期和成年期的一系列困难。③儿童的需要。在大量科学研究和政策实践的基础上,各领域专家认为,安全、良好的养育和积极的亲子互动为儿童提供了健康发展的基础,这成为儿童心理和社会发展的规范性需要。这一规范指导着研究者和实务工作者将儿童行为问题的预防性工作重点放在良好家庭互动环境的营造中。此外,在实际的家访过程中,儿童也表现出对家庭亲密关系的感受性需要。在交流过程中,儿童普遍反映自己希望"更多的陪伴""温暖的交流""积极的支持",从与父母的互动中体会到更多爱意。对于自己做错的事情和不对的行为,能够"好好说",不要"凶"或者"骂"。这些反馈都直接反映了父母的教养方式会直接影响到良好亲子关系的建立和儿童身心健康的发展。据此,小贺确认了自己关注的问题——家长对儿童做出的具有伤害性的不当行为及其意义。

小张关注中职学生的行为与心理问题。她阅读了中国学者在2017年进行的一项全国中职学生发展状况大样本调查的结果③,了解到当前中职学生存在自我认同感不强、心理脆弱、尊重生命意识薄弱、对家庭和学校的信任度不高、自我社交能力较弱、孤独无助感较强等状况。同时在与中职学生交流的过程中,小张发现,由于中职学生往往背负着"中考失败者"的标签,因此他们的自我认知常呈现消极负面的特点。大部分中职学生家庭经济状况较差,父母外出务工现象普遍,因此他们能获得的家庭与社会支持较为有限,这加剧了中职学生心理应对资源的匮乏。所以,小张确定了自己关注的问题——中职学生的行为心理问题及其解决的必要性和紧迫性。

2.聚焦服务对象

公益项目的服务对象可以是具有一定共性的多个个体,例如某社区内的精神健康障碍患

---

① BRADSHAW J. The concept of social needs[J]. New Society,1972(30):640-643.
② FANG X,FRY D A,JI K, et al. The burden of child maltreatment in China:A systematic review[J]. Bulletin of the World Health Organization,2015(93):176-185.
③ 尹玉辉.中职学生心理健康状况调查分析:基于2017年全国中职学校学生发展状况调查[J].中国职业技术教育,2019(22):27-34.

者；也可以是特定的群体，例如中学生群体、独居老人；还可以是一个社区，例如需要异地搬迁的村落。在实践中，每个项目的资源总是有限的，这就需要我们对项目的目标对象做出准确的界定。

我们可以按照这样的顺序来聚焦。先从整个群体开始，如青少年，再缩小范围到其中"容易出现问题的群体"，也就是那些处于危机状况，更有可能出现问题的群体。这里的"危机状况"一般可以理解为处于贫穷状态、受到疾病困扰、社会支持薄弱、处于暴力环境等。具体每个项目关注哪类风险取决于项目策划者所关注的问题。接下来还可以再进一步关注在上述群体中"需要服务的群体"，即已经受到困扰，或者因为在高风险环境中有紧迫服务需要的群体。例如，通过心理健康筛查，发现已经有抑郁心理与行为特征的青少年。最后，我们可以聚焦于在项目资源与实施可能范围内，那些"能够接受服务的群体"。例如，通过招募等方式，形成项目直接的服务对象①。

值得注意的是，在项目策划阶段，我们可以在任何一个层面停留下来，选择项目的服务对象。例如，可以将所有青少年作为目标开展心理健康知识普及教育，也可以将贫困家庭青少年作为目标群体，策划更有针对性的项目。如果项目的资源比较明确，我们也可以根据项目资源与实施可能的范围，将"能够接受服务的群体"作为项目的目标对象。项目聚焦在哪个层面的服务对象，很大程度上取决于项目的资源。

案例链接

为了明确项目的服务对象，小贺通过逐步聚焦的方法确定服务对象。小贺认为，她所关注的问题，主要针对的群体是所有儿童的家长或监护人。在0～18岁这个阶段，年龄较小的儿童遭受不当对待的风险更大，因为他们更容易"犯错"，自我保护意识也较弱。因此，年龄较小儿童的家长属于"容易出现问题的群体"。其中，有一些儿童的家长或监护人可能属于"需要接受服务的群体"，例如孩子有突出行为、心理或学习方面障碍的。最后，对于某个具体项目来说，还有项目直接服务的群体，例如某个社区所有0～12岁儿童的家长，或者某个社区所有存在视力障碍儿童的家长等。由于小贺的想法源于对社会普遍现象的观察，并且还没有特定的项目资助方，或者实施地点的想法，因此，她决定在策划项目时先将服务对象聚焦在低龄儿童的家长，即"容易出现问题的群体"层面。

小张则将自己项目的对象确定为某校中职学生。因为小张曾在该职校开展过暑期社会实践活动，较为熟悉该校学生的情况，且此前的社会实践活动成果得到该校领导认可，学校领导支持小张在校内开展社会服务项目。因此，该校是小张可以实施项目的可能范围，她将通过招募选择校内"能够接受服务的群体"作为自己项目的对象。

通过对服务对象和关注问题的聚焦，我们可以初步描述项目所关注的问题。例如，项目关注流动儿童的精神健康问题，某县高三学生的学业压力问题，某村改居社区中居民的社会适应问题……但是，这并不意味着我们找到了项目目标。项目目标不等于项目拟解决的问题。项

---

① 项目臭皮匠.项目百子柜：一本社工写给同行者的工具书[M].北京：中国社会出版社，2017：40-42.

目目标与问题产生的原因、项目对象所具有的资源能力有着密切的关系。通过项目目标的实现,可解决项目策划者想要解决的问题。因此,在明确了项目要解决"谁的什么问题"之后,我们还需要通过对问题原因的分析、对服务对象优势能力的发掘来确立项目目标。

3. 分析问题的原因①

项目目标首先来自对问题原因的分析,我们可以通过三种方式去探寻问题产生的原因。

第一种方式是不断提问"为什么"。例如,为什么青少年会存在心理健康问题?因为学业压力大?因为家长给的压力大?因为缺乏情绪释放的渠道?那么,为什么会缺乏情绪释放的渠道?家庭难道不应该给青少年提供最安全的心理空间?可能是家长不知道如何与青少年沟通。家长为什么不知道呢?可能是因为他们没有资源和途径去培养这方面的能力。也许我们可以设计一个项目,去提升家长与青少年沟通的能力。

第二种方式是从不同层面展开分析。我们可以从情绪、认知、行为、社交、精神、健康、经济等多个层面理解问题。例如布朗芬布伦纳(Bronfenbrenner)的"生态系统理论",强调环境对人的作用。他把每个人的人际关系分成依次层叠的四个环境系统:微系统、中系统、外系统、宏系统。微系统指直接产生影响的环境,如家庭、学校、同龄群体。中系统由直接环境之间的联系构成,如孩子的家庭和学校的互动。外系统指间接发生影响的外部环境条件,如父母的工作场所、邻居、社工服务等。宏系统指社会、文化、价值观等较高层次的系统,影响着各系统,如政策福利、道德文化、社会阶层等。PEST 分析法也是一种多层面分析法。所谓 PEST,是政治(Politics)、经济(Economy)、社会(Society)、科技(Technology)的缩写。PEST 分析法早期多用于对企业生存环境的分析,后来逐渐在社会需要分析上使用。这些理论都可以成为分析问题原因的框架。

第三种方式是借助理论加以分析。例如,我们关心校园暴力现象,希望降低校园欺凌,同时增强被欺凌者自我保护的能力。通过阅读有关研究发现,攻击性行为与社会信息加工能力有很强的相关性;对于模糊信息的敌意归因倾向,或者对于攻击性手段达到目标的信心,都更容易带来儿童的攻击性行为。因此,社会信息加工理论就为我们理解校园暴力提供了理论上的支持。

案例链接

小贺用"问为什么"的方法寻找问题产生的原因。为什么家长会做出对儿童具有伤害性的不当行为?是家长不爱自己的孩子吗?生活的常识告诉她这肯定不是一个适合大部分家庭的答案。她仔细思考后发现,家长的不当行为主要体现为一些不恰当的沟通或互动方式,例如用打骂、惩罚的方式督促儿童好好学习等。那么,家长为什么要用打骂的方式呢?小贺认为因为很多家长没有掌握良好沟通的能力。父母不了解积极互动和行为示范对儿童的影响(认知不足),父母也不知道如何与孩子建立亲子关系和培养孩子良好的行为(技能不足)。这造成了儿童无法从与父母的互动中学习到应具备的能力,从而带来更多的行为、心理和学习问题,这样

---

① 项目臭皮匠.项目百子柜:一本社工写给同行者的工具书[M].北京:中国社会出版社,2017:58-62.

就形成了一种消极的亲子互动循环。父母在爱孩子的动机下不断伤害孩子。因此,父母积极教养认识和能力不足,是针对儿童不当行为的一个原因。

小张利用理论寻找问题产生的原因。她发现,与普通高中生相比,中职学生经历了中考失败的挫折,且将较早地面临就业压力与复杂的社会生活环境。因此,只有拥有较高的抗逆力水平,他们才能更积极顺利地应对生命中的挫折与挑战。例如,拥有抗逆力的儿童往往具有积极的自我认知和较高的自我效能感。而中职学生的自我认知普遍比较模糊,容易轻视自己。同时,中职学生在情绪管理、学习能力等方面较弱,"力不从心"的情况时有发生,自我效能感偏低。在外部支持因素方面,正向的连接关系、坚定清晰的规范、关怀支持的环境、积极合理的期望、有意义的参与机会等都是培养儿童抗逆力的影响因素。但在这一方面,中职学生在承受社会偏见的同时,与同辈、教师、家庭的人际关系或多或少存在一些问题。由此可见,中职学生内在优势不足、外部支持较弱、自身能量有限,这导致其抗逆力水平较低,不能很好地应对挫折与挑战,在困难来临时出现不同的行为与心理问题。

4. 优势的发掘

对仅有原因的分析还不足以形成合理的项目目标。在项目规划时,我们不但要对服务对象的"问题"加以认识,更重要的是,要找出服务对象不同系统内的资源,并运用这些资源去帮助他们。对资源的运用本身就可以成为项目的目标。人们的优势是人们抵御逆境的重要保障。优势可以是能力,也可以是资源。每个人或者社区都拥有正向的特质、资源、潜力和能力。持续强调能力可以激发人们的动机,特别是他们成长和改变的动机。同时,助人者和受助者的合作与伙伴关系也能促进受助者能力的发展和建设。因此,助人者通过发现、收集并使用这些能力,可以将服务对象和社区的潜力发挥到最大。有关优势的发掘,在本书第六章会有更加详细的论述。

案例链接

为了发掘儿童和家长现有的优势,小贺从政策和实践中探究,最终发现中国儿童和家长存在以下优势。①政策引导。我国新出台的《中国儿童发展纲要(2021—2030年)》和《中华人民共和国家庭教育促进法》不断强调儿童发展对社会的重要意义,明确了家庭保护、家庭养育、家长参与的主体责任,对国家和社会相关组织和部门提出了明确的要求,这些都为儿童的身心发展提供了重要保障。②社会重视。随着社会的发展,"以儿童为中心"的教育理念逐渐被越来越多的中国家庭所接受。在家长主义浪潮和社会对家庭教育的呼吁下,越来越多的家长高度重视并参与到儿童的学习和生活教育中。此外,受社会认可的儿童培养目标也更加综合和多元化。这些都是儿童发展的优势社会资源。③实践支持。自《中华人民共和国家庭教育促进法》颁布以来,依托于政府部门、社会组织和科研机构开展的家庭教育系列活动从普及新型家教理念、缓解家庭冲突、提供家庭支持等方面对有需要的家庭提供服务帮助,成为从实践层面回应儿童发展和家庭教育问题的主要力量。因此,通过对上述政策、文化和实践的梳理,小贺发现要降低家长对儿童的不当行为,其实可以利用的优势资源丰富多元。

小张在与该校学生的接触中发现,他们有较强的好奇心,容易接受新鲜事物。同时,他们的动手能力很强,喜欢在实践中学习。校长也非常重视小张关注的问题。此外,新修订的《中华人民共和国职业教育法》2022年5月1日开始施行,以法律的形式肯定职业教育的重要地位并保障职业学校学生在升学、就业等方面与同层次普通学校学生享有平等机会。这些都是这所学校学生拥有的资源。

5. 项目目标的确立

在问题原因分析与优势发掘之后,我们会产生很多关于项目目标的想法。我们可以尝试着去形成初步的项目目标。通常人们使用问题树和目标树来组织这些想法。基本思路是将问题产生的原因转换成项目的目标。不过,本书强调优势能力的发掘也要进入到这个过程中,因此,本书提出加入优势视角的问题树与目标树(见图5-1)。

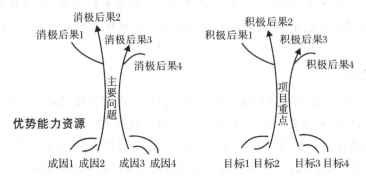

图5-1 加入优势视角的问题树与目标树

一个项目的资源总是有限的,因此我们还需要对目标进行筛选。如何进行目标的筛选?我们可以对目标从层级、类别、时间上进行区分,清晰呈现出我们想要实现目标的特征,再根据项目资源进行筛选。

表5-1提供了做出上述区分的思路。首先,优势视角和系统理论为我们确立项目目标提供了框架。从抗逆力的角度看,环境可以分为保护性因素(Protective Factors)和危险性因素(Risk Factors)。其次,生态系统理论将个体发展的生态系统分为微观系统(Micro-system)、中观系统(Meso-system)、宏观系统(Macro-system)[①]。最后,如前所述,项目目标至少包含短期目标和长期目标,有时候在短期目标和长期目标之间,还会有中间目标。这种对目标阶段性的区分,也会影响到项目效果的评估。我们可以在每个具体目标的后面标识这一特征。总之,表5-1帮助我们筛选了众多可能的目标,即从层级、类别、时间三个维度对可能的目标进行梳理,最终结合项目的资源,选择适当的目标。具体来讲,我们将项目希望带来的改变列举出来,填入表格对应的位置,并标识出其在时间维度上的特点。这个过程可以帮助我们澄清纷繁多样的项目目标。

---

① 韩晓燕,朱晨海. 人类行为与社会环境[M]. 上海:格致出版社,2009:49.

表 5-1 项目目标分析表

因素＼系统	微观系统	中观系统	宏观系统
危险性因素	（短期/中期/长期）	（短期/中期/长期）	（短期/中期/长期）
保护性因素	（短期/中期/长期）	（短期/中期/长期）	（短期/中期/长期）

案例链接

小贺尝试着把自己的项目目标放入项目目标分类表中。她认为这个项目的目标包括提升家长教养能力（属于短期目标）、降低家长不当行为（属于中间目标）、促进儿童身心健康发展（属于长期目标）。同时，因为家庭属于儿童成长的中观系统，所以提升家长教养能力的直接目标是在中观系统中增强保护性因素。

表 5-2 小贺的项目目标分析表

因素＼系统	微观系统	中观系统	宏观系统
危险性因素	—	降低家长不当行为（属于中间目标）	—
保护性因素	—	提升家长教养能力（属于短期目标），促进儿童身心健康发展（属于长期目标）	—

小张也尝试使用目标分析表。由于抗逆力来源于多个层面，小张一开始的目标是比较多样的，包括提升中职学生对社会支持的识别与获取能力、自我认知能力、职业规划能力，降低他们与不良群体的接触，改变家长、社区、教师等社会环境对中职学生的偏见等。但由于项目资源有限，她必须对项目目标做出筛选。借助目标分析表（见表 5-3），小张最终确定的项目目标是：提升自我认知能力（属于短期目标）、促进抗逆力的发展（属于中间目标）、改进行为与心理问题（属于长期目标）。

表 5-3 小张的项目目标分析表

因素＼系统	微观系统	中观系统	宏观系统
危险性因素	改变中职学生容易轻视自己的习惯，改变其较低的自我效能感	改变家长、社区、教师等社会环境对中职学生的偏见，降低他们与不良群体的接触	—
保护性因素	①提升自我认知能力（属于短期目标）、促进抗逆力的发展（属于中间目标）、改进行为与心理问题（属于长期目标）；②提升情绪管理能力；③提升职业规划能力；④提升社会批判能力	引导学生发掘自己家庭、学校、社区等生活环境中的资源，帮助学生树立在遇到问题时正确使用这些资源解决问题的观念	新修订的《中华人民共和国职业教育法》2022 年 5 月 1 日开始施行，以立法形式承认了职业教育的重要地位

二、确定服务方案

1. 服务方法的选择

在项目目标确定后,我们需要确定实现项目目标的方法。首先,我们需要一定的背景知识,包括了解社会服务中涉及的很多伦理议题,并且能够做出最佳的判断。我们还需要掌握社会服务的一些基本原则。优势视角和生态系统理论是我们看待服务对象及其处境的基本出发点。如果我们将服务对象分为个体和群体,帮助服务对象的方法,就可以分为帮助个体的方法、帮助群体的方法。当我们帮助个体时,需要掌握如何开展三个维度的帮助:能力建设、心理调适、社会支持。当我们帮助一些有共性的群体时,需要了解如何组建一个小组,运用小组动力,去让每个个体在群体中获益。当我们帮助一个社区时,需要了解如何开展社区发展工作。这些在本书的第六章、第七章和第八章都有详细的介绍。

除了上述运用基本知识确定目标实现的路径,我们还应该学会利用现有服务项目去解决问题。了解现有服务项目的途径是多样的。网络作为现代社会主要的信息载体,可以为我们提供丰富的资源。公益慈善组织或相关的网络平台是我们首选的信息来源。如果想要获得更加专业的项目信息,我们还可以选择学术研究类的数据库或网站。在心理学、社会工作、教育学、社会政策等领域,存在着大量的循证研究,这些研究对一些社会服务、社会政策的效果进行了实证分析,提供了有效性的评价。此外,还有一类被称为"系统评价"的研究。系统评价会综合同一类型研究的发现,对此类方法、项目、政策的效果进行综合评价,对它们的特征进行分析。系统评价有时也会使用特定的统计方法开展分析(一般称为元分析、Meta 分析),在这种情况下,研究结论更加标准化,可以为我们提供更加充足的证据。在学术领域开展项目评估,往往需要一定的理论基础。在条件允许的情况下,我们的项目设计应当参考学术领域的最新发现。

2. 服务方案设计的流程

在初步确定服务方法后,我们需要将服务目标与对应的方法综合,从而形成服务方案。有三项工作可以帮助我们确定服务方案。

第一,分解项目目标。我们可以以短期目标为起点,因为短期目标往往是项目最直接的目标。按照短期目标→阶段目标这一顺序将活动进行分解,直到无法分解为止。我们可以用表格、思维导图等方式来开展这一工作。目标分解表如表 5-4 所示。

表 5-4 目标分解表

短期目标	阶段目标		活动
短期目标 1	阶段目标 1.1	阶段目标 1.1.1	活动 1
		阶段目标 1.1.2	活动 2
	阶段目标 1.2	—	活动 3
短期目标 2	阶段目标 2.1	—	活动 4
……	阶段目标 2.2	—	……

第二，用甘特图（Gantt Chart）安排不同目标实现的时间节点。甘特图由亨利·甘特（Henry Gantt）为了计划生产进度而制订。甘特图用横轴表示时间，纵轴表示项目，线条表示计划和实际完成情况（见图5-2）。甘特图能以时间顺序显示所要进行的活动，以及那些可以在同时进行的活动，对项目设计与管理非常有帮助。

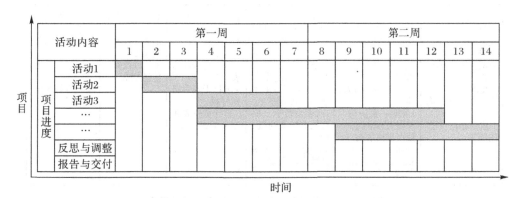

图5-2 甘特图

第三，使用逻辑模型（Logic Model）呈现项目方案。逻辑模型是很多实践项目评估者使用的工具，但是它对于项目规划同样有用。基本逻辑模型图见图5-3。

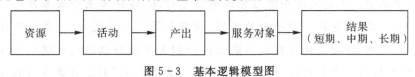

图5-3 基本逻辑模型图

资源，是指项目执行所需要的一切支持，包括人力、财务、伙伴关系等。

活动，即为形成项目的产出、成果所采取的行动。

产出，即通过项目提供给项目直接服务对象或项目参与者的产品、商品和服务。

服务对象是项目的核心，也是逻辑模型的核心，因此位于链条中心，联系资源和结果。

结果，即活动和产出带来的变化或益处。项目的结果往往是多重的、连续的、结构化的。首先，会有一些短期结果，是指与项目产出关系最密切的结果。其次是中间结果，指由短期结果带来的结果。中间结果继而又会带来长期结果。

我们可以举一个例子来帮助大家理解逻辑模型。某地教育部门组织了针对教师的培训，培训内容是提升教师对学生课堂行为进行有效管理的能力。这个项目的所需"资源"至少包括课程、授课专家、租赁教室的费用、专家费用、行政管理费用等。当然，教师对于行为管理方面需求的信息，也是项目的资源。"活动"是指具体对活动的组织。"产出"是共开展了10次培训、5次督导、3次小组活动。"短期结果"可能是教师掌握了教学管理的新的技巧和知识，"中间结果"可能是他们将这些技巧和知识应用于教学过程，而这带来的"长期结果"就是学生有机会得到学习成绩的提升。

案例链接

小贺使用逻辑模型呈现出项目的设计,具体如图5-4所示。

目标	投入	活动	产出	中间结果	长期结果
1.提高父母处理常见行为问题和发展问题的能力 2.减少父母对子女的强制性和惩罚性管教 3.改善父母对养育子女问题的沟通方式 4.减少养育孩子的压力	1.工具:评估量表、家长手册、儿童行为监测工具 2.资金:交通、印刷 3.员工:主讲1人、助教2人 4.培训:家访与课程内容培训、数据收集录入培训 5.设备:扩音器、电脑	1.筛选与招募:招募××小学15名二年级家长,匹配××分校15名二年级家长 2.家访与课堂教学:1次家访(评估参与式观察)、7次课堂教学(积极教养技能的教授与练习) 3.接受督导:××县教育局专家	1.干预课程8次 2.干预服务15人 3.教养方式评估437人 4.教学过程评估表 5.项目干预手册和材料 6.督导意见表和专家审查报告	1.父母教养方式改善 2.父母教养冲突减少 3.父母教养效能感提高	1.父母个人适应良好 2.父母关系与改善 3.亲子关系改善 4.儿童行为问题减少

图 5-4 父母积极教养方式干预项目逻辑模型

小张在经过调查与筛选后,确定采用影像发声法设计服务项目,提升该校中职学生的自我认知能力。此项目所需"资源"包括干预手册、多媒体教室、具有拍摄功能的手机、布展材料及场地、中职学生在自我认知能力方面的需求信息、各班班主任联系方式、干预者、项目指导教师等。"活动"包括干预手册的撰写、项目招募信息的发布、对参与项目中职学生的组织安排等。"产出"即结合自我认知能力提升相关理论知识以及中职学生在该方面的具体需求设计开展的5次小组活动、1次摄影展。"服务对象"则是自愿参与服务项目并通过筛选的中职学生。"短期结果"是参与项目的中职学生自我认知能力得到提升,形成更加积极、全面的自我认知;"中间结果"是这些学生的抗逆力水平随之提高;最后实现其行为与心理问题得到改进的"长期结果"。

三、确定评估方案

社会服务项目评估是对项目的实施、效果和行政等方面进行的测量和评价,主要包括结果评估和过程评估。结果评估是比较服务前后服务对象在某些方面的变化,判断项目目标是否实现。结果评估可以用来评价服务质量。过程评估是评价社会服务项目执行中相关活动的状况,包括服务对象接受服务时的感受、认识、想法等。无论是结果评估,还是过程评估,都可以综合使用定性与定量的方法。社会服务项目评估非常重要,不仅因为它是对项目执行与效果的评价,更重要的是,它为项目的改进和发展提供了指引。学习项目评估,需要系统学习项目评估的流程、资料收集与分析的方法,这些已超出本教材的范围,因此这里不做过多介绍。同时,要全面具备公益项目策划、执行的能力,还需要了解项目管理方面的知识。与项目管理相关的书籍较为丰富,因此本教材侧重对项目策划的介绍。读者可根据需要,选择相关书籍进行学习。

本章小结

项目就是为了创造独特的产品、服务或成果而进行的临时性工作。公益项目是指慈善组织和其他组织以及个人,出于主动承担社会责任的意识,为了公众利益,提供特定的公益性产品、服务或成果而进行的、有着明确起点与终点的工作。

大学生参与公益项目,主要方式是以志愿者身份提供志愿服务。同时,大学生也可以通过参加社会创新、设计与规划公益创投项目来参与公益。

公益项目策划的基本思路是:通过增强服务对象生活中的保护性因素或者削弱/消除风险性因素,预防问题的发生或者减少问题的消极影响。

在项目策划的基本逻辑方面,首要的工作是明确项目目标。项目目标最核心的内容是回答项目"要解决谁的什么问题"。项目目标首先来自对问题原因的分析,我们可以通过探寻问题产生的原因,并结合对资源的分析,形成有关项目目标的设想。接下来,对可能的目标进行梳理,最终结合项目的资源,选择适当的目标。围绕目标,寻找实现目标的方法,形成项目方案。

思考题

1. 公益项目与商业项目有什么区别?
2. 如何确定自己关注的问题是一个有意义的问题?
3. 项目策划主要包括几个步骤?
4. 尝试运用本章的知识,形成一个项目设计方案。

推荐阅读

1. 韩晓燕,朱晨海.人类行为与社会环境[M].上海:格致出版社,2009.
2. 项目臭皮匠.项目百子柜:一本社工写给同行者的工具书[M].北京:中国社会出版社,2017.
3. 顾东辉.社会工作概论[M].2版.上海:复旦大学出版社,2020.
4. FANG X, FRY D A, JI K, et al. The burden of child maltreatment in China: A systematic review[J]. Bulletin of the World Health Organization, 2015(93): 176 – 185.
5. BANDURA A. Social learning theory of aggression[J]. Journal of communication, 1978, 28(3): 12 – 29.
6. BAKER S, SANDERS M R, TURNER K M T, et al. A randomized controlled trial evaluating a low-intensity interactive online parenting intervention, Triple P Online Brief, with parents of children with early onset conduct problems[J]. Behaviour Research and Therapy, 2017(91): 78 – 90.

服务实践篇

第六章　公益服务基本视角

第一节　优势视角

一、优势视角的含义

助人者在进行服务前,需要了解什么是优势视角(Strength Perspective)。优势视角,一言以蔽之,即在助人的过程中,发现与善用受助者的优势①。优势视角是20世纪八九十年代在西方社会工作领域兴起的一种新的工作策略。它既是人们看待事情的一种新视角,也是社会工作实践的一种新模式。优势视角与问题视角不同,问题视角以服务对象的问题解决为核心,以服务对象不足部分的补充及环境资源的改善为目标。这样的安排牺牲了服务对象自身的能力和选择权,容易导致服务对象失去希望,始终感受到自己受助者的身份,让服务对象失去自我决定的机会,变得越来越依赖"专家"。而优势视角从一个完全不同的角度看待服务对象以及他们所处的环境和现状,更加注重人的内在能力和潜在优势。它不是将服务对象视为孤立的个体或专注于其问题,而是将目光投向可能性,在创伤、痛苦和困难的荆棘之中看到希望和转变的种子。优势视角认为每个人、群体、组织和社区都有其内在的能力,包括天赋、知识、社会支持和资源,只要存在适当的条件,他们就可以建设性地发挥自身功能。所以,从优势视角来看,所有人都具有学习、成长和改变自身的能力,助人者在帮助服务对象时应立足于发现、探索和利用服务对象的优势和资源,从而更加有效地解决服务对象现有的问题,协助服务对象达到自己的目标,帮助他们摆脱困境,实现梦想。

(一)优势视角的前提假设及其基础

优势视角的基本出发点是,受助者有优势,并且这种优势对他具有正向、积极的意义。这一前提假设,具有特定的价值观基础和实证研究支持。

优势视角所秉持的价值观,是对传统助人领域价值观的批判性发展。传统助人领域(以社会工作、心理治疗领域为主)价值观的特征如下。第一,"归咎受害者"。认为那些需要帮助的个人、家庭、社区充满着病态、缺点、问题、异常、失序。在助人时,把焦点放在受助者的问题、缺陷、不足上。第二,"诊断+治疗"模式。相应地,在分析发现受助者问题背后的弱点和不足后,就将注意力放在诊断分类、治疗的计划制订上。例如,在传统助人的视角下,贫困问题产生的原因在于个人的物质、道德缺陷等,相应的解决措施则集中在对个人的激励、就业能力辅导等。

---

① 王思斌.社会工作导论[M].2版.北京:北京大学出版社,2011:192.

优势视角秉持的价值观对传统视角的批判性发展主要体现在以下方面。第一,每个个体、团体、家庭和社区都有优势。第二,创伤可能具有伤害性,但也给予个体成长的机会。第三,认真地看待个体的希求(Aspiration),当人们以正向期待的角度看待自己的生活时,给予他们充分的时间,通常会成功。第四,助人者与受助者平等合作。第五,受助者的环境中充满资源。

优势视角也得到了实证研究方面的证据支持。抗逆力相关研究是其中关联性最大的研究领域。心理学大量研究发现,负面生活经历不一定会带来负面的未来,这一现象催生了对于个体内在抵御外界不幸能力的研究,从而形成了抗逆力这个概念。抗逆力的存在让人们相信,个体并非被动接受外在环境的影响,人们具备抵御外界不幸的天赋。这些发现支持了优势视角对人的能力的肯定。此外,一些实践领域的研究证据也支持了受助者自觉、自信的重要性。如果不能让受助者相信自己有能力处理自己的生活,会延长其依赖协助的时间①。也就是说,如果没有从内在激发受助者对未来的希望,给予再多的治疗、帮助,效果也是有限的。

正是在这样的价值观和研究发现基础上,优势视角呈现出以乐观、自我决定、创造力、希望为主要特征的总体基调。

(二)优势视角包含的基本概念

优势视角包含的基本概念包括优势、赋权、抗逆力、成员身份、对话合作、悬置怀疑等。

1. 优势

优势是优势视角中最基础、最重要的概念。优势包含个人优势与环境优势,即能力与资源两个部分②。能力主要体现在服务对象面对危机性事件的过程中,能够从自己、他人、周围的世界中有所获得,如成功的经验、面对挫折的经验等,进而形成面对困难的各种能力。同时个体的一些品质,如幽默感、同情心、创造力、忠诚、洞察力、独立、灵性和耐心等也是优势。它们可以在困境中形成,也可能是天赋。资源则主要是环境中的支持性因素。几乎所有的事情都可以在某种特定的条件下转化为优势,包括经验、品质、才能、领悟、故事、意义和社区资源等。助人者如果能够帮助服务对象看到内部自身能力和外部环境资源,将两者结合成为自身宝贵的"资产",那么对于当下问题的解决、未来个人的发展都将大有裨益。除了个体,社区也具有自己的优势。社区拥有不同的人群,社区中个体、群体和组织的优势也是社区自身发展的基础。

2. 赋权

赋权是指帮助个体、群体或者社区拥有力量,帮助他们开始掌握环境,并在此基础上进一步实现自己的目标。赋权实践的基本框架包含对个人自主性的提升,以及对限制个人权能的环境障碍的去除。一般涉及个人、人际、政治三个层面:个人层面上的赋权集中于个人发展、个人权力感和自我效能感;人际层面上的赋权强调使个人有更多影响他人能力的具体技巧;政治层面上的赋权强调社会行动和社会改变的目标。在优势视角下的赋权,特别强调一些实践方

---

① 王思斌. 社会工作导论[M]. 2 版. 北京:北京大学出版社,2011:193.
② 梁莹. 优势视角与系统理论:社会工作的两种视角[J]. 学海,2013(4):70-78.

法上的要点:助人者与服务对象之间建立合作伙伴关系,强调扩大服务对象的优点和能力,关注个人、家庭与环境,将服务对象视为积极的能动主体等①。

3. 抗逆力

抗逆力是优势视角重要的理论基础,又称心理弹性、复原力。抗逆力是指一种综合性的心理状态,包含了个体的一系列特征,例如乐观感、效能感和支持感。乐观感是指乐观的思考方式,效能感是指对自我能力的信心,支持感是指对自身拥有的社会支持的充分感知。抗逆力研究与发展心理病理学(Developmental Psychopathology)密切相关。发展心理病理学从发展的角度去研究临床心理障碍,探讨心理机能失调、适应、应对、应激、防御等在发展过程中的变化规律。抗逆力概念正是在"压力-应对-发展"这一研究框架下发展起来的,它直接产生于对有关风险的研究。经历逆境的儿童中存在一种现象——面对同样的压力,儿童的发展结果却存在差异,这激发了研究者与实务工作者的兴趣。因此,早期的一系列有关抗逆力的实证研究,都是在压力-应对框架下开展的讨论。社会科学界对抗逆力的研究缘起于 20 世纪 50 年代,兴起于 80 年代。布洛克(Block)在 1950 年提出了 Ego-resiliency 这一概念。心理学家鲁特尔(Rutter)和加梅齐(Garmezy)等人在 20 世纪 70 年代对 Resiliency 的关注为抗逆力的研究奠定了基础。对抗逆力概念的界定虽然多样,但总体来说,都是与经历了对发展不利因素,却没有受到其影响,能够成功适应困境这样一种现象有关。

4. 成员身份

从优势视角来看,每个人都有自身的价值,都应该成为团队中的成员,为自己所在的团队做出贡献,获得自尊感和责任感,如果没有成员资格便有被边缘化、被异化和被压迫的危险。成员资格的重要意义就是助人者帮助服务对象融入社会群体,使服务对象获得被认可为其所处社区中的一分子。只有通过社区的支持和资源,服务对象才能重获信心来面对一切问题与不足,在提升自身能力的同时,产生对社区的归属感,获得社区所给予的保障。

5. 对话合作

立足于理解认同和包容的对话是助人者和服务对象进行良好沟通、建立信任关系和开展合作的基础②。在帮助服务对象改变的过程中,助人者应扮演支持者、咨询者的角色,使服务对象的声音能够得到关注和肯定。这样,服务对象才能把服务合作关系中的经验运用到自己的日常生活中,逐渐学会联结和转化自己的生活经验,从而更有利于目标的达成。

6. 悬置怀疑

悬置怀疑是指从信任服务对象的角度出发去建构新型的合作关系。所谓怀疑,就是助人者对服务对象能力的质疑。从优势视角来看,服务对象是最了解自己状况的"专家",助人者应充分信任服务对象。有时助人者会把自己的专业知识以及一些观点强加在服务对象身上,对

---

① Dennis Saleebey. 优势视角:社会工作实践的新模式[M]. 杜立婕,袁园,译. 上海:华东理工大学出版社,2004:14-15.

② Dennis Saleebey. 优势视角:社会工作实践的新模式[M]. 杜立婕,袁园,译. 上海:华东理工大学出版社,2004:17-18.

服务对象进行不科学的分析判断,质疑服务对象的思想和诉说,这样就不能形成一个平等的合作关系。助人者应放下怀疑,与服务对象构建平等合作关系,这样才能更好地激发其潜能,帮助服务对象克服困难,提升个人能力。

二、优势评估

优势评估是指在服务开始之前对服务对象所拥有的优势进行考察。优势评估一般涉及五个方面:认知、情绪、动机、应对行为和人际关系。评估者应当遵循以下基本原则,在这五个方面发掘服务对象的优势。一是收集故事材料。助人者给服务对象提供机会,帮助其表达呈现自己的想法,从而掌握服务对象的价值原则和观察视角。二是相信故事描述。助人者在评估过程中充分信任及尊重服务对象,相信服务对象才是最了解自己的,尊重服务对象对自己生活经验赋予的意义。三是尊重自我决定。助人者在评估过程中鼓励服务对象自己做出判断及抉择。四是关注故事内涵。助人者分析及感悟服务对象的故事,了解服务对象生活经验的组织方式,如服务对象看待生活的方式、赋予生活的意义以及相关的感受和情绪表达等。五是发现改变要求。助人者通过询问服务对象希望改变什么和希望得到什么样的帮助,了解服务对象的改变要求。六是侧重优势寻找。助人者在评估过程中注重对服务对象优势的挖掘、梳理和提炼。七是注重独特经验。助人者在评估过程中专注于对服务对象独特经验的寻找和总结,帮助服务对象找到自己独特的观察视角和独特的生活经验组织方式,让服务对象扎根于自己的日常生活中。八是达成评估共识。助人者通过与服务对象一起评估,并且以服务对象的改变要求和理解为核心组织评估工作,让服务对象充分认可评估的成果。九是避免求全责备。助人者在评估中尽可能减少使用责备的语气和词语与服务对象沟通,把关注的焦点放在如何帮助服务对象的改变上。十是避免标签作用。助人者在评估工作中尽可能减少使用带有标签性质的描述,特别是可能带来污名效应的词语。

根据以上十项原则,我们会发现优势评估的特点包含:①助人者从服务对象描述开始,了解服务对象改变的要求和自身对现实的理解;②助人者关注服务对象的优势,把对服务对象的能力和资源的发掘作为整个评估工作的重点,包括发现改变要求、注重独特经验、避免求全责备和标签作用等;③强调人的能力、价值、兴趣、资源、成就和抱负在满足自己的需要和解决问题中的作用。

案例链接 优势视角下,如何帮助特殊儿童小冬融入校园[①]

一、服务对象基本信息

小冬,男,9岁,精神发育迟缓,专注力不足,智商在正常水平下限边缘。小冬很难适应校园的学习和生活。在课堂上,小冬经常听着课就开始玩手中的铅笔和橡皮,还会时不时低下头翻找抽屉里的东西。对于老师的课堂指令,他总是显得一脸茫然,经常需要同桌提醒才能完成课堂任务,课堂平均有效学习时间仅能维持15分钟。课间,他大多独自坐在自己的座位上玩

---

① 林凯静.基于优势视角,助力特殊儿童融入校园[J].中国社会工作,2022(12):34-35.

文具,或是站在教室后门附近看同学们玩游戏,想要参与却不知如何加入。为了让小冬更好地适应校园生活,母亲为小冬申请进入学校随班就读项目。

二、案例目标

社会工作者选择基于优势视角介入。具体目标是:发掘小冬的形象思维优势,提高其学习能力,延长有效学习时间;鼓励小冬参与朋辈活动,提高其社交能力,让小冬融入校园生活;调动多方资源,增加小冬在课堂上的专注时间;协助小冬母亲提升教养自信,以维持小冬健康的心理状态。

三、介入流程

1. 建立关系,评估优势

社会工作者在干预服务前,采用会谈的方式,评估小冬在物质、生理、心理、社会方面的优势,并检验此前收集信息的准确性,为小冬制订个别化的教育计划,具体如下:一是通过小游戏建立初步专业关系,增加小冬交往意愿;二是利用鼓励的技巧,引导小冬分享自己的兴趣爱好和近期的趣事。刚开始时,小冬显得较为拘谨,对社会工作者提出的问题大多用"不知道"或几个简单词语回应。在谈话过程中,小冬经常看向周围,仿佛没在听社会工作者说话。社会工作者利用代表时间、地点、人物、事件、心情的图卡,边展示,边进行自我披露"打样",小冬随后开始借助图卡分享自己的想法。由此可见,小冬的形象思维及模仿能力是其优势。

通过这样的方法,社会工作者对小冬的困境和优势都做出了评估。在困境方面,小冬存在精神发育迟缓及专注力不足的问题,理解、记忆、逻辑推理能力均较弱;小冬的课堂专注程度受教学内容难度、课堂环境等影响,有效学习时间短,导致其学业表现不理想;小冬在同伴面前的自我形象低,社交行为少。小冬父母的受教育程度低,平日在菜市场卖蔬菜,养育知识的系统性和陪伴时间的完整性均不足。

同时,小冬也具有很多优势。在资源方面,小冬所在的学校在区教育局的政策与资金支持下,已开展多年需要特殊教育的学生随班就读服务,有具备相关服务经验的教师团队配合社会工作者进行跟进,小冬的母亲有积极为其提供健康成长环境的态度,能较好地配合社会工作者跟进干预计划。小冬与班上很多同学都居住在同一小区,增加了社区交往机会。小冬也有特定的能力优势,小冬的形象思维优于抽象思维,有助于其理解及记忆知识;他喜欢画画,且情绪稳定,不会与同学发生冲突。

2. 发掘资源,共同作用

社会工作者与小冬建立了平等合作关系,充分利用小冬的老师、家长、同学的资源,帮助小冬发现自我优势,使他更好地融入学习和生活环境。主要工作包括以下几个方面。

(1)针对小冬专注力不足所做的工作:社会工作者与教师沟通,将小冬的座位调至远离门窗、靠近讲台的地方,便于教师在上课过程中能及时关注小冬的神情;与家长沟通,让家长为小冬营造整洁和安静的学习环境。

干预初期,社会工作者进入班级坐在小冬身边,使用沙漏来可视化分段计时和记录表现,及时加盖奖励印章来强化其专注行为。干预中期,利用小冬的模仿优势,把提醒任务交给小冬座位周围的同学,并让小冬懂得"不知道该如何做时,可以模仿其他同学"。干预后期,把保持专注的"任务"交还给小冬,让其自己控制个人行为并做好记录,让小冬为自己负责。

(2)针对社交行为改善所做的工作。社会工作者先运用社交故事绘本,结合角色扮演,为小冬演示社交行为,并布置不同难度的"社交小任务"让小冬模仿实践。例如,向同学借东西、与同学对话一分钟、与同学玩一次游戏等,完成任务便能获得相应数量的奖励印章。社会工作者每周带领小冬总结上一周的表现,并对其所获得的印章进行奖品兑换,以充分调动其个人能动性,强化其持续做出目标行为的动机。

(3)优势为本,探寻希望。社会工作者坚持优势视角下的实务取向,立足于发现、探索和利用小冬的优势和资源,将目光投向更多的可能性,协助他达成目标。

①个人层面:主要集中在课业补救,提升课堂参与度。小冬因智力水平导致其在学习上常有"知识断层"的情况出现,这些"断层"妨碍了小冬对新知识的理解和吸收。填补"断层",有助于其跟上班级教学进度,提升课堂参与度。形象思维是小冬的优势,可辅助进行学习,如生字的教学需要结合字的偏旁部首,可引导其想出一个结合字形、字音、字义的小故事,形成画面感,使他能理解并记住生字。受专注力不足的影响,小冬不能同时处理多个信息,对他的训练需要以少量多次的方式,通过视觉辅助来巩固记忆。社会工作者在训练过程中结合游戏与小冬进行竞赛,来调动其积极性。小冬出现错误时,社会工作者及时查找原因,并与任课教师保持密切沟通,了解班级进度,制订个性化的训练计划。

②教师层面:邀请教师特别关注,增加课堂的有效专注时长。社会工作者建议各学科教师采取分层教学的方式,为小冬设置适合其能力水平的学习任务,并进行及时指导。同时在转换教学任务或环节时,优先以巡堂、点名等方式提醒小冬尽快完成任务,避免其停留在上一任务中。教师们也会使用奖励印章的方式,对小冬的课堂专注行为及学业上的进步给予及时表扬。

③朋辈层面:社会工作者创设机会,帮助小冬提高朋辈社交能力。情绪稳定是小冬的另一个优势,社会工作者为小冬开设了专注力游戏小组,并让小冬邀请自己的好朋友一同参加,目的是通过有趣、难度适中的游戏寓教于乐,训练小冬的专注力。同时,在游戏中设置合作任务,促使小冬与朋辈进行互动,提升小冬的社会交往能力及语言表达能力。

④家长层面:社会工作者通过正向鼓励,强化希望和改变的动力。定期与小冬的家长沟通干预进展,给予家长信心,同时引导家长合理调整预期。家长对干预的配合和积极的态度,使得小冬在正向变化中获得了更多可能性。在服务过程中,建议家长为小冬报美术班,培养画画兴趣;多带小冬到公园参与游戏,提高社交能力;带小冬做家务,提升生活技能。同时,建议家长平日多给小冬正向鼓励,增强其做事的自信心,维持其健康的心理状态。

四、评估与结案

(1)经过有目的、有计划的干预,小冬的整体情况有所改善。任课教师均反映小冬的课堂有效学习时长有所增加,由干预前的15分钟增至干预后的30分钟,能较好地接收教师的指令。

(2)小冬的课堂积极性和参与度有所提高,经常主动举手回答问题,参与小组合作学习。家长反映,小冬的语文和数学测验之前只有40多分,经过调整后,语文测验83分、数学测验97分。

(3)在社交方面,社会工作者观察到小冬在校主动与人互动社交的次数由干预前的每天0~1次增加至干预后的每天4~5次,以在课间与同学一起做游戏为主。

结案:历时一学年,在多方的支持配合下,各项服务目标均得以实现,经与小冬、家长与教师沟通后结案。

第二节 生态系统理论

一、生态系统理论的发展

生态系统理论（Ecological System Theory）是借鉴了系统理论与生物学的观点，融合了许多与人类行为和社会服务有关理论的、具有综融性特色的理论体系。

当我们在系统视角指导下开展社会服务时，需要重视以下三点。第一，强调个人的整体性与完整性。个人是处于整体生存环境中的完整的人，个人与环境相互交叉互动、相互影响。第二，强调社会系统（特别是家庭系统）在塑造和影响人的行为及生活状态中的重要作用。在助人的过程中要注意个人与家庭、社区、组织等系统的互动。第三，注重运用社会资源，包括正式的和非正式的社会资源，帮助服务对象解决问题，满足需要。

生态系统这一概念源于生物学领域。生物学中的生态系统是指在自然界的一定空间内，生物与环境构成的统一整体。在这个统一整体中，生物与环境之间相互影响、相互制约，并在一定时期内处于相对稳定的动态平衡状态。生态系统理论借鉴了这一观点，并将之与社会工作"人在情境中"（Person-in-Situation）的理论视角相整合。"人在情境中"是描述人类行为和社会环境之间关系的重要视角，其主要观点是人不是完全独立的个体，个人也会受到其所处环境和周围人的影响和困扰。因此要了解一个人，必须将其放到其所处的环境中，分析个人与社会环境间各要素的关系，即考察个人与其家庭、学校、工作场所等要素之间的关系。基于上述思想，生态系统理论提出了一个关于人类发展的公式：

$$D = f(P, E)$$

其中，D 是指发展（Development），P 是指人类（People），E 是指环境（Environment）。人类的发展是个体与环境的复合函数，个人的发展不仅会受到个人性格、爱好、世界观等个体因素的影响，同时也会受到其所处的社会环境的影响。

二、生态系统理论的主要观点

（1）将个体与环境看作一个整体。生态系统理论强调人与环境是交叉互动、相互影响的，强调整体环境中完整的人，人们和他们所处的环境被视为相互依赖的、彼此辅助的整体，人和环境在这个整体中互为对方进行持续的改变和塑造。基于此，生态系统理论提出了生命周期的概念。生命周期是指个人作为生物从出生、成长、成熟、衰退再到死亡的全过程。在这一过程中，相关社会结构变化、重大历史事件及重要生活事件等都会对个人的生活、发展产生影响。

（2）强调社会系统，特别是家庭系统在塑造和影响人的行为及生活状态中的重要性。这一特点通过以下几个概念体现出来。

①人际关系。人际关系是指个人运用其与他人的联系和建立关系的能力，在未来生命周期中所发展出来的各种互惠性的照顾关系。每个人都需要，并且也能够拥有与他人联系而建立关系的能力，因此对人际关系的建立能力及其状况的评估是认识个人与其环境关系的重要指标。

②生存空间。生存空间通过个人在社会中所处的地位和所扮演的角色呈现。生态系统理论认为，个人发展过程中所建构起来的生存空间是个人与其环境长期交流互动的结果，而不是

单一个人的特质因素的产物。所以个人需要有在其生存环境中获取资源的机会与能力,否则无法建立起自己的生存空间。

③地位与栖息地。地位是指个人在其所在的环境或社区中所拥有的成员地位。栖息地是指个人生存的环境,包括物理环境与社会环境。当栖息地有丰富的资源,能够提供有机体成长和发展所需时,人就会逐渐地繁殖和成长;当栖息地缺乏必要的资源,人的生理、情绪的发展和相关的行为功能则会受到严重的负面影响。

(3)注重服务对象与环境的交流互动。滋养型环境、适应力和胜任能力等概念综合体现了生态系统理论这一特征。

滋养型环境是指个人所处的环境能在适当的时刻和方式下提供必要的资源、安全和支持给个人,以增进个人的认知及情绪的发展;相反,非滋养型(不友善)环境缺乏或扭曲了资源支持的提供,因而阻碍个人的发展。

适应力则是指在人与环境的交流过程中,相互影响和反应以达到最佳的调和度。适应力良好与病态、偏差等问题无关,而是天时、地利、人和环境下的成功交流,而适应力不良则是指个人的需求和环境提供的资源、支持之间无法搭配调和的状态。

胜任能力是指个人通过与环境的成功交流,进而发展并建立有效掌控环境的能力。具体而言,这种能力涵盖了个人从幼年开始,与他人建立有效且紧密的人际关系的能力、独立做决定的能力、动用环境资源及社会支持的能力等多个方面,也同时包括基于这些能力,在与环境成功互动的生活经验中发展出的自我效能感。

三、生态系统视角下社会服务的原则

(一)生态系统视角下社会服务的基本原则

根据生态系统理论的基本内容,社会服务的焦点主要集中在四个方面:一是促进个人的成长和发展;二是增强个人适应环境的能力;三是移除环境对个人和群体的阻碍;四是增加社会和物理环境对人们需求的响应。

从生态系统视角出发,社会服务的第一个基本原则就是将个体放在系统中去看待。人们所在的系统是层层相扣的,分为四个层次。一是微观系统,它是指在日常生活中,个体能够直接与其互动,并对个人的行为模式产生重要影响的社会和物质环境,包括个人在其中的人际关系与角色扮演。它是由个人所在的和创造的周围环境(如家庭、学校等)组成的。二是中观系统,它是微观系统之间的联系或相互关系(如家庭与学校之间的关系)。生态系统理论认为,如果微观系统之间有较强的积极的联系,个人的发展有可能实现最优化,相反则会对个人的发展产生消极的后果。三是外部系统,它是指个人并未直接参与,但却对其发展产生影响的系统,即非直接影响个人发展的外部条件(如父母的工作环境、工资等)。四是宏观系统,它是指一个人生长于其中的整个文化系统,即存在于以上三个系统中的文化、亚文化和社会环境,因此宏观系统实际上是一个广阔的意识形态。在生态系统理论视角下,个人的行为塑造都与其所处的家庭、群体、组织和社区相关。在服务过程中,助人者需要关注个人所在的不同社会系统以及不同系统之间的互动关系,帮助服务对象将外部的社会支持网络作为重要的环境资源进行建构,发展滋养型环境。

社会服务的第二个原则是在沟通交流中理解个体。个人生活的意义是其所处的环境赋予的，因此要理解个人，就要将其置于所处的环境之中。个人的问题是生活过程中的问题，对个人问题的理解和判定也必须在其生活的环境中进行。生态系统理论视角下的社会服务应聚焦于服务对象与环境的互动，关注环境是否符合个人完成生命任务和成长发展的需要，并将服务对象的需求和问题视为其在与环境交流互动过程中环境资源与需求不匹配而产生的问题，这种问题就是人们"生活中的问题"，而不是个人的行为病态或品德瑕疵问题。在生态系统视角下，助人者要努力了解个人与家庭、群体、组织和社区互动的形态和互动的规则，包括文化习俗对人们生活的影响，这样才能提供适合人们需要的帮助。

社会服务的第三个原则是注重提升个体沟通交流的能力。每个人生来就有与环境和其他人互动的能力，如果个人能够与其所处的环境形成良好的互动，人与环境的关系将是互惠的。提升人与环境之间的调适度，即增强个人与环境之间的适应性、互惠性、相互性，使之相互适应并促进个体发展。助人者在帮助服务对象链接相关资源时，既要关注到服务对象的滋养型环境与适应力，建立个人社会支持网络，同时也要注重培养服务对象的胜任能力。

(二) 生态系统预估的常用方法

"预估"是在助人者与服务对象建立了初步的工作关系后进行的，目的在于为制订有效的介入计划打下科学的基础。在开展社会服务的过程中，为了更好地帮助服务对象，助人者需要收集服务对象的信息与资料，从而能够更全面清晰地认识和了解服务对象的问题和需要，确定解决问题与满足需要的目标，以及开展社会服务的策略。

生态系统理论提供了一个具有综融性特色的理论视角以指导预估。生态系统理论强调生态环境（人的生存系统）对于分析和理解人类行为的重要性，注重人与环境间各系统的相互作用及其对人类行为的重大影响，因此生态系统视角下的预估包含的要素是多元的（包括个人行为及其所处的环境）。预估的方法也是多种多样的，以下是几种常用的预估方法。

1. 家庭结构图

家庭结构图也称家庭树或家庭图谱，是以图形来表示家庭中三代人之间关系的方法。家庭结构图可以直观地提供有关家庭历史、婚姻、伤病等重要家庭事件及家庭成员间的沟通和互动状况等重要信息，帮助助人者了解服务对象的家庭模式、服务对象在家庭中所处的位置以及家庭对服务对象的影响等。使用家庭结构图做预估时，能够帮助助人者了解与服务对象有关的信息，例如，家庭发展的历史、家庭婚姻、死亡、家庭成员之间的关系和所处地位，以及家庭结构等。

助人者要邀请服务对象一起完成家庭结构图，将有关家庭的代际关系，主要家庭事件，家庭成员的职业、死亡，家庭的迁移和分散，角色的分配和指派，家庭内关系和沟通模式等信息以图示的方式呈现出来。一般用方形和圆形表示男女性别。用线段表示家庭成员的关系形态或婚姻状况：实线代表已婚，虚线代表未婚。一对夫妇的孩子以线段相连，父母和子女之间、子女之间用粗细实线表示关系的紧密和不紧密状况，细线表示关系有问题或关系不好。夫妇分居和离婚分别用"/"和"//"符号表示。孩子以出生时间从左到右排列。死亡的家庭成员在方形或圆形图上用"×"表示。画图顺序一般是长辈在上、晚辈在下，同辈关系中年长的在左、年幼的在右，男性在左、女性在右；还可以在每个图示上写出家庭成员的名字和年龄，或者以不同符号表示有关结婚、分居、离婚、死亡等情况。例如，M'1999 表示 1999 年结婚，S'2004 表示 2004

年分居,D'2005 表示 2005 年离婚等。另外,还可以用些简单符号来记录家庭生活中的重大事件,如家庭成员的出生/死亡、毕业、工作变动、生病、搬迁、意外事故、伤害等。

案例链接 小张的家庭结构图

服务对象是小张。小张的父亲 60 岁,于不久前去世,母亲 59 岁,妹妹 35 岁,一直未婚。小张今年 38 岁,与 40 岁的丈夫离婚,二人育有一女,女儿今年 13 岁,离婚时女儿判给了丈夫。根据小张的家庭情况,她的家庭结构图如图 6-1 所示。

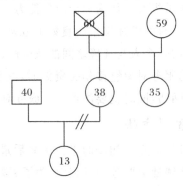

图 6-1 小张的家庭结构图

2. 社会生态系统图

社会生态系统图也简称为生态系统图,它可以用来展示服务对象的社会环境,呈现个人、家庭以及社会系统之间的相互作用与影响,能够有效地将服务对象与外在环境系统的关系通过图形呈现出来。

生态系统图以直观的方式呈现服务对象与这些系统之间的关系,勾勒出系统之间的交流,还可以呈现可使用资源的相关信息。

在绘制生态系统图时,将家庭成员放置在圆圈内,其他主要社会关系放在圆圈外。用实线连接的表示强关系,用虚线连接的表示弱关系,用曲线连接的表示有压力或紧张的关系,带箭头的实线表示资源的流动方向。从生态系统图中,我们可以看出哪些是个人、家庭、群体和社区可运用的资源,哪些资源支持不足或不存在,从而认识个人与其所处社会环境之间的关系,了解可以动用的资源。

案例链接 张强的生态系统图

张强是服务对象。张强的家庭由父亲、母亲、妻子及张强四人组成,张强与父亲、母亲、妻子的关系都很紧密,但是张强的父亲、母亲与张强的妻子关系不紧密,有可能存在一些矛盾。张强目前在家乡当地的一家民营企业工作,在企业中与同事们的关系都比较友好;在社区中,邻里关系比较和谐,还有一些关系密切的老乡也居住在同一社区,社区中还设有社会工作服务机构,经常在社区中开展一些活动。一周前张强突然被检查出身患急性白血病,需要骨髓移植,但是张强一家难以承担巨额的医疗费用,情急之下张强的妻子找到社区的社会工作服务机构,请求帮助。工作者根据张强的基本情况,绘制了生态系统图,见图 6-2。

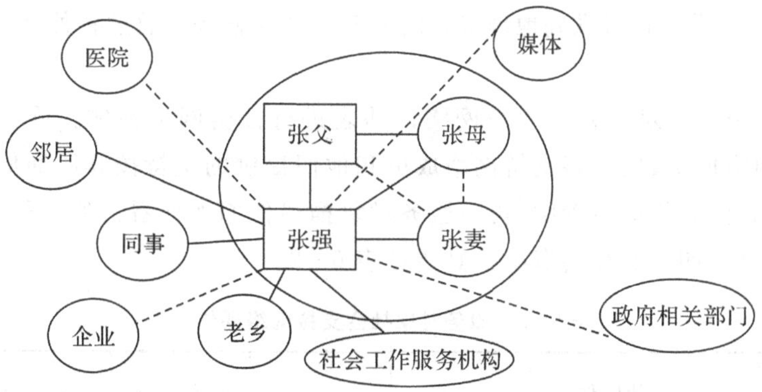

图 6-2 张强的生态系统图

通过图 6-2 可以发现，张强的家庭由父亲、母亲、妻子及张强四人组成，张强与父亲、母亲、妻子的关系都很紧密。张强的父亲、母亲与张强的妻子关系不紧密，有可能存在一些矛盾。张强目前的资源主要有媒体、政府相关部门、社会工作服务机构、老乡、企业、同事、邻居、医院。在张强目前的资源中，与张强关系较为紧密的有社会工作服务机构、老乡、同事、邻居，这些资源可以充分利用，与张强关系比较疏远的有媒体、政府相关部门、企业、医院，这些资源是可以争取使用的。

3.社会网络分析

社会网络在社会服务里泛指社会支持系统，通常指由家庭、朋友、专业人士或其他社会系统提供的帮助、指导和关怀。社会网络是由正式的和非正式的支持系统组成的，正式的支持系统包括社会工作者、医生、律师和其他专业的助人者，而非正式的支持系统包括家庭、朋友、同事、邻居等，见表 6-1。

表 6-1 社会支持网络表

非正式系统	正式系统	
	社会性系统	专业系统
配偶	工作单位	社会工作者
合作者	社团	精神健康工作者
子女	俱乐部	教师
父母	协会组织	律师
兄弟姐妹	工青妇组织	医护人员
朋友	联谊会	营养师
邻居	互助组织	语言治疗师
同学		心理学家
同事		政府公职人员

社会网络分析可以评估和测量服务对象具有的社会支持网络的种类和规模，并从服务对象的角度将其获得支持的性质和数量呈现出来。社会网络被视为社会服务中的一种分析问题

的工具,目的在于帮助工作者准确地理解人们是因何以及怎么样通过各种社会交往而相互作用和影响的。

我们可以使用服务对象社会支持网络评估表进行社会网络预估。首先由服务对象找出他们的支持网络成员;然后将支持网络成员和他们提供的支持按其所回应的具体问题进行分类,填写到表格的相应位置中,再由服务对象描述他们如何看待所获得的这些支持;最后,评估服务对象所拥有的社会资源。具体见表6-2。

表6-2 服务对象社会支持网络评估表

姓名、地址、电话	关系(亲戚、朋友、邻居、同事、专业社工等)	帮助他人的愿望(高、中、低)	助人能力(简略说明)	资源、物资(简略说明)	接触次数(每日、每周、每两周等)	相识时间(1个月、1周、1年等)	关系密切程度(简略说明感情和舒服程度)
1							
2							
3							
4							
5							
6							

拓展阅读 社会服务过程中的基本系统

在大致了解了生态系统理论后,我们也知道了个人所处的生活环境中有许许多多的系统,面对这么多复杂的系统,社会工作者在开展社会服务时需要重点考虑服务对象的哪些系统呢?通过总结归纳,主要有以下四个基本系统是在开展服务时需要去重点考虑、关注的。

1.改变媒介系统

所谓改变媒介系统,是指受雇于公立、志愿、非营利机构、组织或社区中的工作人员或社会工作者,是促使受助者发生改变的媒介,是专业的助人者。他们促使个人完成任务,并使系统应对问题能力提升,促进受助者与资源系统之间开展良性互动,从而达到改变的目的。

2.受助者系统

这是社会服务的对象,即社会服务的直接受益者。受助者系统可以是个人、家庭、小组、团体,也可以是社区、组织。

3.目标系统

目标系统是指为了达到改变受助者系统的目的所需要改变和影响的系统。由于受助者的问题及其解决是与其生活的环境与资源密切相关的,因此在工作中为了达到服务受助者、帮助受助者解决问题、满足其需要的目的,助人者需要与行动系统一起将受助者的生活环境与资源作为目标系统去加以改变与影响。

4. 行动系统

行动系统是指那些与社会工作者一起工作,实现改变目标的人。这是与工作者一起努力,试图实现改变的系统。

本章小结

公益服务是一个人与人之间相互帮助、相互影响的过程,因此公益服务的目标范围比较广泛,服务对象也是多种多样的。在开展公益服务的过程中,面对不同的个人、群体、社区或组织,我们需要运用到各种有关人与社会的知识,这些知识就构成了开展公益服务的知识基础。

本章向大家介绍了优势视角和生态系统理论,强调在服务过程中要用正向的眼光,从系统的角度出发,分析服务对象以及服务对象所面临的问题,帮助服务对象辨识需要、问题、个人优势以及其生命阶段和外在资源之间的关系,以便于沟通交流,从内在能力、环境资源两方面帮助服务对象解决当下问题,实现更好发展。

思考题

1. 什么是系统?什么是生态系统理论?
2. 什么是"人在情境中"?
3. 生态系统理论视角下的评估方法有哪些?

推荐阅读

1. 吕青.社会工作实务[M].上海:华东理工大学出版社,2010.
2. 全国社会工作者职业水平考试教材编委会.社会工作实务(中级)[M].北京:中国社会出版社,2019.
3. 王思斌.社会工作导论[M].2版.北京:北京大学出版社,2011.
4. SALEEBEY D. The strengths perspective in social work practice:Extensions and cautions[J]. Social Work,1996(41):296-305.
5. Dennis Saleebey.优势视角:社会工作实践的新模式[M].杜立婕,袁园,译.上海:华东理工大学出版社,2004.

第七章　帮助个体的服务方法与技巧

在实际开展社会服务的过程中,助人者要根据服务对象的特点、需求和规模选择不同的服务方法。为了在不同情况下选择合适、恰当、最具社会效益的服务方法,每一位助人者都需要清楚地知道不同服务方法的特点和功能。本书第七章和第八章,将分别介绍以个体为服务对象的服务方法和以小群体为服务对象的服务方法。

案例链接　　　　　和妈妈一起帮助转学的孩子①

社会工作者:孩子可能有点抗拒和我沟通。不过没关系,和您聊聊也很好。

服务对象的母亲:是的。他有点怕生人,而且觉得是因为自己学习不好,有问题,您才会来找他。

…………

社会工作者:刚刚听说他在转到这里上学前学习很自觉,可能是因为他特别想来到这里。那您知不知道,他现在有没有什么比较渴望或者想要做的事情呢?

服务对象的母亲:突然问我,我还真不是特别清楚。工作太忙了,也很少听他的想法。

社会工作者:那以后聊天的时候,您可以多问问、多听听孩子的想法。他要是做自己想要做的事情时,可能会更有干劲,也更自觉。就像他想要转到这里一样。

服务对象的母亲:他以前说过他将来要考外国语学校,我妹妹的女儿也想考这个学校,所以我们家经常会聊起这个事情。他听得挺起劲儿。

社会工作者:他经常和您妹妹的女儿一起玩吗?

服务对象的母亲:不经常,我们距离比较远。

社会工作者:阿姨,您觉得怎么样能把他考外国语学校的动力调动起来,就像以前他想要转学到这里一样?

服务对象的母亲:这个我也不知道。现在他能按时完成作业我就很安心了。

社会工作者:那考外国语学校和做作业是不是可以联系起来?

服务对象的母亲:这怎么联系啊?

社会工作者:我觉得外国语学校就是个不错的聊天话题。您可以和他多聊聊想考外国语学校的愿望,和他一起想象一下如果这个愿望实现了,会怎么样。在这个大目标下,您还可以和他一起看看怎么设置一些小计划,比如,这一周都按时完成作业,也可以让他给您念念他喜欢的英文课文。

---

① 改编自童敏.社会工作实务基础:专业服务技巧的综合与运用[M].北京:社会科学文献出版社,2008:208-209.

第一节 帮助个体的三个维度[①]

社会服务的内容虽然丰富,但可以用三个维度来概括:能力建设、心理调适、社会支持。针对服务对象的不同情况,我们可以从不同的维度选择切入点。当然,每个维度都与其他部分息息相关,无论选择从哪个维度介入,服务对象改变的发生和维持,是三个维度整体协调的结果。

一、能力建设

每个人都有自己的能力或者潜能,对它们运用得当就可以更好地抵御风险,解决问题。因此,能力建设在社会服务中尤为重要。如果一项社会服务能够带来服务对象能力的发展,它将具有更持续的影响力。如何开展包含能力建设的服务?助人者需要建立以能力为核心的需求评估理念,同时也要学会使用适当的方法和服务对象一起发掘他们的能力。

无论是专业服务,还是非专业的服务,需求评估是整个服务流程的起始步骤,不可或缺。因为助人者只有了解服务对象的需求,才能够更好地提供帮助。这一基本共识在实践中带来多样的影响。积极影响是它让人们认识到需求评估的重要性,但它也容易形成一种较为固化的思维与工作模式,即"问题导向"助人模式。"问题导向"助人模式的突出特征是以问题的解决为服务目标,依据自己的或者某种通用的标准对服务对象的问题做判断、下定论,并在此基础上寻求"治疗"性的解决办法。它在助人领域有着长久的历史,但日益受到越来越多的反思与质疑。其中最核心的一点,就是这一视角容易让助人者和受助者都忽视个人能力与资源的力量。

将能力视角加入需求评估是一种基于优势视角的理念。这一理念的基本出发点是,以服务对象为中心,去了解、理解他们。要贯彻这一理念,在接触服务对象、了解他们的需求时,可以从四个转换做起。第一个转换是从关注自己的好坏标准,转换到关注服务对象的感受。如何做到这一点?将服务对象看作具有独特观察视角、理解生活的人,不评价服务对象,愿意与他们一起面对生活中的困难和挑战,在感受上回应服务对象。第二个转换是从关注问题,转换到关注"整体的能力"。问题是生活的常态,同时也只是生活的一个部分。生活是一个整体,既包含"有问题"的部分,也包含"没问题"的部分。一个人的优势与能力,蕴含在生活的各个部分。即使是在"有问题"的部分,也既包含问题中的挑战,还包含服务对象努力回应解决问题的能力。因此,我们应当从关注问题,转换到关注"问题"中的能力以及其他方面的能力,并且把这些能力作为一个整体来考察。要发现已有的能力,发掘应当提升的能力。既然问题仅是生活的一个部分,那么就让问题回到它自己的位置上。第三个转换是从关注过去经历问题产生的原因,转换到关注未来能力的调动上。问题视角强调对问题产生原因的分析,但现实中服务对象现在怎样理解过去发生的事情,以及怎样期盼未来是问题解决的关键。例如,父母的忽视和冷漠对孩子的成长有很大的影响,但这些影响必须借助孩子现在对这件事情的记忆和感受方式

[①] 本节主要内容来自童敏.社会工作专业服务的规划与设计[M].北京:社会科学文献出版社,2011.如无直接引用,不再做特别标注。

才能表现出来。孩子怎样记忆和感受过去的经历,意味着"过去"怎样影响孩子。同样,对孩子未来的影响也只有借助孩子期盼未来的方式才可以实现。在本章第一个案例中,社会工作者让孩子的妈妈引导孩子想象,如果上外国语学校的愿望实现了会怎么样。这个建议的原理类似心理咨询领域的"奇迹提问"技术,引导人们往前看,用未来让受助者迈出改变的第一步。第四个转换是从注重修补,转换到强调对资源、能力的运用。在助人的过程中,修补服务对象不足之处是必要的,同时我们也需要和他们一起关注对资源与能力的运用,这就意味着很多改变的努力要从现有的条件出发,例如陪伴服务对象从能做的开始,不要求服务对象做出脱离实际的改变等。

在需求评估的基础上,我们还需要和服务对象一起分析其处境,使用适当的方法,和服务对象一起发掘其能力,从而确定改变的方向与方法。要实现这个目标,有很多服务策略。

1. 对话问题

问题也是有功效的,它迫使服务对象面对平时不愿意面对的东西。在面对问题的时候,服务对象会反思自己的生活状况,调整自己的行为方式,所以解决问题是服务对象能力发展的重要契机。对话问题,就是换一个视角看待问题,不停留在问题的"解决层面",在寻找解决"问题"的过程中提升自己的能力。

换一个视角看问题,还有一个含义,就是在自己与周围环境的互动交流中理解自己面对的问题。正如第六章中讨论的,人们的很多问题都来自与环境的互动不畅。我们可以帮助服务对象,将自己的感受与外部环境的要求连接在一起。如果服务对象将"问题"产生的原因简单地归结为外部(例如认为他人要为事情负责)或是内部原因(认为自己要为事情负责),需要引导他们拉进或推远问题,在自己与他人的互动中寻找问题产生的原因。

2. 寻找成功经验

每个人都会遇到问题,但问题成为真正的困扰,通常有一个过程:人们逐渐感觉到自己没有办法有效处理它们。在这个过程中,每个人都会积累一些解决问题的经验,这些经验中有些是可以继续被使用的。我们可以引导服务对象,去寻找解决问题过程中的经验,探讨能否在未来继续使用它们来应对问题。这种回顾与寻找,也能给服务对象增加改变的信心和决心。

3. 关注改变

改变不是一蹴而就的,如果能感受到问题持续改变、能力逐渐提升的过程,就可以增强人们改变的信心。我们可以引导服务对象把目前的状况与过去的状况进行对比,把目前的生活状况与未来理想的生活状况进行对比,在对目前状况的评估中发现自己的改变,增加信心。

4. 利用优势的能力

在服务对象的生活中,总可以找到令他轻松愉快、满意的地方,这就是生活中的优势。有效利用这些优势,可以改善服务对象的整个生活状态。我们可以引导服务对象建立明确的目标,在现有条件下运用自己的优势,实现目标,也可以从兴趣爱好中发现能力。了解兴趣爱好,是了解服务对象能力的一个很重要的方面,也是启动服务对象改变的重要着手点。但需要注意的是,如果目标仅仅集中在兴趣爱好上,对推动服务对象改变的益处并不大。寻找兴趣爱好的目的,是希望把它延伸到服务对象的其他方面。

5.发掘安排日常生活的能力

日常生活看似简单重复,却是每个人生活的重要内容。"问题"严重时往往会影响到这个层面。因此,首先要有预防性的视角,始终关注日常生活安排的领域。同时,对于有些没有突出问题,也没有突出优势的服务对象,这种方法也是一个服务的介入点。例如,可以从作息安排(睡眠、饮食、日常压力调节)出发调整被"问题"打乱了的生活。

6.培养平衡积极进取和包容限制的能力

"积极进取是指服务对象在面对日常生活的挑战时积极改进自己不足的部分。包容限制是指服务对象在面对日常生活挑战时积极接纳自己生活中的限制。显然,对于自己限制的接纳和对于自己不足的改进这两个方面是紧密相连的。"[1]过于倾向任何一方,都容易让生活失去平衡。但是我们常常只把积极进取的一面看作能力。因此,引导服务对象在一定的日常生活处境下,去平衡积极进取和包容限制,也是开展能力建设的一个策略。

二、心理调适

在能力建设之外,还需要运用恰当的方法去影响服务对象,帮助他们充分发展、发挥自己的能力,这就是社会服务的第二个重要维度——心理调适。

在心理治疗领域,心理调适的焦点经历了从无意识到意识,再转向意义和价值的过程。心理治疗的焦点最早集中在服务对象的无意识上。西格蒙德·弗洛伊德(Sigmund Freud)认为,决定人们心理和行为的最关键因素不是人们自己意识到的内容,而是深藏于意识背后的因素。在此基础上,精神分析学派把心理调适的重点放在了内部心理中的无意识部分。埃里克·埃里克森虽然也属于精神分析学派,但是他较关注意识的作用。认知学派则直接把意识视为心理调适的核心部分。在人本主义和存在主义的影响下,心理调适的核心在20世纪40—50年代开始转向个人的意义和价值。例如,卡尔·罗杰斯(Carl Rogers)坚信人有自我实现的倾向,罗洛·梅(Rollo May)强调人的存在感和生命力。20世纪60—70年代兴起的超个人心理学(Transpersonal Psychology)改变了把心理因素只限制在个人内部的传统观点,主张"对自我的超越以及与周围环境和他人的连接"[2]。在心理治疗理论发展的基础上,可以把服务对象的内部心理因素划分为三个层次:信仰价值、意识和无意识(见图7-1)[3]。这三个层面是一个整体,通过行动与外部环境关联起来。行动是服务对象带动内部心理与外部环境互动交流的关键,要把行动放在心理调适的主导位置[4]。

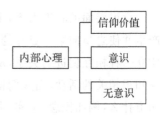

图7-1 内部心理因素

---

[1] 童敏.社会工作专业服务的规划与设计[M].北京:社会科学文献出版社,2011:101.
[2] 童敏.社会工作专业服务的规划与设计[M].北京:社会科学文献出版社,2011:126.
[3] 童敏.社会工作专业服务的规划与设计[M].北京:社会科学文献出版社,2011:127.
[4] 童敏.社会工作专业服务的规划与设计[M].北京:社会科学文献出版社,2011:128.

1. 信仰价值层面

信仰价值层面的心理内容主要涉及信仰、价值、意义等。在这一层面，人本主义心理学给了我们很多启示。人本主义治疗法看重个体自我实现的内在潜能，治疗的基本出发点就是通过促进人们的自我知觉和自我接受，减少阻碍其自然成长的内在冲突。据此，信仰价值层面影响服务对象的基本方向是促进其自我知觉和自我接受能力的提高。为了实现上述目标，可以通过肯定发展的愿望、强化改变的意愿等方法影响服务对象这一层面的心理内容。特别需要强调三点。第一，要肯定强化的是与能力发展相关的愿望。例如，一个家庭贫困的孩子非常想要一双名牌球鞋，这可能会让想要帮助他的人不知如何处理：如果寻找资源满足他的物质需求，在将来也许他还会有新的物质需求，这会不会培养孩子对于社会爱心不正确的依赖性？这时，我们可以询问儿童为什么想要名牌球鞋，也许背后的原因是他希望在同学面前"有面子"。所以名牌球鞋的背后其实是自尊的需求。那么，我们更应该致力于做的不是去给他名牌球鞋，而是一起探索建立"高自尊"的方法。第二，我们要引导服务对象区分希望和要求。"所谓希望，是对自己未来生活的盼望，它同时包含着对周围环境或者他人不同状况的包容。所谓要求，是对自己未来生活的控制，它有意或者无意地掩盖周围环境或者他人的不同状况。"[1]也就是说，当我们说"我要求……"的时候，倾向于忽略客观环境对自己愿望的限制，把自己的愿望强加给周围的环境。在与服务对象讨论愿望时，我们可以特别关注他们对于"应该""必须""一定"这类词语的使用，并引导他们去区分希望与要求，在客观环境的限制中去思考自己的愿望。第三，积极倾听（Active Listening）是实现上述目标的一个有效技术。积极倾听是指"回应、重申和澄清一个人所表达的内容（言语的和非言语的）以及了解他所表达的情感"。人本主义心理学家卡尔·罗杰斯认为治疗者最重要的贡献是接受和理解来访者，因此他特别强调积极倾听的重要性[2]。

2. 意识层面

意识层面的心理内容，主要包括动机、认知和行动等。动机（Motivation）是一种激发行为产生并使之指向某一目标的需要或欲望[3]。可以引导服务对象将动机与周围环境联系起来，建立一种相互促进的关系，从而强化那些有利于积极改变的动机。认知（Cognition）涉及所有与知识相关的活动，当人们使用这个概念时，既包括内容，也包括过程。认知的内容是指人们知道什么，例如概念、事实、命题、规则和记忆。认知过程是指人们如何操纵这些心智内容去解释周围世界，并解决生活中的问题[4]。认知疗法（Cognitive Therapy）假设，我们的思维会影响情绪情感，在事件和反应之间的是思维[5]。因此，认知疗法的基本思路是：通过改变人们对于其生活经历的思维方式，改变他们有问题的情感和行为[6]。认知疗法可以是非常简单的，例

---

[1] 童敏. 社会工作专业服务的规划与设计[M]. 北京：社会科学文献出版社，2011：140.
[2] 迈尔斯. 迈尔斯心理学[M]. 黄希庭，等译. 北京：人民邮电出版社，2011：585.
[3] 迈尔斯. 迈尔斯心理学[M]. 黄希庭，等译. 北京：人民邮电出版社，2011：411.
[4] 格里格，津巴多. 心理学与生活[M]. 王垒，等译. 19版. 北京：人民邮电出版社，2016：225.
[5] 迈尔斯. 迈尔斯心理学[M]. 黄希庭，等译. 北京：人民邮电出版社，2011：589.
[6] 格里格，津巴多. 心理学与生活[M]. 王垒，等译. 19版. 北京：人民邮电出版社，2016：519.

如对自己说一些积极鼓励的话,也可以是引导性提问。在助人的活动中,认知主要涉及服务对象对于问题产生与维持原因的认知。当服务对象对处境认识不清时,可以采用差异性提问等方法引导他们澄清认知。"所谓差异性提问,是指对两种或者两种以上不同事件或者任务进行比较的提问,以便寻找影响事件或者任务的具体因素。它所依据的理由是,人们获得信息的方式不是直接对某个事件进行分析,而是比较不同的事件,是一种差异性信息处理的方式。"① 例如,面对厌学的高中生,可以通过询问小学、初中、高中不同阶段他对学习的态度、成绩等,引导他发现影响厌学情绪的主要事件。认知行为疗法(Cognitive-behavior Therapy)将改变错误信念和强化塑造行为两种方法结合了起来。认知行为疗法的基本假设是:告诉自己你能成为什么样的人,你就会成为那样的人;你认为自己最应该做什么,你就会那样去做。据此,这种方法已经被成功用于治疗各种障碍。例如,训练强迫症患者意识到自己的冲动,并用其他活动替代冲动所产生的行为。通过这样的持续训练,大多数患者的症状会消失②。

3. 无意识层面

这里的无意识层面,"不是指意识底层的个人心理的部分,而是指与意识、信仰价值混合在一起并在人际互动的交往过程中表现出来的某种心理状态"③。在助人活动中,我们主要关注的相关心理内容有情绪、情感、习惯、情结等。情绪是人们回应周围环境要求的基本方式之一。情绪影响着个人行为,进而影响个人与环境的互动,对人们的生活起着非常重要的作用。从能力的视角来看,情绪表达方式可帮助我们了解服务对象的情绪管理能力,即情绪认知、情绪控制、情绪表达等方面的能力。关注情绪,可以引导服务对象了解自己是否需要提高情绪管理能力。还可以关注服务对象的感觉,用他们喜欢的方式去和他们交流,也可鼓励他们用自己喜欢的方式去与周围环境交流。例如,很多儿童都喜欢做游戏、绘画和听故事,这些也就成为为儿童提供帮助时可以采用的方式。此外,人的行为习惯和情结也是无意识的重要内容,深藏在人们的日常生活方式中,并且往往与人们的重要经历密切相关。尽管作为志愿者,我们也许没有充足的空间去了解服务对象方面的心理内容,但是我们还是需要具备这样的意识:"包容服务对象的习惯和情结,并在此基础上发展新的互动交流方式,通过新的互动交流方式带动服务对象对行为习惯和情结的调整。"④

我们介绍了三个层面心理调适的具体方法。其实,心理活动是一个以行动为中心的整体过程,行动是心理活动的整合性表达,同时又在社会环境中延伸出与行动相关的关系。因此,心理调适有一些整体性的原则:①以行动为中心的原则,用行动引领心理层面调整;②行动是"关系中的行动",我们要将互动作为促进个人发展的核心;③感受是人与人之间连接的焦点,情绪情感的唤起是人与人交往过程中的重要内容,从感受着手关注人与人的联结,将让助人工作更加有效。

---

① 童敏.社会工作专业服务的规划与设计[M].北京:社会科学文献出版社,2011:147.
② 迈尔斯.迈尔斯心理学[M].黄希庭,等译.北京:人民邮电出版社,2011:590.
③ 童敏.社会工作专业服务的规划与设计[M].北京:社会科学文献出版社,2011:154.
④ 童敏.社会工作专业服务的规划与设计[M].北京:社会科学文献出版社,2011:159.

三、社会支持

尽管我们关注的是服务对象,但不能忽略服务对象有许多与其相联系的周围他人。如果服务对象与周围他人建立共生发展、相互支持的社会关系,这种关系将会成为他的一种"优势"与"能力"。这种关系可以帮助他更好地面对问题,也是保证他发生改变的重要资源。那么,我们应该如何影响社会支持关系去维持服务效果呢?

1.将交流互动作为社会支持关系介入的出发点

社会支持是由社区、社会网络、亲密伙伴所提供的感知的和实际的工具性或表达性支持。工具性支持包括引导、协助、有形支持与解决问题的行动等,表达性支持包括心理支持、情绪支持、自尊支持、情感支持、认可等。社会支持可以由正式支持网络提供,如福利体系与社会组织,也可以由非正式支持网络提供,如亲属、朋友、邻里。这里主要讨论非正式支持网络中的社会支持关系。助人者可以从交流互动着手,促进服务对象与周围他人建立相互促进、相互支持的关系。交流互动是社会支持的基础。所谓社会互动,就是"个人与个人、个人与群体、群体与群体之间通过信息的传播而发生的相互依赖性的社会交往活动"[①]。社会互动以信息传播为基础,信息是互动沟通的纽带。良好的社会关系必然建立在良好的社会互动基础上,因此对社会支持关系的介入要以互动交流作为基本出发点。

2.以建立共生发展的社会支持关系为目标

"共生发展"是指要将服务对象与周围他人都看作有需求的生命个体,而不是只关注服务对象的发展需求。要引导服务对象与周围他人一起改变,相互促进。只有这样,服务对象的改变才能够得到真正维持。掌握几个要点,可以帮助我们更好地实现这一目标。

服务介入对象的选择方面,可以从愿意合作的人着手,而不一定必须从服务对象着手。在本章开篇案例中,社会工作者试图从服务对象的母亲入手开展服务,还试图去了解服务对象的表妹是否能够给予服务对象支持,采用的就是这样一种服务策略。将服务目标聚焦于调动服务对象与相关他人的能力上,让他们建立一种相互支持的关系,例如学生主动向老师提问,是一种主动获取社会支持的能力。老师以恰当的方式回应学生,是一种提供社会支持的能力。父母与子女之间积极的沟通方式,是一种亲子沟通的能力。这些都有利于共生发展社会支持关系的建立与维持。在服务启动时,我们也可以从容易做的切入。例如在本章开篇案例中,社会工作者一直帮助服务对象的母亲寻找服务对象比较容易做的事情。总体来讲,社会支持关系是包含多主体的网络化存在,服务对象的改变不是直线的过程,而是在与周围他人的相互影响过程中逐渐展开的。相应地,服务策略也是循环式的。在服务启动时,我们可以从微小的改变开始。很多时候,人们尽管非常了解自己的需要、目标,以及应该做什么去实现目标,但是总是因为各种原因犹豫不决,无法采取有效的行动。这时可以鼓励他们从微小的改变做起,改变越微小,越容易启动,也越容易在现有的生活基

---

① 郑杭生.社会学概论新修[M].3版.北京:中国人民大学出版社,2003:124.

础上发展起来。在本章开篇案例中,社会工作者就引导服务对象的母亲从检查作业的次数这样一个微小的改变做起。在微小改变的基础上,可以借助服务对象与周围他人的循环互动关系,让微小改变转变成服务对象更大的改变。

3. 注重对服务对象已有社会支持的扩展

大部分情况下,我们需要做的是调整服务对象已有的社会支持关系,包括巩固和发展已有的社会支持关系。例如,当服务对象与周围他人,或者周围他人之间出现矛盾冲突时,可以就冲突的主题,在让双方充分表达和倾听的过程中,一起寻找共同认可的基点,从这些共同点出发设计具体的行动计划。例如,面对一名厌学中学生的家长时,可能发现其父母在教育理念上有差异。可以邀请其父母面对面讲讲自己平时的教育方法,让双方充分交流,帮助他们整理、确定其在育儿方面、孩子学习方面的共同认可的基础,并探讨进一步改变的计划。有时候,冲突双方并不平等,一方可能缺乏表达自己意愿的机会,可以适当介入,拓展弱势一方的发展空间,平衡冲突双方的发展要求。

第二节 人际沟通的基本技巧

助人的活动离不开与人的沟通,因此,掌握人际沟通的技巧是开展公益服务的重要前提条件。

一、人际沟通的含义

结合国内外学者的观点,我们可以从以下几点来理解沟通的含义。①沟通是一种双向信息反馈的过程,不断循环往复。沟通所传递的内容包括知识信息和价值信息。知识信息是人们总结前人文化遗产及个人生活经验得来的,它包含某种理论、资料、数据、消息等。价值信息是指人的某种价值信念、道德准则、人生态度及对科学知识的理解。②沟通以符号为载体传播信息。如人们通过文字、手势、表情、语言、对时间的控制、对空间的把握等方式将自己想传递的信息表达出来,并使对方了解信息的含义。③沟通过程中不可避免地会损失信息。信息沟通会受到许多来自社会空间中各种因素的干扰,例如信息发出者有可能未将自己所要表达的信息完整准确地传递出来,同时信息接收者有可能不能完整准确地理解信息,因此任何信息沟通都不可能取得完美的效果。④沟通是创造意义的过程。任何沟通都是在具体的情景中进行并实现的,除双方当事人彼此给予的信息内容之外,当时的情景及互动也会创造意义。⑤沟通可以有不同的形式或种类。可以分为口头语言沟通(如面谈、电话)、文字沟通(如信件、公文),也可以分为一对一的个别沟通和多人参与的沟通。

二、提升人际沟通能力的方法

如何进行良好的人际沟通?人际沟通的目的是分享感受、获取信息、寻求帮助、说服他人等。因此,良好的沟通效果应该是:信息接收者听到或看到信息、了解信息的意思,并同意信息的内容,以积极的心理状态与信息传播者合作。以此为目标,我们可以从三个方面做出努力。

1. 树立尊重理念

尊重是一种可以培养的品格，在人际交往中，我们可以从三个方面培养这种品格。首先，尊重对方的应有权利，将对方视为独立、有价值、有尊严的个体。其次，接纳对方，包括他的优点和不足。当然，接纳并不等于认同，接纳是指不将自身的标准或观点强加于对方。再次，用恰当的方式表达对他人的关注与关怀，令对方感受到温暖。

2. 培养同感能力

同感是指感受他人的感受，强调主体动用自己心理的情感区域去感受对方的情感和情绪。当一个人体会到他人能够明白自己的内心体验和感受时，心中便会生出对对方的感激、信任和友好之情。

同感能力的培养可以从两个方面做出努力。一方面培养自己的感受能力。在日常生活中，我们可以保持敏感的状态，主动观察、关注和关怀他人，善于发现和体会人们的心理变化和细微差别。另一方面，我们也需要提高表达同感的能力，即巧妙地运用有声语言和身体语言，真切、及时、全面地表达自己对对方情感和情绪的了解。

3. 训练沟通技巧

沟通双方运用符号的能力和艺术是取得良好沟通效果的关键。

(1) 如何更好地运用语言符号？通常我们可以把语言符号理解为说的话和写的字等，最主要的是口头语言的艺术。我们培养自身口语能力可以从以下几个方面做出努力。一是把话说得悦耳。可以进行基础的发声练习，注意语音、语调、语速的训练。二是把话说得清楚。沟通必须让人明白所要传达信息的意思，这就要求沟通者思维有条理、吐字清晰，把意思说明白。三是把话说得准确。需要完整地表达句意，用词尽量科学准确。四是把话说得恰当。说话必须注意针对具体对象及场合，明确特定场景下自己的身份，把握好时间和机会。五是把话说得巧妙。这一点需要长期积累与磨炼。例如，要开启对自己有利又令对方愉悦的话题，一般的原则是寻找对方感兴趣的谈话区域和自己的有知区域，避开对方忌讳的区域和自己的无知区域。再如，谈话中的转移话题也是沟通的关键环节，如果经常突然地、频繁地转移话题，会令对方不愉快，甚至反感生厌。一般来说，转移话题有三种正确的方法：总结性地转移话题，选择一句承上启下的话，巧妙自然地过渡到另一个话题。询问的艺术也非常重要，询问不可生硬、过急，开放式提问会让我们得到更多的信息。

(2) 如何更好地运用身体符号？身体符号是指能够传递信息的人的眼神、面部表情、身体的姿势、动作及仪表等。在人面对面的信息沟通中，大约有65％的社会意义是通过身体符号传递的。人们可以通过恰当的身体符号向沟通对象表达自己对对方的尊重、接纳、关心，更可以通过细心观察对方的身体符号解读其内心世界。身体符号的运用应该把握明意、自然、个性、美感等原则。明意是指身体语言的运用一定要语意明确，既要清楚传达信息，又要把握自然、个性、美感等原则。

(3) 如何更好地运用环境符号？环境符号是指能够传递信息的时间和空间因素。如与人约会姗姗来迟，传递出的信号是时间观念不强、不重视，会引起对方失落、不信任等情绪。再者，在交往沟通中，人们常犯的错误有抢话、缺乏耐心等。另外，环境符号还包括人与人之间的距离、位置、沟通的气氛等因素。一般而言,人与人之间相隔 0~15 厘米是亲密距离,通常是夫妻、情侣或亲子关系的人之间会有这样的接触;15 厘米以上至 75 厘米是个人距离,代表着亲切友好;75 厘米以上至 215 厘米是社交距离,代表着严肃而正式;215 厘米以上是大众距离,表明彼此之间没有心理的联系。同时,因文化习俗的不同,人与人之间的距离也会有所差异,通常而言,边角位置适合亲切交谈,面对面的位置适合特别熟悉的朋友进行交谈。环境中的光线和气味也会影响沟通效果,柔和的灯光、淡淡的芳香会放松人的心情,增进友好的气氛。

三、治疗性沟通

治疗性沟通是以使服务对象受益为目的的沟通。助人活动中的很多沟通属于治疗性沟通。在这种沟通中,会谈的焦点是服务对象,关注的是服务对象的需要或服务对象的问题,而不是助人者的需要或问题。因此,治疗性沟通与日常沟通的双向性相比,更具有单向性的特点,包含着对服务对象产生影响的目的。有一些技巧在治疗性沟通中尤为重要[1]。

1. 注意

注意是指助人者在生理、心理上与服务对象共处的情形。在许多生活事件中,人们喜欢被关注,讨厌被忽视。有效的注意可以告诉服务对象助人者与他在一起,且做好了认真倾听的准备。这种愿意陪伴的表现能鼓励服务对象相信助人者,对他敞开心扉,袒露他们的心声。展示这种"注意"的技巧包括面对服务对象、采取开放的姿势、上身前倾、保持良好的目光接触、放松等。上身前倾提示"我与你在一起,我对你及你的谈话感兴趣"。上身后仰则表示"我烦了"。保持良好的目光接触就像是在说"我与你在一起,我想听你所说的"。保持良好的目光接触不同于瞪着别人。偶尔移开目光是不违反原则的,但是如果经常转移目光,会让人觉得不愿意参与谈话,或表示自己不舒服。

2. 倾听

倾听看起来很容易做到,实际上却很难。因为人们寻求的专注、倾听不是别人对他们讲述内容的简单重复,而是希望倾听者能够有心理、社会、情感上的反应。要做到主动倾听,可以把握这样几个要点:观察、读出对方的非语言行为——姿势、面部表情、动作、音调等;理解对方的语言信息;努力听出上下文、背景性的信息;努力听出矛盾、分歧、不协调的地方。

即便人们沉默地坐在一起,空气里也弥漫着信息。研究表明,人们如何察觉对方是喜欢他还是讨厌他,7%靠真实的语言,38%靠声音,55%靠面部表情,如果面部表情与说出的语句不相配,人们更相信表情。因此有效的助人者要学会如何理解别人的体语(如姿势、身体运动、手势)、面部表情(如微笑、皱眉、抬眉毛、缩唇)、声音(如音调、音量、变调、停顿)、可观察到的生理反应(如呼吸加快、脸红)、生理特征(如身高、体重、肤色)和一般表现(如着装、修饰)。

听对方对其经历、行为、情感的描述,理解对方的语言信息是主动倾听的又一个方面。助人者要不断地问自己:"对方的主要信息是什么?""接踵而来的是什么?""对方的观点是什么?""什么对对方最重要?""对方想让我明白什么?"人们所传达的内容往往要多于语言和非语言信

---

[1] 李峥.治疗性沟通交流[J].继续医学教育,2007(28):43-46.

息的总和。每个人受到居住、生活环境的影响,讲话的内容会带有一定的社会、经济、文化背景。听出对方谈话的来龙去脉很重要,就像人们常说的听话听音,响鼓不用重槌,主动倾听要能理解对方讲话中暗含的意思。主动倾听还要能察觉分歧、差异、歪曲和不协调的地方。

3. 同理

同理是指助人者能够设身处地地体会服务对象的内心感受,理解服务对象的想法和要求,并且把自己对对方经历、行为、感觉的理解"翻译"成为一种反应,借助这种反应与对方分享自己的理解。交流技巧往往被分为三个层面:有洞察力,即能准确感知;知道如何,即能意识到需要做什么样的反应;十分自信、肯定地做出正确的反应。按照这一分类,同理属于第三个层面。

要达到同理的目标,助人者要在交流倾听中,关注"这些情感、经历、行为的表达是要说明什么主要信息""什么是对方最想说给我的"。一旦我们察觉并发现了关键的信息,可以用"你觉得……因为……"这样的语句给予回应,例如:"你觉得你不高兴是因为你这么努力还没有达到预期目标,对吗?"运用同理,助人者可以和服务对象建立融洽的关系,核查自己对对方理解的深度和准确度,给对方提供支持,也可以让自己少提无关的问题,少提不成熟的建议,为进一步的助人过程铺平道路。为了促进同理,助人者应该给自己充足的时间思考,使用简短的反应,并使自己的反应适合对方的情况。

4. 探究

探究是帮助对方清楚地表达自己所思所想的一种语言策略。多数情况下,当服务对象向助人者展示自我的时候,同理是助人者最基本的反应,同时助人者也应该鼓励和帮助服务对象探究他所关心的事,特别是在服务对象不能自主表达的时候。这时就可以使用促进探究的一些技巧了。探究可以用于助人过程的每一个步骤。

提问可以帮助对方说得更多、更自由、更确切。提问要讲究以下原则。第一,不要提太多问题,否则对方会觉得受到盘问,不利于帮助关系的建立。第二,问题要服务于目的,不要随意地、无目的地提问。问题要与对方有关,提问要促进对方思考。第三,开放性问题可以使对方谈及特别的经历、行为、情感。第四,在提问时,一定要以对方为中心,问题的焦点是对方和对方的兴趣,不是助人者的理论。要做到这一点,创造性的方法就是让对方对自己提问,例如:"如果现在你问你自己一个问题,会是什么呢?"当然,探究也可以用陈述句、祈使句,例如:"我能看出你很生气,我知道一些原因,也许你愿意讲给我听。"有时,探究不一定是一句完整的问话或陈述,可以是一个字或短语,帮助对方集中注意力进行讨论,例如:"我和我丈夫关系还不错,尽管我不完全满意。""不完全?""是的,我应该说不满意,因为……"即便是以"是""我明白""噢""啊""哦"等作为反应也一样有帮助。有时肢体语言也可以鼓励探究行为,例如受助者说"我不知道该怎么对你说,我从来没告诉过任何人",助人者不说话但保持目光接触,身体稍微向前倾,也表达了对受助者进一步表达清楚的鼓励。可将探究与同理结合起来使用,用探究可以增加对方表达的积极性,同理反应则可以鼓励进一步的探讨。

治疗性沟通技巧不仅包括注意、倾听、同理和探究,还有挑战的技巧等。但是助人者需要牢记,好的沟通技巧不等同于好的帮助,过分强调沟通技巧会使帮助停留于谈,而不是做。沟通技巧是重要的,但必须服务于助人的过程。

本章小结

社会服务可以从三个维度选择切入点:能力建设、心理调适、社会支持。每个维度都与其他部分息息相关,无论选择从哪个维度介入,服务对象改变的发生和维持,都是三个维度整体协调的结果。

助人者在与服务对象进行沟通时,要做到分享感受、获取信息、提供帮助、说服他人等,从而达到传递和获得消息、改善人际关系等效果。在工作中,助人者还需要掌握治疗性沟通的技巧,在沟通中,主动倾听服务对象的内心感受,建立互相信任的关系,站在服务对象的角度进行沟通,更好地帮助服务对象增进自我认识和自我控制。

思考题

1. 在帮助个体的过程中,如何进行能力的发掘?
2. 如何提升人际沟通的能力?
3. 什么是社会支持?为什么社会支持的建立和扩展在助人过程中很重要?

推荐阅读

1. 许莉娅.个案工作[M].北京:高等教育出版社,2013.
2. 童敏.社会工作专业服务的规划与设计[M].北京:社会科学文献出版社,2011.

第八章 帮助小群体的服务方法与技巧

归依群体是人的本性,人们在群体中生活,在与他人和群体互动中发展自我。无论是在家庭、学校、社区,还是在单位,每个人都参与着群体活动并在其中与他人产生互动,这种互动可以带来经验、发挥潜能,达到改变的目的。个人作为社会群体行为和活动的一部分,群体所处的环境、群体中他人的行为以及与此相连的许多因素都直接影响着个体的行为。因此,社会服务离不开群体视角,通过群体行为来了解和改变个体行为是开展助人活动的重要手段。在社会工作领域,建立小组和发展社区是以群体为服务对象开展的两种服务类型。本章将重点介绍建立小组的服务方法,从理论基础和实践技巧两个方面讲解助人者如何通过群体服务创造和实现对服务对象的改变。

第一节 小组和小组工作

群体伴随着一个人的生活,家庭、学习群体、工作群体都是我们日常生活中不可或缺的互动群体。在社会工作领域,群体被称为小组,通常是指由小组工作者带领的、存在两个以上具有共同需求或问题成员的互动性团体。在小组中,小组工作者可以发挥和利用成员之间的相互影响,引导成员相互支持,依靠群体力量解决个体或群体所面临的问题,促进其共同发展。小组工作者所运用的方法,就是小组工作方法,简称小组工作。

小组工作(Group Work)是社会工作的工作方法之一,是指在小组工作者的带领下,通过组员间的相互支持、充分互动和分享,激发组员的能力和潜力,改善组员的态度、行为,提升他们的社会功能性,解决个人、群体、社区和社会问题,促进个人、小组和社区的成长与发展,实现社会和谐、公平、公正发展。依据小组工作者开展小组的目标,小组工作可以被划分为四种常见的类型,分别为:①以帮助服务对象学习和掌握新知识和技能为目标的教育小组;②以帮助服务对象认识自我和发挥潜能为目标的成长小组;③以帮助服务对象建立关系和获得支持为目标的支持小组;④以帮助服务对象适应环境和修正行为为目标的治疗小组。

本书第七章,我们介绍了针对服务个体的服务方法与技巧,第九章将介绍针对更大规模群体(社区)的服务方法与技巧,它们分别对应社会工作专业方法中的个案方法和社区方法。那么,与个案方法、社区方法相比,小组工作方法具有哪些特点?小组工作方法的特点可以概括为四个方面。①小组组员问题的共同性或相似性。小组是两个以上且具有共同或相似社会问题的成员在一起开展互动性活动的团体,因此在小组活动开展过程中,组员对小组的认同感、组员之间的相互依存和影响会促成特定的小组文化和社会关系氛围。②强调小组组员的民主参与。小组工作者在引导小组的同时不断深化小组内的平等意识和民主参与精神,注重组员现实价值和潜在价值的发挥和自我改变与成长。③运用小组治疗性因素。小组工作者通过创建与改变小组,创造并尽力维持小组中的治疗性因素(如植入希望、普遍性、资讯和建议的告知、利他主义、接纳等),再通过这些治疗性因素发挥作用促进个体的改变与成长。④注重团体的动力。作为一个临时性的社会团体,小组存在的价值在于组员问题的共同性或相似性,以及组员对解决问题的内在需求。小组工作者通过领导组员产生互动行为、引起组员改变、完成任务和发展小组,建立团结、互助与合作的关系,创造小组在解决问题中的发展动力,发现和解决问题。以上特点不仅帮助我们区分了小组工作与其他工作方法,还决定了小组工作特有的功能。小组工作作为开展群体服务的专业方法,在具体实践过程中,对个体和社会发挥着不同于个案工作的功能意义。这些功能源于群体,惠及群体。

小组工作方法有四个方面的主要功能。①塑造小组组员的平等意识和共同体意识。在小组工作过程中,小组工作者通过主导小组组员的平等意识和主人翁意识,在塑造平等的基础上实现小组组员对自我价值的肯定和彼此之间的认同,从而对小组产生归属感和认同感。②提供小组组员自我改变及"被肯定"的社会场景。小组在某种程度上是真实世界的缩影,当组员的任何新改变和提升都被大家接受、肯定和分享时,就会激发出他们对适应外在真实社区、现实社会的信心,推动他们以同理心的态度去理解现实的社区和社会,进而有助于他们融入社区和社会。③创造相互帮助、共同成长的学习机会。帮助和被帮助的体验可以在小组中实现,小组组员能够通过真诚地回应其他组员的成长,表达对他人的接纳和肯定而收获帮助和被帮助的体验,从而实现组员相互学习、相互帮助、共同成长的目标。④打造增能的社会支持网络。对于当前缺乏社会支持,对生活产生无助、无力和悲观感的组员来说,小组能够赋予其平等意识和社区归属感、被肯定的社会场景以及相互帮助、共同成长的学习机会。

小组工作创立以来,学者们从理论和实践层面多方探索,形成了属于小组工作的特有工作模式。这些模式随着时代变迁和新理论的涌现变得多样化和专业化,形成了不同工作目标、实施原则和方式方法的多种整合性框架。在小组工作实践过程中,不同类型的小组或社区往往采用特定的工作模式,也可采用某一模式为主、以其他模式为辅的形式开展群体服务。常用的小组工作模式主要有以下四种:社会目标模式、治疗模式、互动模式以及发展模式。本书重点介绍互动模式和发展模式,这两种模式在志愿服务中的使用范围最广。

(一)互动模式

互动模式亦称交互模式、互惠模式,是基于人与环境和人与人之间的关系而建立的一种小组模式,旨在通过组员之间、组员与小组及社会环境之间、小组与社会环境之间的互动关系,促使组员在小组这个共同体的相互依存中得到成长,提升其发展能力。互动模式下的小组工作,焦点在于互动关系及其效果。互动模式是公益服务的重要模式,指导大部分服务项目,这源于其实践原则的两个特点。

首先,互动模式下的小组工作没有固定的服务群体,其服务对象可以是青少年群体、老年人群体、残障人士群体、学生群体、白领阶层、进城务工人员等,任何有需要的人都可以成为互动模式下小组的服务对象。其次,互动模式下没有治疗目标,没有政治和社会发展方案,有的是彼此之间的会心、约定和人际关系的和谐。小组工作者应该使小组组员通过互相帮助而完成特定的任务,并使他们借助这种经验更加适应社会。此模式下,小组工作者的角色是小组组员之间、小组与社会之间的协调者。小组工作者不直接控制小组,而是提供信息,引导小组自主发展,帮助组员协商以使问题迅速解决。

拓展阅读　　　　　　　互动模式的理论基础

互动模式受系统理论和场域理论的影响最为深远,主要关注子系统(组员)和整体系统(小组环境和社会环境)的关系,以及小组成员彼此的沟通和互动。互动模式的前提假设是:①个人与个人之间、个人与社会系统之间存在相互依赖的关系;②小组是个人恢复与发展社会功能的有效场所;③小组工作者通过组织小组活动及组员之间的互动,发掘组员的自身潜能,增强他们社会交往与社会生活的信心、知识和能力。

开展互动模式下的小组工作有一些基本的原则。①开放性的互动。互动模式下的小组目标是促使组员之间、组员与小组和社会系统之间实现开放,并实现良性的互动。应该运用催化、刺激、示范、提供咨询、反应、质疑与开放讨论等方法和技巧,来促进小组互动频率的加快和小组互动质量的提高。因此,小组的目标焦点既在个人,也在环境,更在个人、小组、环境等之间的开放和互动。②平等性的互动。互动模式要求组员在小组中通过与其他组员的沟通、理解、互动达成共识,共同实现小组的目标并由此获得个人的发展。该模式强调小组组员间的平等及个体独立性。③"面对面"的互动。组员之间密切的互动关系,是小组存在和发展的动力。作为小组的指导者和协调者,小组工作者尤其要促使组员之间"面对面"澄清导致其苦恼的问题,期待解决的需求,认清其在小组中承担的角色。同时,通过这种面对面的沟通,组员可寻找到小组的共同需求,挖掘小组的正向动力,主动思考和解决问题,整合社会资源,实现组员个人及小组的发展目标。

(二) 发展模式

发展模式,也称作过程模式或发展性小组模式,是较晚发展起来的一种小组工作模式,旨在解决和预防服务对象社会功能的衰减问题,具有恢复和发展服务对象的社会功能。这一模式的应用范围也很广泛,如有困难的人群、面临危机的人群以及寻求更大自我发展的人群等。

拓展阅读　　　　　　　发展模式的理论基础

发展模式的理论基础主要源于发展心理学、社会结构理论以及小组动力学。发展心理学强调个人具有成长的可能性和潜能;社会结构理论重视小组的现状,以及小组组员之间的互动功能;小组动力学则重视小组组员之间的关系,强调小组内部机制能够解决组员之间的矛盾,帮助组员获得成长。发展模式强调以人的发展为核心,关注组员社会功能的提升,重视的是组员个人潜力的发掘与发挥而不是治疗性辅导。发展模式的假设前提是:①人有潜力做到自我意识、自我评价和自我实现;②能够意识到他人的价值、评价他人,并与他人形成互动;③能够意识到小组的情境,评估小组的情境,并在小组中采取行动。发展模式适用于有困难的人群、面临危机的人群、寻求更大自我发展的人群。它可以是救助性的,帮助一些缺乏信心或社会适应有困难者,培养他们的自信心,协助个人成长,从而适应社会变化;又可以是锦上添花性的,为个人、群体和社区进一步发展提供空间和可能性。

在实践原则方面,发展模式下的小组工作,特点是鼓励组员积极参与小组活动,积极表达自己并找出组员共同的兴趣和目标,形成积极的小组互助关系,促进组员和小组的共同成长。

在开展发展模式下的小组工作时,助人者应坚持实施和贯彻以下工作原则。①积极参与原则,即要协调和鼓励组员在小组活动中,主动表达自己的困惑或者发展的建议,分享和学习自我发展的经验。②"使能者"原则,即要支持和帮助小组组员通过各种活动相互关心、相互帮助和相互分享,发展认知,激发潜能,提升组员寻求解决问题的办法,整合社会资源及自我发展能力。

通过学习以上两种小组工作模式,我们可以发现,从服务的目的和对象来看,互动模式更加关注不同主体关系的建立和相互支持(例如大学新生社交适应力小组),适用于广泛群体;而发展模式更加关注个人潜能的发挥和社会功能发展(例如留守儿童学习能力提升小组),适用于弱势群体。从助人者扮演的角色来看,互动模式需要助人者充当协调者的角色,帮助组员建立并维持良性的互动关系(例如开展破冰游戏、引导组员发言等);而发展模式除需要助人者协调小组活动以保持活动秩序外,还需要其扮演使能者的角色,通过资源的调动和认知行为的引导,帮助组员重新认识自己并运用潜在的能力应对发展困境(例如引导组员挖掘自己的优势、寻找解决问题的方法等)。此外,在服务的准备和开展过程中,互动模式不要求助人者提前对服务对象设定目标,服务的重点在于让组员在整个活动过程中互动体验和相互帮助;发展模式要求助人者事先结合服务对象的特点确定服务的预期目标(也可以称为预期效果),服务的重点在于培养和激活服务对象的能力以实现事先设定的发展目标。因此,在实际开展服务之前,助人者需要结合服务的目的、对象等选择合适的小组工作模式,在服务过程中扮演适当的角色以实现服务的预期目标。

第二节　规划与设计小组

小组工作是一个由不同阶段组成的动态过程。一般分为五个阶段:准备阶段、开始阶段、中期转折阶段、后期成熟阶段和结束阶段。这一过程既是小组建立、计划实施、改变发生、成效巩固等重要目标实现的过程,也是组员破冰、关系建立、强化、维持与冲突处理等关键任务完成的过程,每一项任务的完成都影响着小组服务的效果。因此,在开展助人服务的过程中,小组工作者必须清楚把握每一个阶段组员的特征,充分掌控和调整小组工作的动态发展过程,促进小组目标顺利实现。

本小节,我们将结合一个案例详细介绍小组工作的过程及每一个阶段小组工作者的工作内容。

案例链接　　　　家庭积极教养小组的形成过程

为全面贯彻党的教育方针,坚持立德树人的根本任务,全面加强"五育并举"、"双减"政策、课后服务以及家校共育工作,J县Y小学积极推进家长学校建设,开展家长课堂,促进家庭教育水平提升。X大学专业团队在该校开展了"轻松育儿、携手成长——家庭积极教养小组"活动,为二年级学生家长提供积极教养技能培训,帮助家长获得新的知识和技能。通过前期调研,小组工作者发现该校家长在专业育儿方法和儿童突发问题应对方面存在较大需求,希望通过对教养方式的学习缓解自身焦虑,促进家庭亲子关系的和谐。因此,家庭积极教养小组计划向家长教授一些基础的育儿策略和方法,促进儿童良好行为的发展,缓解小组成员的育儿压力,改善亲子关系,促进儿童健康发展。

(一)准备阶段——组员招募及确定小组计划[①]

一般而言,小组工作的准备阶段属于制订计划的阶段,并不是小组组员参与过程的开始。在这个阶段,小组工作者必须精心遴选小组组员,了解他们的问题和真实需求,并在此基础上制订具体的工作方案。

1. 组员的招募及遴选

小组工作者选择何种小组类型开展工作,取决于即将参加小组组员的问题和真实需求。小组工作面向的服务对象是具有共同或者相似问题或需求的人。因此在准备阶段,小组工作者必须对可能参加小组的组员进行招募和遴选,并对他们的问题和需求进行全面的考察和评估,主要有以下三个步骤。

第一个步骤是招募成员。小组工作者可通过以下渠道招募小组组员:一是主动向专业机构(或志愿者队伍)求助的服务对象;二是由专业机构服务的某些对象(常见专业机构有福利院、医院、儿童保护中心、养老院等);三是其他机构转介来的特定服务对象;四是通过互联网、社区宣传栏等载体得知信息而主动报名参加的人员;五是社区居民向本机构(或志愿者队伍)介绍的人员。

第二个步骤是遴选和评估。小组工作者通过个别面谈或资料搜集的形式,对上述的小组组员进行必要的遴选和评估。遴选和评估的要素主要有:共同或相似的问题,或者共同的兴趣和愿望;年龄和性别(如果有此要求的话);文化水平及对某些问题的认识;家庭状况;职业状况;对参加小组的要求。

第三个步骤是确定组员。小组工作者按照本小组的类型、特点及人数要求等,确定参加本小组的组员。然后小组工作者要帮助这些组员了解小组工作的意义和特点、小组工作的具体程序与可能的活动项目、有关的社会政策。同时,小组工作者要鼓励他们将自己对小组的期望表达出来。

2. 确定工作目标

小组工作的目标有总目标与具体目标之分。总目标由该小组的类型特征及成员的问题和需求所决定,大致包括指导思想和总体任务。围绕总目标建立的具体目标,包括沟通目标、过程目标、实质目标和需求目标四个部分。其中沟通目标非常重要,是促进小组组员之间相互理解、相互接纳从而实现互动和分享的重要环节。过程目标则是小组工作不同阶段的目标要求,是不同阶段任务的具体化。实质目标就是小组工作能够解决的问题及其具体范围。需求目标则是遵循个别化原则,针对每一个小组组员的具体需求而设计的任务。

---

① 全国社会工作者职业水平考试教材编写组.社会工作综合能力:中级[M].中国社会出版社,2023:182-192.

在确定小组工作目标时,要遵循以下几个原则:一是目标清楚,可以测量和评估;二是要有明确的时间限定,以便小组组员清楚在什么时间完成什么任务;三是目标要适合小组组员的实际能力;四是具体目标之间的相容性,不能相互冲突;五是对目标的表述尽量使用正面的肯定性语言或词汇,以便小组组员明确知道他们需要做的事情。

3. 制订工作计划

一份专业的小组工作计划是开展小组工作的必要条件。因此,在小组工作的准备阶段,小组工作者要根据工作目标及人、财、物等方面的条件,精心制订可以实施的工作计划。通常小组工作的方案或计划就是一份详细的小组计划书。在制订方案时,需要考虑许多要素。表8-1体现了计划书的基本框架,可资借鉴。

表8-1 小组工作计划书内容框架

主要环节	基本内容
理念	机构(或志愿者队伍)的背景、组成小组的原因、小组的理论/概念框架
目标	总体目标
组员	特征、年龄、教育背景、需求和问题
小组的特征	性质、时间(长期/短期)、规模、人员组合、集体聚会的频率和时间
明确的目的	各具体目标
初步确定的程序计划和日程	每次小组活动的计划草案,程序活动,日期、时间,每次活动的特点,活动的具体目的,小组工作者的责任,需要的器材、设备、费用等
招募计划	按机构(或志愿者队伍)的规定制定小组组建的程序,组员的来源,宣传、招募方法,允许的招募时间,招收方法
需要的资源	器材、地点和设备、人力资源、特别项目、有关人员
预料中的问题和应变计划	小组组员可能遇到的问题、小组工作者或机构(或志愿者队伍)可能遇到的问题、其他问题
预算	程序、器材、交通费用等
评估方法	评估的范围、评估的方法

4. 申报并协调资源

开展小组工作需要资金、场所以及人力支持等方面的资源。因此,小组工作者需要向自己所属的服务机构或志愿者队伍提出申请,递交工作方案,争取批准和资源支持。有些小组也可以向有关社区或者赞助机构争取资源支持。不过在寻求赞助机构,特别是企业的支持时,需要了解这种支持可能会给小组工作带来的影响和限制。小组开展活动最主要的目的是满足服务对象的某些需求,解决服务对象的某些问题,顺利实现小组目标。因此,小组工作者在申请和协调资源时,也要注意赞助方要求是否与小组目标有所冲突,尽可能在不妨碍小组目标顺利实现的情况下,满足赞助机构或企业的赞助要求。

5. 小组的规模与工作时间

在准备阶段，小组工作者还要考虑本小组的规模和工作时间。

小组的规模是指小组的大小，主要与小组的人数相关。影响小组大小的主要因素有小组目标、小组类型、探讨问题的性质、组员的成熟度、工作者的经验、有无协同带领者。对于一个小组到底以多少人为佳，学者们一直有争论，其中比较有影响的是乔治·米勒（George Miller）提出的"7±2原则"①。3~50人均在可接受的人数范围内。不同规模的小组具有不同的功能：5人的小组比较适合讨论，8人的小组综合不同观点，最容易完成任务；治疗小组一般为5~7人，儿童小组以6~8人为宜，而活动性、辅导性或教育性的小组规模则可稍大些，30~50人为宜；工作小组或会议小组大多在5~9人，讨论性小组不超过15人，督导小组以8~10人为佳。总体来说，在超过25人的小组中，成员之间的紧密性将明显降低。

小组工作时间的安排涉及四个方面的内容。一是工作期限。小组的工作期限视小组目标、小组类型、机构资源等多种因素而定。一般来讲，治疗小组的工作期限较长，而任务小组的工作期限较短。机构资源越丰富，小组工作期限越不受限制。二是小组聚会的频率。聚会的频率影响小组的互动深度，较高的聚会频率会增加组员的互动，增强组员之间的感情联系和对小组的归属感，但如果聚会过度也会引起组员的厌烦，导致组员流失及小组结构松散。较低的聚会频率不利于组员之间深度交往和沟通，也不利于小组目标的实现。原则上讲，小组聚会频率以一周一次为宜。三是会期的长短。小组会期一般以40~60分钟为宜，也有2~3小时甚至更长时间的会期。较长的会期容易使组员感到疲劳、精力分散。较短的会期则不利于小组目标的达成和问题的解决。特定人群也影响会期长短，如儿童和青少年小组，会期应该短些，以30~40分钟为宜。四是聚会的时间。聚会时间要视小组组员的空闲时间而定，一般情况下，以儿童和母亲为成员的小组选择周末为宜，以父亲为成员小组选择晚上为佳，以老年人为成员的小组选择白天效果最好。

6. 活动场地及设施的选择和安排

在小组工作的准备阶段，一些前期性的物资准备事宜也是很重要的，主要涉及以下三点。①小组活动场地的选择。活动场地及其环境的布置要有助于促进组员对小组的认同感，最好选择安全、安静、舒适的活动场地和环境。②活动所需的座位安排。从有利于提高小组组员互动频率的角度，座位安排最好是圆形的或者面对面的。③准备活动所需的其他设施和辅助材料，如张贴画、奖品等。此外，对小组工作过程中可能出现的意外情况要有充分估计，并做好完善的应急预案。

案例链接　　　　　家庭积极教养小组的形成过程

在本小节最初提到的"轻松育儿、携手成长——家庭积极教养小组"中，小组工作者也从以上六个方面为小组的顺利开展做了充分的准备。

---

① MILLER G A. The magical number seven plus or minus two: Some limits on our capacity for processing information[J]. Psychological Review, 1994, 101(2): 343-352.

经过走访调研，X大学专业团队将本次小组的服务对象确定为针对二年级学生家长开展的家庭积极教养教育、支持小组。小组规模为10~15人。小组的总目标是通过积极教养技能培训，帮助家长获得新的知识和技能，提高父母养育子女的能力和信心。活动开展频率为1周1次，开展地点为服务对象子女就读的小学教室。在活动开展过程中，该小学的老师和相关负责人会为小组工作者提供活动场地、设备、物资等方面的支持。

小组工作者制作招募宣传单，依托学校招募和筛选组员，按照小组规模和参与要求确定最终组员，并通知组员第一次会面的时间、地点以及相关注意事项。在第一次会面中，小组工作者通过观察、访谈和问卷的方法了解服务对象家庭情况以及对小组的期待与要求，根据定性和定量资料的分析结果确定组员的问题和需求，根据该阶段收集到的资料和信息设计小组活动计划。最终设计完成小组计划书。

"轻松育儿、携手成长——家庭积极教养小组"计划书

一、小组简介

"轻松育儿、携手成长——家庭积极教养小组"以积极教养技能培训为主，通过"知识教授＋课堂实践＋问题反馈"的方式为家长提供了解积极教养方式、学习积极教养策略、应用积极教养技能和提高积极教养能力的机会，改变父母教养风格、减少儿童行为问题、改善家庭亲子关系、提高父母教养效能感。通过课程培训缓解父母的育儿压力，减少家庭冲突，促进儿童健康发展。小组活动的开展为家长提供了通过观察、讨论、实践和反馈进行学习的良好机会。此外，在情感支持的环境中，家长会收到他们使用技能的建设性意见，有利于家长掌握和运用积极教养技能。

二、小组目标

本项目的目的是通过以下方式提高父母养育子女的能力和信心：

(1)提高父母处理常见行为问题和发展问题的能力；

(2)减少父母对子女的强制性和惩罚性管教；

(3)改善父母对养育子女问题的沟通方式；

(4)减少养育孩子的压力。

三、小组内容

本次家庭积极教养课堂主要以小组形式开展，主要提供给二年级学生的父母，预计10~15个家庭参加，鼓励父母双方参与。本次课程主要通过积极的技能培训过程，帮助家长获得新的知识和技能，课程涉及5个模块，包括1个评估课程、3个积极育儿技能课程、1个实践课程、2个计划活动培训课程和1个结束课程。两次课程之间，家长需要完成家庭作业，巩固学习效果。

四、小组计划

(1)小组性质：教育、支持小组。

(2)节数：9节次。

(3)小组时间：2021年12月上旬至2022年1月下旬。

(4)地点：G县Y小学。

(5)活动总体安排(见表8-2)。

表 8-2　家庭积极教养课堂具体安排

课程	目标	内容
第一节 组员家访和家庭观察	评估组员家庭成员情况和家庭互动模式	1. 向组员发放家庭背景和功能评估问卷 2. 观察家庭互动并与家庭成员（父母和儿童）分别进行面谈
第二节 认识积极教养项目	介绍项目内容，收集需求，明确小组规则	1. 介绍家庭积极教养项目 2. 收集汇总服务对象家庭需求 3. 明确项目实施规则和要求 4. 完善并确定儿童行为记录工具
第三节 积极教养策略和技巧	传输积极育儿理念和理论知识并教授相关策略	1. 介绍积极教养方式的原则和理念 2. 普及积极教养方式的理论基础 3. 教授发展儿童良好行为的策略与方法 4. 制定儿童行为图表
第四节 如何改正不当行为	讲解儿童不当行为产生的原因，厘清消极教养后果并教授替代教养方式	1. 向家长介绍改正不当行为的原则理念 2. 教授改正儿童不当行为的策略与方法 3. 讲解策略实践应用情况并答疑 4. 完善并实施儿童行为图表
第五节 积极教养"世界咖啡馆"	评估组员对家庭积极教养技能的掌握程度	1. 引导家长开展积极教养策略的交流讨论 2. 总结家长对技能的掌握程度并解答疑惑 3. 了解儿童行为图表使用情况并反馈
第六节 "促进儿童良好发展"实践课堂	组员深入理解和实践"促进儿童良好发展"技能	1. 介绍"促进儿童良好发展"的实践案例和使用技巧 2. 邀请家长分享"家长手册"相关练习实践情况并提供反馈
第七节 "有效改正不当行为"实践课堂	组员深入理解和实践"有效改正不当行为"技能	1. 介绍"有效改正不当行为"的实践案例和使用技巧 2. 邀请家长分享"家长手册"相关练习实践情况并提供反馈
第八节 组员面谈与评估	回顾总结组员变化并完成课后评估	1. 与家长访谈，了解家长及其家庭成员的变化、对课程的评价和建议并提供针对性反馈 2. 发放课后评估问卷，收集相关信息
第九节 家庭积极教养总结汇报	肯定组员积极改变并引导其继续使用积极教养技能	1. 邀请家长总结汇报课程参与情况及心得体会 2. 鼓励家长使用积极教养技能解决未来问题

(6) 需要的资源（略）。

(7) 可能遇到的问题（略）。

(8) 预算（略）。

(9) 评估方法。小组工作者通过问卷法与访谈法评估小组成效，通过与小组成员进行结构式访谈，收集组员在干预过程中的变化以及对小组的建议。此外，在小组活动开始前后面向小组成员发放问卷，并运用 Stata 软件对问卷数据进行编码、计算和分析，得到小组工作的过程和效果评估结果。

(二)开始阶段——组员破冰及专业关系建立

从第一次聚会起,小组工作就进入了开始阶段。这一阶段是小组组员之间、小组工作者与小组组员之间的关系建构阶段,是小组组员对小组产生认同的阶段,也是小组规范化的阶段,所以特别重要。在这一阶段,小组工作者要格外注意组员的不适反应,清楚反应背后的原因以及应对办法,积极回应组员在心理和生理上的需求,帮助组员与组员、组员与小组工作者建立稳定的关系结构。

1. 组员的一般特点

在小组的开始阶段,由于初入小组,组员往往不知道自己该做什么,在心理和行为上容易出现矛盾、困惑和焦虑等问题。在该阶段,初进入小组的组员往往会表现出如下特点。首先是矛盾的心理与行为特征。他们既对小组充满好奇和期待,也希望与其他组员或小组工作者有良好的互动,但又有疑惑和焦虑,如怀疑小组的能力和价值,担心小组工作者和其他组员对待自己的态度等。这种矛盾使得不少组员陷入对小组活动既投入又逃避的情感困境之中。其次是小心谨慎与相互试探。开始阶段大多数组员的行为十分拘谨,说话做事显得小心谨慎、客气、礼貌。他们会以自己以往的经验去揣测其他组员或小组工作者,也会以此划定自己的好恶范围。通常,他们会试探性地询问其他组员的姓名、居所、工作之类的问题,但不会询问更深入的家庭、收入、爱好等问题。第三是沉默而被动。由于刚进小组,不懂小组规范,怕说错话、做错事,不少组员会表现为沉默、观望、等待的特征,大都希望在别人说或做之后再被动跟进。由此,整个小组显得沉默,进程缓慢,缺乏自发性和流畅性。最后是对小组工作者的依赖性。初入小组,小组组员不知道自己该做什么,同时又难以获得其他组员的支持,非常容易产生对小组工作者较强的遵从倾向。他们往往依赖小组工作者,视其为权威,以其为中心,而忽视了自己在小组中的角色和能力。

2. 小组工作者的任务

这个阶段小组工作的重点在于帮助小组组员之间建立信任关系。因此,小组工作者应重点做好下列几项工作。

第一,协助小组组员彼此认识以消除陌生感。组员的初步了解,有助于彼此关系的拉近及共同完成小组任务。因此在开始阶段,小组工作者可以根据组员的个性特征以及小组的类型,设计出有创意的打破僵局的各种活动,恰当地使用一些游戏方法,帮助小组组员互相认识,促进相互之间的互动。

第二,强化小组组员对小组的期望,提高他们对小组目标的认识。虽然在决定参加小组之前,小组组员对小组目标已有初步认识,但还比较模糊、比较抽象。另外,不同小组组员之间对小组的认知和期待也不尽相同。因此首先要与大家讨论小组的目标,并订立大家共同认知的小组目标;要使大家清楚小组准备并且能够帮助他们实现什么样的目标。这样做的好处是,可以促进小组组员认识和接纳小组,做好融入小组的心理准备。

第三,讨论保密原则和建立契约。这对小组组员与小组工作者之间建立专业关系,促进组员间的支持与互动都有积极的意义。因此在小组组建初期,小组工作者要与小组组员就保守秘密的问题进行讨论和协商,达成共识,并在小组内设定保密标准。小组契约则是小组工作者与组员之间共同商定的,有关小组目标及工作方式的一种协议约定。它可以采用书面或口头承诺的形式,大致涵盖小组程序和组员目标两方面的内容。其中小组程序包括小组的基本要求,如出席会议的注意事项、有关保密的规定、召开小组会议的时间等;组员目标则包括预期行为的正向变化以及用来评估结果的标准等。

第四,制订小组规范。小组规范是小组组建初期小组工作者和小组组员一起建立的适合管理和协调组员行为的准则。小组的规范有三类:一是秩序性规范,用来界定组员之间的互动准则;二是角色规范,用来界定和明确组员所期望的具体角色和行为;三是文化规范,用来澄清和说明小组的信念和基本价值,强调开放、平等、保密、非批判和团结合作等原则。

第五,塑造信任的小组气氛。小组组员相互认识、订立小组契约和规范都是增加小组安全感和信任感的重要手段。小组工作者塑造信任的小组气氛有如下几种方法。一是主动与组员沟通,建立信任关系。可以运用同理心,站在组员的角度考虑问题,倾听他们的心声,并作出真诚有效的回应。二是创造机会让组员表达自己的想法,通过组员间的相互回馈和关怀自然地产生信任。三是寻找并强调组员之间的相似性。可以邀请组员分享人生经验或感兴趣的事情等。当组员发现彼此之间存在相似性时,小组的凝聚力就开始产生。四是澄清组员之间的误解。在小组组建初期,由于组员互相不熟悉,或不愿意与其他组员继续沟通,可能会出现一些误解,因此要积极引导组员相互沟通,并协助对方澄清误解。五是培养组员养成积极倾听他人意见的良好习惯。

第六,形成相对稳定的小组关系结构。一是沟通结构。要建立能够最大限度鼓励组员进行沟通的理想结构。二是接纳结构。在组员之间形成能够相互接纳、相互包容的结构。三是权利结构。建立鼓励全体组员,特别是困难组员能够自我肯定、有所增权的权利结构。四是领导结构。在开放性和流动性的前提下,建立注重责任、轮流参与、有利于推动小组工作进程的领导结构。五是角色结构,协助建立每个组员都有位置、都适合的角色结构。

此外,小组工作者需要注意,在开始阶段,随着小组的建立和发展,组员角色地位开始确立,沟通频率提高,相互交往增加,小组关系结构随之初步形成,并且会在以后的各阶段不断变化和完善。所以小组工作者有必要在开始阶段将各个结构制成图表,以跟踪观察小组形成后的结构特征。

3. 小组工作者的角色和责任

小组工作的开始阶段,小组工作者需要扮演以下三方面的工作角色。首先是带领者的角色。小组工作者处于小组的核心位置,具有指导小组发展,制订小组活动计划,统筹小组活动具体程序、细节的责任。其次是鼓励者的角色。小组工作者要鼓励组员主动表达自己对小组和其他组员的各种期望,尽快适应小组环境。最后是组织者的角色。小组工作者要组织一些能够有助于组员之间相互了解的活动,促进组员之间尽快建立起熟人关系。

案例链接　　　　　　家庭积极教养小组的形成过程

在家庭积极教养小组工作的开始阶段,小组工作者的主要任务是与服务对象建立良好专业关系,带领服务对象了解本小组的目标、内容和任务,认识家庭积极教养课程的原则和核心理念,并增进了解。家长积极教养小组活动安排(第二节)见表8-3。

表8-3 家长积极教养小组活动安排(第二节)

主题	目标	内容	物资
第二节 认识积极教养项目	带领家长了解本课程的目标、内容和任务,理解积极教养原则理念,明确小组工作者和服务对象双方的要求和期望	1.回顾与概述:回顾家庭面谈内容,简述本节课主要安排。 2.匿名互动:向家长匿名收集儿童行为问题,并分类总结。 3.课程目标和任务:向家长介绍项目内容,澄清课程目标以及家长的任务。 4.积极教养原则和理念:介绍父母积极教养的五大原则和核心理念,了解家长对积极教养技能的看法和顾虑并进行反馈。 5.要求和期望:与家长共同制订小组规则,明确和落实小组活动对双方的要求和期望。 6.完善儿童行为记录表:讨论儿童行为记录工具在上周的使用情况并进行调整。 7.课后评估与家庭作业:使用调整后的儿童行为记录表	课程PPT、大白纸、便利贴、笔、课后反馈评估表

因此,在开始阶段,小组工作者首先通过破冰游戏消除小组组员的紧张感,设计开放式讨论和组员进行互动交流,互相明确双方对小组的要求和期望,澄清组员和小组工作者在整个小组活动过程中的主要任务和角色。其次,小组工作者向组员介绍家庭积极教养课程的主要内容,并设置意见反馈和互动交流环节,让小组组员了解小组主要目标和内容,鼓励组员对课程内容进行反馈,分享自己的育儿经验和难题,促进组员之间的互动和相互了解,初步建立同辈群体支持网络。最后,通过课程家庭作业的形式为组员的改变提供方向,为组员与组员、组员与小组工作者的沟通互动创造机会。

(三)中期转折阶段——组员关系维持与目标强化

小组工作的开始阶段完成之后,就进入小组工作的中期转折阶段。这个阶段是组员关系走向紧密化的时期,也是小组内部权力竞争开始的时期。这个阶段小组工作者的工作重点是,通过专业辅导,协调和处理组员之间的竞争及各种可能的冲突,促进小组内部的良性竞争与和谐,推动小组关系走向紧密化。

1.组员的常见特征

在中期转折阶段,组员之间沟通和互动比小组初期有所增强,但自我肯定、安全感受与真诚的互动尚未完全实现,组员之间有可能会在价值观、权力位置、角色扮演等方面产生矛盾和冲突。这一阶段组员往往呈现出以下显著特征。第一,对小组具有较强的认同感。由于前一阶段(即开始阶段)的小组规范学习及小组活动,多数组员对所参与的小组会产生比较明确的归属感和认同感,愿意与他人相处和沟通,也愿意在小组中表达自己的想法。第二,互动中的抗拒与防卫心理。小组工作向前发展,需要组员能够表露内在的真我。这时一些组员既想表露自己,又担心别人不接纳,既想探索自己,又害怕认识自己,处于焦虑和挣扎之中。为了保护自己,减少焦虑,这些组员就会产生防卫和抗拒的心理及行为,如用缺席或迟到来保护自己、沉默寡言、常常转变话题、仅以理性与他人表面互动、独占话题等。

第三，角色竞争中的冲突。随着熟悉程度的增加，一些组员希望更真实地表达自己的不同意见和分歧，有时也会对别人进行批评和指责。同时随着自我意识和权力意识的增强，一些组员可能会通过权力竞争来争取自己在小组中的位置。为了竞争，有些组员可能会出现攻击性语言和行为。在这种情况下，有些组员可能因感受不到安全和满足就会在这个阶段退出。此外，有的组员会自满于自己在小组中的角色，挑战小组工作者，对小组工作者提出质疑，表现出不配合的态度。

2. 小组工作者的任务

面对中期转折阶段小组的特点，小组工作者在这一时期的工作重点在于处理小组冲突。

（1）小组工作者需要处理抗拒行为。抗拒是小组活动开展过程中不可避免的现象，是组员在参与小组活动时的自然反应，产生原因可能是组员不认为小组可以成为公开表白的安全场所，或不愿面对自身的潜意识问题。因此，小组工作者要帮助组员了解小组是分享和表达感受的重要场所。同时要营造一种开放的气氛，帮助组员探索自己的恐惧和防卫，鼓励他们承认并解决他们所体验的任何犹豫和焦虑。

（2）小组工作者需要协调和处理组内冲突。小组工作者要学习如何面对和处理小组的冲突，并协助组员认识到冲突会成为他们正向成长的经验。在面对冲突时，小组工作者应该有包容、冷静和理性的态度。在解决冲突时，小组工作者可以运用以下一些具体措施：一是帮助组员澄清冲突的本质，特别是澄清冲突背后的价值观差异；二是增进小组组员对自我的理解，如运用角色扮演的方法，复制或重现类似冲突的情境，以增进自我了解和对他人处境的敏感度；三是重新调整小组规范和契约；四是协助组员面对和解决由冲突带来的紧张情绪和紧张的人际关系；五是运用焦点回归法，即将问题抛回给组员，让他们自己解决。

（3）小组工作者需要保持组员对整体目标的意识。在中期转折阶段，组员之间围绕个人目标的摩擦、争执和冲突，常常会影响小组整体目标的实现。因此，小组工作者需要经常以各种方式提醒组员保持对小组目标的意识，使组员时刻注意小组目标或与小组目标一致的个人目标。具体的做法有以下方面：在所有组员都认可小组整体目标的情况下，可以通过小组团队协作的方式，帮助他们建立一个可执行的计划；如果小组组员的个人目标与整体小组目标不一致，可以分别帮助他们形成自己的计划。

（4）小组工作者需要协助组员重新建构小组。在中期转折阶段，为了协助组员向着小组目标和既定方向改变，小组工作者需要协助组员重新建构小组。这一阶段对小组的建构不同于开始阶段，不是以小组工作者为主导，而是以组员为主导，小组工作者引导、协助和鼓励组员担负起重构小组的全部责任，一般从聚会的时间和程序、沟通和互动模式、介入层面和介入方法等方面开展工作。

（5）小组工作者还要适当控制小组活动的进程。在中期转折阶段，小组工作者应该认识到组员经过处理抗拒和冲突的过程，会养成一定的自我管理、自我决策的能力，但尚未达到完全独立自主的状态。这时小组工作者还需要适当控制小组工作的进程，引导组员以小组为中心开展互动,创造一个以小组为中心的解决问题的情境,以期更好地实现小组目标。

3. 小组工作者的角色和责任

在转换阶段,小组工作者在小组的权力与地位逐渐由中心位置向边缘位置转移,所扮演的角色与前面两个阶段有所不同,即不再担任小组的带领者和决策者,而只是小组的协助者和引导者。在处理冲突过程中,小组工作者的角色不仅是工作者、辅导者,而且是调解人、支持者。

案例链接 　　　　　家庭积极教养小组的形成过程

小组活动的中期转折阶段对应家庭积极教养小组的第三节至第五节小组活动,该阶段的主要目标是带领组员学习和实践父母积极教养相关策略和方法,通过课堂交流和互动将策略最大可能地应用于家庭日常活动中。在本阶段,小组工作者设置了大量课堂互动和实践环节,在课堂中作为协助者和引导者,促进组员通过模拟演练内化积极教养技能,并且实时评估组员对课程内容的熟悉和掌握程度,及时提供反馈建议。家长积极教养小组活动安排(第三节至第五节)见表8-4。

表8-4　家长积极教养小组活动安排(第三节至第五节)

主题	目标	内容	物资
第三节 积极教养策略和技巧	带领家长认知和学习积极教养方式,掌握积极教养策略;引导家长在家中实践促进儿童发展的策略方法	1. 回顾与概述:回顾上节课内容,简述本节课主要安排。 2. 热身活动:开展"解绳结"热身游戏,指导组员分组以任意方式交叉绳子,之后通过合作解开绳结,引导组员体会家庭教育中夫妻配合和合作的重要性。 3. 积极教养策略理论基础:讲解家长积极教养策略中促进儿童发展策略的理论依据。 4. 促进儿童发展策略:讲解促进儿童发展的三种策略,即与孩子建立积极关系、鼓励可取行为、教授新技能的内容和方法。 5. 策略实践与问题:举例说明每种策略的使用情况及使用方法并解答家长疑惑。 6. 什么是儿童行为图表:介绍儿童行为图表及其使用规则,请家长为孩子设计有针对性的行为图表以及合适的奖励。 7. 课后评估与家庭作业:设计儿童行为图表,继续使用儿童行为记录表	课程PPT、家长手册、大白纸、便利贴、笔、绳子、课后反馈评估表

续表

主题	目标	内容	物资
第四节 如何改正不当行为	引导家长认识儿童不当行为背后的原因以及惩罚的后果；促进家长了解改正儿童不当行为的理念和方法；鼓励家长使用合适的策略和方法改正儿童的不当行为	1.回顾与概述：回顾上节课内容，简述本节课主要安排。 2.积极教养策略理论基础：讲解积极教养策略中改正儿童不当行为策略的理论依据。 3.改正儿童不当行为策略：讲解改正儿童不当行为的三种策略，即理解不当行为与惩罚、自然后果与逻辑后果、和善与坚定的内容和方法。 4.策略实践与问题：举例说明每种策略的使用情况及使用方法并解答家长疑惑。 5.儿童行为图表设计要点：展示家长设计的儿童行为图表并阐明设计和使用图表的要点和注意事项。 6.课后评估与家庭作业：与孩子一起完善儿童行为图表并尝试使用，继续使用儿童行为记录表	课程PPT、家长手册、课后反馈评估表
第五节 积极教养"世界咖啡馆"	评估家长对积极教养技能的掌握程度；收集相关问题和建议；积极推动家长使用新方法促进儿童发展	1.回顾与概述：回顾上节课内容，简述本节课主要安排。 2.家庭积极教养"世界咖啡馆"游戏：根据积极教养策略对组员进行分组，组员轮流到不同小组讨论积极教养策略并分享"家长手册"中不同方法的练习情况，交流想法。 3.总结与反馈：根据家长交流实践情况回应和解答家长对相关策略和方法的疑惑。 4.完善行为图表：检查家长设计的儿童行为图表以及初步使用情况，必要时帮助其完善图表，提供反馈。 5.课后评估与家庭作业：使用完善后的儿童行为图表，继续使用儿童行为记录表	课程PPT、家长手册、咖啡、水杯、课后反馈评估表

在第三节至第五节小组活动过程中，小组工作者首先通过游戏的方式让组员意识到家庭教育中夫妻合作的重要性，介绍发展儿童良好行为和有效改正不当行为积极教养策略的理论基础和策略，让家长了解积极教养策略的具体内容，厘清儿童不当行为背后的原因以及不同行为适用的应对方法。其次，针对每一种策略提供适用情境和适用方法，邀请家长分享其曾经使用过的策略以及在使用过程中已经遇到或可能遇到的问题，解答家长的疑惑并提供对策。此外，为充分促进组员内部的经验交流和检验学习成果，小组工作者设置"世界咖啡馆"游戏，促进组员充分参与到各个策略和方法的交流讨论之中，并在课堂中汇总组员的经验与问题，提供理论联系实践的即时反馈。最后，介绍促进儿童行为良好发展的工具——儿童行为图表，带领组员设计并在家中使用儿童行为图表，支持和鼓励组员将课堂所学应用于家庭环境，并利用儿童行为图表检验成果。

（四）后期成熟阶段——组员关系稳定与改变发生

小组的后期工作阶段也是小组的成熟阶段。经过了开始阶段的适应，中期转折阶段问题和需要的澄清、冲突的解决，组员对小组的满意度增加了，并且能自主地处理小组内部的问题。这个时候，小组的关系结构稳定，小组活动运作状态良好，组员之间更愿意了解和被了解，更愿意接纳他人，更愿意相互合作、相互支持、相互肯定，提出的建议或计划也更加现实。所有这些，都标志着小组进入了良性的成熟阶段。

1. 小组及组员的一般特点

后期成熟阶段是小组工作与活动的理想阶段。这是因为组员能够更紧密地联合与互动，更容易达成有共识的决策，更顺畅和更有效地开展活动。概括来看，这一时期小组的特点主要表现在以下方面。

（1）小组的凝聚力大大增强。小组凝聚力包括小组的吸引力、组员的归属感等。在小组后期成熟阶段，组员对小组有较强的归属感，开始经常用"我们"而不是"我"来表达对小组的认同；小组对组员有很强的吸引力，组员对小组的投入程度很深，愿意承担和分担更多的职责和任务；小组的沟通更顺畅，信息传递更容易，彼此更容易被理解，组员之间善于相互接纳和认同等。可以说在这一阶段，小组的凝聚力达到了小组工作过程中的最高点。

（2）组员关系的亲密程度更高。在小组后期成熟阶段，组员之间、组员与小组之间的关系更亲密，对小组工作者的依赖则大大减弱。由于负面情绪和矛盾冲突得到表达并被彻底解决，小组已形成一种让组员感到信任、安全和温暖的氛围。组员之间有更紧密的情感联系，组员间的信任感加强，相互之间可以自由地自我表露，一起分享各自的经验、知识与技能，彼此交流与合作，由此促进了小组互助网络的形成。由于组员亲疏关系及喜好的差异，小组内部也会出现次小组。在大多情况下，这类次小组仅仅表现为互动和相互关怀的差异。

（3）组员对小组充满了信心和希望。在这一阶段，由于体会到了小组对自己的尊重和接纳，也看到了其他组员的真心表露、分享、关怀和承诺，组员对小组的信心进一步增强，觉得建设性的改变是可能的，对解决自己的问题充满了信心和希望。同时组员会认识到必须为自己的改变负责任，也会表现出更多开放性的言行。

（4）小组的关系结构趋于稳定。当小组发展到这一阶段，小组的关系结构已经形成，小组的决策机制基本成型，小组的进程有规律可循，小组的权力结构基本稳定，小组的领导、次小组的领导已被组员认同，不会再有权力与控制之争。

2. 小组工作者的任务

在小组工作的后期成熟阶段，小组工作者的工作重点在于协助组员解决问题。概括而言，主要包括四个方面。

（1）小组工作者需要继续维持小组的良好互动。经过开始阶段和中期转折阶段的探索、冲突与挣扎之后，小组工作的后期阶段已经形成了一套良好的互动模式。这些互动模式是发挥小组功能和产生效果的重要工具。小组工作者应该协助维持这一良好的互动模式，并使组员的行为与互动更为有效。

（2）小组工作者需要协助组员从小组中获得新的认知。小组工作者要协助和鼓励组员进一步地表露自我，更深地探索自我，以获得更深的自我认识。同时通过他人的回馈反省自己，组员对事物会有更客观的了解，对自己的问题的形成原因和可能改变的方法，以及对环境、对自己与环境的关系会有更新的认知。

（3）小组工作者需要协助组员把认知转变为行动。在组员有了新的认知后，小组工作者还需要协助组员意识到必须为自己的改变承担责任，并将这种认知转化为实际的行动。要鼓励和支持组员不断尝试新的行动，在被期待的新行动出现时，不断予以强化，使组员更有信心、更有勇气去尝试和坚持，以备将来运用在小组之外。

（4）小组工作者需要协助组员解决有关问题。小组工作者要协助组员将有关问题澄清，通过分析和磋商，协助组员建立合理的目标，并整合小组内的资源，在合理分工的基础上，一起寻找解决问题的方法并付诸实施。

3. 小组工作者的角色和责任

在小组工作的中期转折阶段，小组工作者的位置虽然开始向边缘转移，但还是接近中心位置。但是到了后期成熟阶段，组员对小组工作者的依赖逐渐减弱，小组工作者逐渐退移到边缘位置。这时有些小组角色已被组员自己承担，小组工作者的地位逐渐接近甚至成为"同行者"和"旁观者"。组员的自我管理、自我决策能力大大增强，开始自己寻找解决问题的方法和策略。小组工作者在此阶段的责任和角色主要体现在以下方面。

（1）信息、资源的提供者和链接者。这时，小组工作者要根据小组活动及组员的需要，做好信息和资源的提供及链接工作，以便组员自己整合和运用好这些信息与资源。

（2）小组及组员能力的促进者。小组工作者鼓励组员发挥他们自身的能力，并通过自己的努力满足需要，达到所要实现的目标。

（3）小组的引导和支持者。在组员可以自己选择、运作或解决问题的过程中，小组工作者需要扮演与组员同行的支持者和引导者的角色。同时对于个别组员的异常行为和特殊变化，应给予关注和必要的专业辅导。

案例链接　　　　　　家庭积极教养小组的形成过程

小组活动的后期成熟阶段对应家庭积极教养小组的第六节至第七节小组活动，该阶段的主要目标是根据中期评估结果调整干预方案和内容，有针对性地开展两节积极教养训练课程，优化小组成员的家庭成长目标、强化课程重点内容并逐一反馈组员遇到的困难和问题，保证组员高质量掌握积极教养技能，达到小组目标。在本阶段，小组工作者充分利用小组的良好互动氛围，通过查漏补缺集中强化组员的积极教养技能，协助组员将已经获得的新的认知最大限度地运用到生活中，促进积极改变的发生。家长积极教养小组活动安排（第六节至第七节）见表8-5。

表8-5 家长积极教养小组活动安排(第六节至第七节)

主题	目标	内容	物资
第六节"促进儿童良好发展"实践课堂	促进家长深入理解父母积极教养策略；制定明确恰当的家庭目标；掌握"促进儿童良好发展"策略实践技巧，解决现存问题	1.回顾与概述：回顾上节课内容，简述本节课主要安排。 2.家庭成长目标：邀请组员分享他们在"家长手册"中订立的家庭成长目标。 3.如何制定目标：澄清家庭目标制定的原则和要点，并对组员制定的家庭成长目标进行反馈。 4.强化课程重点内容："促进儿童良好发展"——"与孩子建立积极关系""鼓励孩子的良好行为""教授孩子技能和行为"策略实践技巧和案例。 5.课后评估与家庭作业：继续使用儿童行为图表和儿童行为记录表	课程PPT、家长手册、课后反馈评估表
第七节"有效改正不当行为"实践课堂	解决积极教养策略实践问题；促使家长掌握"有效改正不当行为"策略实践技巧	1.回顾与概述：回顾上节课内容，简述本节课主要安排。 2.强化课程重点内容："有效改正不当行为"——"不当行为与惩罚""逻辑后果与自然后果""和善与坚定"策略实践技巧和案例。 3.前期问题集中回应：儿童行为记录工具的坚持使用、不同情况下策略和方法的适用性、疫情期间积极教养策略的使用建议。 4.课后评估与家庭作业：继续使用儿童行为图表和儿童行为记录表	课程PPT、家长手册、课后反馈评估表

在第六节至第七节小组活动过程中，小组工作者首先向组员介绍在课程中期评估的结果以及课程后期的调整和安排，询问家长课程内容的调整方向是否符合他们的期待和要求，获得组员对调整后课程内容的反馈。其次，邀请家长回顾他们在"家长手册"中为自己家庭订立的目标，并介绍家庭目标的制定原则和要点，引导家长修改完善自己的家庭目标并设立新的目标。此外，根据中期评估结果，针对组员没有掌握的策略和方法进行进一步讲解和说明，并针对每一个方法提供实践案例和使用技巧，促进组员对该方法的理解和运用。集中回应家长在前期提出的教养问题和目前在家庭教育方面的特定需求，有针对性地解决家长在实践过程中遇到的新问题和新需求，并结合课程内容提供不同情景下积极教养策略的使用建议。最后，继续通过儿童行为图表等鼓励组员实践新技能，检验成效。

（五）结束阶段——动态结束和持续跟进

结束阶段是小组工作的完结期，已达到预期目标，也是小组历程的最后阶段。这个阶段既是指小组工作结束的动态时期及过程，如最后一次聚会或活动，也包括小组工作者在小组结束后对一些组员的跟进服务。

1. 小组及组员的一般特点

在结束阶段,小组最明显的特点是组员情绪和小组结构的变化,主要表现在以下两个方面。首先是浓重的离别情绪。经过前几个阶段,组员之间已建立起密切的、支持性的组内人际关系。面临分离,组员之间依依不舍,甚至产生悲伤和失落感。部分组员也会对将来能否建立一个互助信任与接纳的社会关系产生担忧。这时的离别情绪主要表现在:一是采取逃避的态度否定小组即将结束的事实,如继续采用一贯的做法来互动,甚至引入一些新话题、新任务,或用缺席、较以往不同而冷淡的方法来对待组员等;二是出现退化行为,以期能够延长小组的日程,增加与小组工作者和组员相处的时间,如原本在小组中已经解决的问题这时又出现了。其次是小组关系结构的弱化。由于组员知道小组即将解散,小组规范对一些组员的约束力、影响力开始减弱,组员间的联系也可能松散化,互动频率和强度相对降低。这时有些组员开始情绪转移,向外寻找新资源以适应实际生活;有的组员则因害怕小组结束对自己的伤害,提早离组或减少对小组的感情投入。

2. 小组工作者的任务

在结束阶段,小组工作者的任务主要是处理好组员的离别情绪,帮助组员保持他们获得的小组经验。首先,小组工作者需要处理组员的离别情绪与感受。在小组结束阶段最后一次聚会之前,小组工作者有必要告知每一位组员小组结束的日期,让他们做好心理准备,逐渐接受即将离开小组的事实。同时,小组工作者还应该与组员一起讨论,并处理他们此时内心的矛盾与伤感,以帮助他们认识到离开小组,进入现实生活的必要性和积极意义。其次,小组工作者需要协助组员保持小组经验。小组工作者应该协助组员保持已经改变了的行为,并在日常生活中运用在小组中获得的成长经验。主要方法有以下方面。一是模拟练习。模拟现实的生活环境,让组员在小组中练习他们学到的行为规范等。二是树立信心。观察组员的变化,对他们进行鼓励和肯定,让他们对离开小组后的生活充满信心。三是寻求支持。帮助组员得到其家人、社区或周围其他人的支持,以维持在组员身上已经产生的变化。四是鼓励独立。鼓励组员独立地完成工作,逐步降低小组对组员的吸引力,以避免其对小组的过度依赖。五是跟进服务。对组员进行转介、跟进聚会、安排探访等,其中跟进聚会通常安排在小组结束后的两个月后、三个月后或半年后。

3. 做好小组评估工作

小组评估贯穿于小组工作的整个过程。在结束阶段,需要对小组工作做一个整体的评估。评估的方式主要包括小组工作者自评、组员自评和观察人员或督导的评估。小组工作者自评包括小组目标是否达成、小组工作者在带领小组中的技巧运用,以及与组员之间的互动过程。组员自评有三方面的内容:一是小组的目标是否达成,如带来了哪些个人的改变;二是参加小组的感受如何;三是小组的效能如何。观察员或督导的评估一般分为两部分,即对组员的观察与评估和对小组效能的评估。

4. 小组工作者的角色和责任

在结束阶段,小组工作者的角色又回到了小组的中心位置。这类似于开始阶段,但又不尽相同。在开始阶段,小组工作者的中心位置是为了更好连接、联合小组组员;在结束阶段,则是为了小组组员更好地离开。因此,这一阶段小组工作者的责任和角色主要是两方面。一是引导者的角色。在小组结束期间,小组工作者要帮助组员处理好离开小组时的各种感受,组织各种活动。面对组员的离别情绪,小组工作者要以适当的接纳与支持,引导他们做好情绪表达和学习处理离别方面的问题。二是带领者的角色。在结束阶段,小组工作者要以小组领导人的角色和专业职责,规划好小组结束的活动,安排好每一个步骤,协助小组组员完成理想的结束过程。

案例链接　　　　　　　　家庭积极教养小组的形成过程

小组活动的结束阶段对应家庭积极教养小组的第八节至第九节小组活动,该阶段的主要目标是了解组员目前的教养实践状况以及家庭成员产生的改变,收集有关小组工作过程和效果的相关资料。在本阶段,小组工作者通过访谈和课程总结汇报肯定组员的改变,鼓励其在课程结束后继续使用积极教养技能提高个人教养能力,促进儿童发展,并给予每个家庭具有针对性的未来发展建议。家长积极教养小组活动安排(第八节至第九节)见表8-6。

表8-6　家长积极教养小组活动安排(第八节至第九节)

主题	目标	内容	物资
第八节 组员面谈与评估	总结组员变化并提供针对性建议;收集组员对课程的评价和建议	1.家长面谈:与参与课程家长一对一面谈,了解该家庭在教养方式、家庭关系、父母自我效能感、儿童行为、家庭成长目标以及课程评价等方面的变化和情况,并给予每个家庭针对性的后续发展建议。 2.评估问卷:发放课后评估问卷,收集家庭相关信息	家长访谈提纲、课后评估问卷
第九节 家庭积极教养总结汇报	鼓励组员肯定自我教养能力;引导组员主动使用积极教养技能应对日后的问题	1.总结课程:总结父母积极教养课程总体情况以及后续安排。 2.汇报分享:邀请家长分享积极教养策略使用案例,肯定家长努力。 3.展望未来:引导家长继续使用积极教养方法解决未来可能出现的各种育儿问题	课程PPT、有关积极教养的书籍

在第八节至第九节小组活动过程中,小组工作者与组员逐一进行访谈并收集问卷资料,了解该家庭在教养方式、家庭关系、父母自我效能感、儿童行为、家庭成长目标以及课程评价等方面的变化和情况,并根据当前情况给予每个家庭具有针对性的后续发展建议。其次,小组工作者邀请每一位组员分享其在日常生活中使用父母积极教养技能的心得体会,肯定其在参与课程以来的努力和改变。最后,为家庭积极教养小组的活动过程进行总结,感谢组员在小组中的付出和相互帮助,鼓励和引导他们在课程结束后继续使用父母积极教养策略和方法应对未来的育儿问题,并为小组组员发放活动纪念品。

第三节 带领小组

在实际开展服务的过程中,会有一些影响小组效果的因素,小组带领者需要提前了解学习并掌握应对技巧,要具备一些基本能力,包括如何调动小组动力、推进小组进程、促进小组互动、解决突发冲突等。

一、小组带领者的基本素养

要成为一名合格的小组带领者,需要具备以下一些特质。

1. 自我觉察和自我了解

在小组工作中,每一个人都是带着自己过去的生活经验、价值观、先入为主的观念和缺点进入小组关系,小组带领者也不例外。对于小组的带领者,小组组员可能会在无意间被其所具有的权威地位所影响。小组带领者也可能会陷入自恋陷阱,或是潜意识被激发,产生对小组有害的反移情现象等。为了避免这些情况发生,小组带领者需要具有敏锐的自我觉察能力,随时随刻都能了解自己各方面的状况,包括生理、心理、精神的状况,了解自己的过往经验、现在生活中的事件和周围的事物对自己的影响,随时保持高度的自我觉察和了解,及时处理个人的各种可能对小组工作造成影响的问题。只有这样,小组带领者才有能力在小组中做出较为正确的观察、评估和回应,真正做到以服务对象为中心。因此,自我觉察和自我了解是小组带领者十分基础的必修功课。

2. 自我接纳、自爱自信

自我接纳基于自我了解之上。当小组带领者能够透彻地了解自己,并能够全身心拥抱和接纳自己的时候,他们往往是自我肯定、自爱和自信的人,他们清楚并且欣赏自己的价值观、人生信念和生活方式,因此也更能够尊重和欣赏组员不同的风格,会有能力去信任、接纳、爱护小组里的每一个成员。相反,不接纳自己的带领者往往会有较高的自我防卫意识,他们可能会为了别人的同意或者欣赏而工作,而非真正有力量和勇气去面对小组中的一些重要的环节,从而也会减损小组的力量。因此,自我接纳、自信自爱是小组工作的一个基本目标,也是一个小组带领者需要具备的基本特质。

3. 真诚、愿意对质自己

有效的小组带领者是真实的,并且会对组员做出诚实的回应。他们基于组员的利益,愿意将心中的想法和感受说出来。他们向组员示范自己已经做好准备,可以讨论组员关心的任何事情。他们不逃避自己,不把自己隐藏在种种面具后面。他们的表达具体、清楚,当他们错的时候会愿意承认;当受到挑战时,不会摆出防御的姿态。他们以问题为中心,不会为情绪所左右而忘记讨论的真正主题。他们真诚地对待自己,也真诚地对待他人,他们的这种态度会对小组有良好的示范作用,从而使小组工作能够卓有功效地向前推进。

4. 敏感与及时的回应

敏感是指小组带领者对组员的认知和情绪有及时察觉和回应的能力。及时回应是指带领者被他人的快乐和痛苦所感动,并且能够将这些感受及时、准确地予以传达的过程。及时回应可以有效地促进组员和带领者、组员和组员之间情感上的联结,使小组更容易产生同理和共鸣,从而增强小组的一体感,为小组带来积极的动力。及时回应还意味着带领者能够及时处理问题。他们能够真诚地关注和聆听,专注而不被其他事情分心,能够在小组中开放地做出各种反应。要做到及时回应,带领者需要对自己的情绪有及时的和敏锐的认识,对组员有高度的同理的关注。

5.温暖、关怀与尊重他人的能力

小组带领者需要具备的最重要特质之一就是对他人的福祉和成长抱有真挚的兴趣。基于此,他们能够发展出对人的无条件的温暖和关怀的能力以及欣赏与尊重他人的能力。由于关怀,他们会激励组员去诚实地面对和审视自己所否定的各方面的问题,他们会真诚而坦率地告诉组员一些也许他们不想听到的事情;由于尊重,他们会允许组员按照个人的节奏、习惯、风格行动,他们会留给组员足够的空间去变化发展,去真诚地聆听和及时地回应,会真诚地对每一个组员的发展感兴趣。

6.对小组活动过程与小组功能的信任

小组带领者对小组的价值,以及小组活动的过程与小组功能的深信不疑,是小组成功的一个重要保障。当小组带领者对小组怀有坚定的信念时,他会对小组投入真挚的热忱和希望,即使小组处于逆境,带领者也能够千方百计寻找出路,而不会轻言放弃。小组带领者的信念和热情并非只是一种情绪化的狂热,而是基于他们对小组发展过程与小组动力的了解,基于他们丰富的带领小组的实际经验。他们知道小组发展变化过程的各种玄机和峰回路转的妙处,也了解如何利用小组中的一切因素。在他们眼中,没有所谓的消极因素,小组中发生的一切,都可以转化为积极因素,从而推动小组工作前进。

7.放松与幽默

小组工作看起来是十分严肃的,而且常常会触碰到成员内心的伤痛。然而事实上,一个成功的小组,应该是充满眼泪,也同时充满欢笑的。越是在艰难的时刻,小组带领者放松的态度越可以帮助组员保持镇定和信心。只有带领者保持清醒的觉察能力和反应能力,才有可能带领小组创造峰回路转的奇迹。幽默是放松的重要途径,它不仅可以缓解小组的气氛,同时也具有很好的治疗作用。放松和幽默可以增强组员的联结,使组员在笑声中学习到举重若轻的生活态度,给小组带来特殊的希望。一个自信、放松、幽默的带领者能够恰当地运用自我解嘲,能够通过幽默的语言和行动来回应小组的变化,能够激发组员的智慧,能够为小组创造出一种机智、诙谐的气氛,让大家在笑声中疗伤、成长。

8.勇气和个人的力量

有效的小组带领者能够在与成员的互动中表现出勇气,不把自己隐藏在带领者这个特殊角色的后面,而是能在小组中承担风险与承认错误,能够与别人对质并袒露自己对对方的真实反应,能够凭直觉和信念行事,在小组中开放地讨论自己对小组历程的想法和感受。他能够坚持自己的理念,不会被暂时的事件动摇。小组带领者的这种勇气和力量能够带给小组特别的示范作用,从而促进和提升小组组员的个人力量。

9. 适当的领导方式

伯恩斯(Burns)把小组领导分为专权式、民主式和放任式三种。其中,民主式的小组领导风格与社会工作的基本工作价值接近,也是小组工作最广泛采用的领导方式。民主式的小组领导方式是指小组带领者鼓励组员参与和各尽所能地去分担和完成小组的任务。这种风格的领导将自己视为小组发展和组员成长过程的促进者,因此,他们会更多地使用澄清、综合、反映和过程分析等技巧,帮助小组向着共同制定的目标前进。

二、小组带领者需要掌握的基本技能

技巧是小组带领者风格的具体反映,也是对小组带领者训练中最基本的部分。一般说来,要带领好一个小组,以下基本技巧是必不可少的。

1. 积极倾听

积极倾听是指专注于说话者所说的语言的和非语言的信息,也包括通过语言的和非语言的途径让倾诉者加以关注。在小组工作过程中,这是一件复杂的工作。因为小组带领者要关心和注意小组的每一个成员,而不仅仅是那个正在说话的人,做到这一点的主要技巧是:①倾听谈话者,用点头、共情式的回应等方式让谈话者了解你在倾听;②用眼睛扫视全体组员,倾听和观察他们的语言和非语言的姿态,特别是面部表情和身体移动;③用语言和非语言的方式,将听到和观察到的内容挖掘出来,适度地表达出来,让全体组员知道。

2. 反映

反映是同感的传达过程,主要是通过复述组员所表达出来的内容和揭示背后的情感来实现。反映是建立在积极倾听的基础上的。带领者的反映技巧可以达到双重目的:既能够帮助发言的组员更清楚自己所讲的内容和感受,又让其知道发言内容被听懂了。带领者对小组的反映有三个层次:①对某个组员的反映;②对两个或更多组员的反映;③对整个小组正在经历的事情和阶段的反映。

3. 澄清

澄清是指使用某些方法使组员陈述的内容和感受更加清楚和条理化的过程。澄清对小组的发展有重要作用,它可以帮助组员更好地表达自己想说的话。通过澄清,也可以保持小组内沟通的清晰性,不让混乱的信息造成组员的疲惫和泄气,从而影响小组工作的进程。可以采用以下几种方法进行澄清:①运用开放式的提问,获得更多信息;②可以采用重述的方法,将混杂在一起的信息重新排列;③请其他组员帮助澄清。

4. 总结

总结是小组工作中会经常采用的一种手段,也是小组带领者必备的技巧。总结是将散落在交谈过程中的信息进行归类,以精辟和简洁的语言对那些重要的观点和内容予以陈述。总结可以起到如下作用:①强化小组关注的焦点;②转换话题;③成为通向下一项活动的桥梁;④将主要点集中在一起,深化主题。

5.微型演讲和提供信息

有时候,尤其是在教育性质的小组中,带领者需要扮演"专家"的角色,为小组提供一些针对某个主题的信息。这时,带领者需要做一个微型演讲。这个演讲要求做到:①有趣;②与小组有关,是小组此时此地所需要的;③信息准确、新颖和客观,并且考虑到了小组成员的文化和性别情况;④简洁明了;⑤令人振奋。

6.鼓励和支持

对小组带领者来说,这项技巧特别重要。尤其在小组成立之初,组员经常会担心犯错误而给别人留下不好的印象。在成长或治疗性的小组中,组员们有时也害怕透露一些事情。带领者需要用温暖的话语和积极的面部表情以及"开放"、放松的姿态来传达对组员的支持,用及时的回应传达对组员的鼓励。当组员在挣扎着谈论一些比较困难的事情,担心说出事情后会给小组里其他人留下不好的印象时,带领者需要鼓励和支持组员们勇敢向前。

7.设定基调

设定基调是指设置和创造一种小组的情绪氛围。如果小组带领者没有这个意识或特别地考虑过这件事情,可能小组只是一个"严肃小组"或者"好好小组",没有压力,也没有承诺,最终也会以失败告终。带领者是通过自己的行动、言辞和其所允许发生在小组中的一切来设定基调的。带领者如果很有攻击性,小组就会有阻抗和紧张的气氛,带领者允许组员攻击和批评他人,就是允许小组存在一种恐怖的基调。如果带领者鼓励交流,小组就会拥有积极的基调。所以,小组带领者在带领一个小组之前,应该根据主题和对象,对小组的基调有所考虑,如:是严肃性的,还是松弛社交性的;是对抗性的,还是支持性的;是正式的,还是非正式的;是针对任务性的,还是针对人的关系性的。

8.自我流露

自我流露是指带领者在组员们交流思想和情感时,将个人的资料、感受真实地呈现在小组中的情况。自我流露之所以是重要和有用的技巧,是因为带领者的行为、沟通风格、倾听能力、对他人的鼓励都会成为其他人学习的典范。带领者的自我流露,可以显示自己愿意透露个人的情况以及愿意与大家交流;自我流露也可以告诉大家自己也是一个普通人,生活中也有各种各样的和组员们一样要面对的问题;自我流露还可以作为一个样本,让大家知道带领者希望从组员们那里得到怎样的回应。

9.运用眼神

在领导小组时,知道怎样运用眼神是非常重要的。眼神可以帮助带领者收集有价值的信息,鼓励组员发言,也可以阻止组员发言。具体可以有以下几个方面:①关注小组中的非语言的线索(如在某个组员发言时关注所有其他组员的反应);②引导组员关注其他组员;③引导组员透露其内心世界(如通过目光接触发掘想要发言的组员,并给予目光关注);④打断组员的发言(如用眼神给予信号,控制组员发言时间)。

10.识别同盟者

在小组中,如果带领者能够正确地识别那些可以依赖和合作以及能够帮助自己完成某个任务的组员,将会对领导工作有很大的好处。有些组员开始的时候可能看起来非常配合,看上去像是同盟者,但随着小组工作的开展,他们可能会希望接管小组或一味希望小组将注意力集中在他们身上。所以,小组带领者通常需要在经过几次会面之后,才能辨认出那些真正的对小组工作特别有帮助的组员,而这些真正的同盟者可能在开始的时候是比较安静和并不突出的组员。但在和同盟者合作的时候,要尽量避免给其他组员造成带领者偏爱某个或某些组员的印象。

三、小组带领者需要掌握的特殊技能

除以上一些基本的技巧之外,小组带领者还需要掌握一些特殊的、专门化的小组带领技能。这些技能主要用来帮助小组带领者掌握与小组成员沟通的方法,及时化解小组内发生的矛盾冲突,通过互动引导和关系维持的方式促进小组融合,高效带领组员实现小组目标。在带领小组过程中,小组带领者需要掌握三大类专门化技能,分别是有效沟通、冲突化解以及小组促进与干预。

(一)有效沟通

1.主要沟通模式

沟通是指两个人之间的信息交流行为,这种信息交流的行为可以分为两个层面,即认知层面和行为层面。

(1)认知层面。沟通是通过文字、信函、符号、语言、声音等与他人分享观念、感受、意念等信息。信息发出者拥有信息,通过语言和非语言的方式,传递给信息接收者。在这个过程中,双方能够就信息的涵义达成共识。

(2)行为层面。信息发出者在信息传递过程中,希望能达到某种效果,信息接收者能够做出行为反应,即向信息发出者表示自己了解、接收了信息,这样,沟通的过程才算完成。

在小组工作过程中,组员之间的沟通方式主要包括五种,分别为链状沟通、"丫"字形沟通、轮状沟通、环状沟通、开放式沟通。从整体上来看,开放式是小组中最好的沟通形式(见图8-1)。

开放式沟通允许所有组员相互充分沟通,这是最不具备结构性的沟通。在这里既没有人以领导的身份处于沟通的中心位置,没有领导和被领导关系,也没有沟通的开始和结束,所有的人都是平等的。它反映了小组的凝聚力和组员的参与热情,这是小组的最佳沟通模式之一。

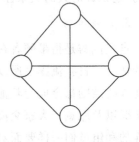

图8-1 开放式沟通

2.影响小组内有效沟通的因素

研究表明,影响小组有效沟通的因素主要包括以下方面。

(1)组员在小组中所处的位置。当组员对小组要讨论的问题比较熟悉,或者他们的社会地位比较高时,很容易成为小组沟通的中心人物。例如,在一个为职工开展的压力释放小组中,如果有部门领导参加,部门领导就很可能就成为一个中心人物。对于此种情况,小组带领者可以通过分次小组(将领导分在次小组中)、调整座位、强调小组平等原则以及引导领导转变角色

参与等方式控制特殊人物在小组中的位置。

(2)整个小组的座位安排。在小组的座位安排中,每个组员所选择的座位,反映了他们对各自地位、参与形式、领导模式以及相互关系的看法。在小组成立初期,通常是靠近带领者的组员以及与带领者面对面的组员具有更多的机会参与小组的讨论,当小组内部形成了次小组后,领导地位已经形成,座位的安排已经不重要了。

(3)小组的工作目标性质。一般来讲,当小组的工作目标比较简单,以信息收集为主的时候,沟通过程比较简单,沟通容易顺利进行;当小组工作目标比较复杂,涉及很多信息的收集、分析和讨论时,沟通过程比较烦琐,沟通比较困难。

(4)沟通技巧。小组内的沟通是否能够顺利进行,很大程度上取决于小组带领者和组员的沟通技巧。当双方都具备良好的沟通技巧时,沟通就会进行顺利;反之,就会给沟通带来困难。

3.小组带领者需要掌握的促进有效沟通的技巧

一个小组带领者,为了能够更好地引导组员进行沟通,建立有效的沟通模式,自己必须具备良好的沟通技巧。

良好的沟通技巧首先源于正确的态度。在此基础上,小组带领者可以有意识地培养一定的技巧,需要特别强调的是以下几点。

①不批评、非控制的态度:遵循案主自决的原则,尊重组员的选择和权利。

②平等、协商的态度:以平等的方式和对方沟通,保持协商的态度,愿意接受新的观点和看法。

③关注的技巧:谈话时的姿态、神态、坐姿、眼神等都能够反映出对组员的关注。

④语言使用的技巧:多用描述性语言,少用评价性语言;多问开放式问题,少问封闭式问题;多用简单句,少用多重长句;多谈感受,把自己的感受不经刻意修饰而自然真诚地表达出来。口语表达要简练,比喻要恰当。

⑤积极地倾听和适当地回应。

⑥敏锐地察觉对方身体语言的意义,辨别对方的情绪反应,并有效地处理。

总体来说,小组带领者应能够与组员通过沟通,建立一个良好的互动模式,同时,协助促进组员之间的沟通和互动,将组员的积极性和主观能动性调动起来,团结一致,为实现小组目标和个人目标而努力。

(二)冲突与冲突化解方法

1.主要冲突类型

德奇(Deutsch)指出,当个人内心、多人或群体中出现互不相容的争议性的行为时,冲突就产生了。在小组工作中,冲突也是不可避免的。当冲突得到积极解决时,会带来很多建设性的后果,当冲突无法解决时,就会产生很多负面的效应。从形式上来看,小组冲突可分为:①真实冲突,指围绕小组目标实现过程中产生的冲突;②非真实冲突,即与小组目标实现无关的矛盾表现;③实质冲突,指围绕小组目标的冲突;④感情冲突,即组员间情绪、性格上的冲突。

从内容上来看,小组冲突可分为:①理性及秩序性的冲突,指围绕实现小组目标时发生的冲突,表达方式是理性的;②心理及情感性的冲突,指组员性格和行为不协调造成的冲突,或因为组员未能有效克制自己的情绪而产生的冲突;③权力及控制性的冲突,指组员间因争夺小组权力和影响力而产生的冲突。

2. 解决人际冲突的常见策略

在解决冲突过程中,冲突的双方基本上有两个考虑:第一,达成一个共识,使双方的需要得到满足,各自实现自己的目标;第二,与对方建立一种合适的关系。如何解决人际冲突取决于个人目标的重要性,以及个人如何看待自己与对方的关系。为了帮助小组带领者更好地了解人际冲突的解决策略,理解人际冲突的解决方法,以便更好地掌握和理解在小组工作过程中组员解决冲突的方式,下面将系统介绍日常生活中人际冲突的解决途径。

(1)解决问题式策略。在使用这个策略时,当事人关注的是个人的目标和与对方的关系。在处理冲突时,就会本着解决问题和坦诚的态度,积极寻找办法,保证双方都能实现自己的目标,消除彼此之间的紧张关系。这个策略实际上是双赢式策略,通过冲突的解决,双方都实现了自己的目标,同时关系也得到了进一步完善。在解决小组冲突时,这个策略是最理想的。因为一方面这个策略能够给当事人双方带来最大的收益;另一方面,通过谈判和协商,为当事人提供了一个学习解决冲突的机会,在冲突解决过程中,也学到了一些方法和技巧。但是,对这个策略的使用是有条件的:第一,双方的实力相当;第二,双方对运用谈判的方式来解决问题,能够达成共识。

(2)自我牺牲的顺应性策略。使用这个策略时,当事人一般非常重视自己与他人的关系,个人的目标不占据重要地位。在处理冲突时,会以牺牲自己的利益和目标为代价,来换取与他人关系的改善。在小组冲突中,经常有组员会采用这个策略。由于他们的地位较低、资源缺乏、个人能力不强等,在与他人发生冲突时,无法与对方进行谈判,所以为了保持某种人际关系,会采用这个策略。

(3)强迫进攻性策略。采用这个策略的人,一般都会将自己的目标实现放在第一位,认为与他人的关系并不重要。为了实现目标,可以不择手段,千方百计使对方妥协、放弃自己的目标。他们经常采用的手段包括威胁利诱,提出一些极端要求强迫对方接受,甚至欺骗对方等。采用这个策略的当事人双方,一方会胁迫另一方妥协和让步,双方之间的关系会出现极端的不平等。

(4)妥协式策略。采用这个策略的人,通常很重视自己的目标,也重视自己与他人的关系。但是由于种种原因,无法像解决问题式策略那样,做到双赢,因此,在冲突解决过程中,需要双方各自妥协退让一步,使双方的目标有条件地部分实现,这样双方的关系也是有条件地得到维持。使用这个策略的双方都具备这样的特点:双方的实力处在同一水平,同时也都同意用妥协退让来解决问题。

(5)逃避式策略。采用这个策略的人,通常认为目标和与他人的关系对自己都不重要,因此,当冲突出现时,就会选择放弃自己的目标,放弃自己与他人的关系,以避免与他人的冲突。这个策略在某些特定情境中,具有积极效应。例如,在小组中,双方发生激烈冲突时,一方采用逃避式策略,离开现场,对缓解冲突激化是有好处的。当然,小组带领者应该跟进,等到双方都冷静下来后,要干预处理双方的矛盾和冲突。

上述五种冲突解决策略,在不同的情境中会产生不同的作用。在日常的人际冲突中,实际上人们都会交叉使用这些策略,从而有效地解决人际冲突。

3. 小组工作者在化解小组冲突中需要遵守的原则

当上述策略运用在小组情境中时,可能会受到下列因素的影响:第一,小组内部的冲突的性质;第二,组员对冲突解决的认识差异性;第三,小组的环境和背景等。因此,在解决小组冲突时,需要遵循这样一些原则。

(1)分析了解冲突产生的原因。在小组中,冲突产生的原因非常复杂,归纳起来包括:①沟通过程中,语言的表达困难和误解所致;②小组的结构越大,组员的工作专业性水平越高,领导越独裁,组员参与程度越高,冲突也就会越多;③个人因素,即小组带领者和组员自身的某些特点也容易导致冲突,如权威感、独断和低自尊、控制欲强等都容易引发冲突;④小组中的价值观冲突;⑤小组中对权威、地位和影响力的争夺等。

(2)全面了解冲突的表现。作为一个小组带领者,应该对小组中出现的冲突有敏锐的观察和反应,要清楚地了解下列信息:冲突是由谁引起的?为什么会发生冲突?谁跟谁之间发生的冲突?在冲突过程中,谁支持哪一方,为什么会支持?冲突的程度是怎样的?冲突的种类是什么?

(3)确定干预冲突的策略。在系统掌握了小组冲突的资料和信息后,小组带领者可以将冲突进行分类,针对不同的冲突,采用不同的方式。同时,还要明白组员之间是采用何种策略来解决问题的。

①针对理性和秩序性冲突:防止冲突变质,小组带领者可扮演"公证人"角色,可以借助小组规范,去协调争辩双方的言语和行为,转移开始有情绪化的辩论,邀请其他冷静的组员发表意见,让争辩双方冷静。在极端的情况下,可要求暂停讨论,以便有时间调整双方的情绪,同时,还可让组员认识和接受冲突是小组工作过程中正常的现象。

②针对心理和情绪性冲突:尽量控制和减弱冲突的扩散面,运用转移视线的方法,要求其他组员给予建议。用权力说服双方让步,使冲突暂停。鼓励组员用正面情绪抗衡负面情绪,引导组员回忆一些美好的事情,鼓励为个人和小组的利益放弃争执,团结一致,实现小组目标。

③针对权力及控制性冲突:运用权力去影响、平衡冲突的发展,首先要保证小组整体不会因冲突而受到伤害,要确保每个人都有同等的机会参与分享小组权力。如果小组凝聚力强,可允许组员公开坦诚地争论,用谈判或讨价还价来解决权力、决策分配的问题。否则,可运用权力阻止争论。

(4)谈判技巧在解决冲突中的运用。在处理小组冲突过程中,小组带领者要明确认识到,小组冲突是小组发展过程中的必然环节,小组冲突的解决,将有助于组员从过程中学习新的解决人际冲突的方法。这个过程既是一个成长过程,又是一个学习过程。在小组中运用谈判技巧,需要关注这样几个环节。

①让组员清楚地说出自己的需要,明确自己有权与别人谈判,且要倾听别人的需求,认识到自己与他人之间的冲突是一个双方之间的问题。

②说出自己的感受。

③表达个人的合作解决问题的意愿,说出自己的理由,并倾听他人的解释,重点讨论个人的需要和想法,找出双方的分歧,达成共识。

④理解别人的处境和观点,设身处地为他人着想。

⑤找出各种可能使双方获利的选择。

⑥达成一个明智的双方都接受的协议来解决问题。

拓展阅读　　　　　　　小组促进与干预技巧

除一些基本的技巧之外,小组带领者还可以学习一些难度较高的促进和干预技巧,这些技巧可以帮助小组带领者更主动地引导小组的互动,推动小组工作的进程。

1. 引导互动

在小组成立初期,组员对小组工作的开展形式和自己的角色还不清楚时,带领者可以通过提炼组员共同点(建立联结)、阻止组员不适当的发言和行为(阻止伤害)、设定小组互动的主题、时间、规则(明确设限)等引导组员互动。在这个过程中,带领者需要综合考虑个别成员的反应、小组整体的反应,用敏锐、温和,但是坚定和直接的态度表明自己的意图。

2. 融合

带领者通过聚合或结合的方法,简洁、有条理地对组员间的差异进行处理。具体包括指明组员言语和非言语表现之间的内在关联(综合信息)、回顾讨论的核心问题和重点(摘要关键)、打散复杂的事情以便处理(问题分类化),这个过程可能是超越组员的意识层次的,需要带领者有较强的信息处理能力。

3. 对质

对质是指带领者出于助人的目的,在适当的情形下,对组员言行的不一致、内在冲突的外在表现,对组员试图逃避的事实等做出挑战,带领组员或整个小组对成员的软弱、盲点、内心矛盾和冲突做直接的接触。对质技巧的使用需要带领者始终保持合作者、帮助者的姿态并且把握合适的时机,通过加入组员中的方式为他们提供支持,减少他们的畏惧心理,鼓励他们探索为什么会有这些表现。该技巧对于带领者的综合素质有较高要求,应谨慎使用。

四、发展和利用小组动力

带领小组,还需要了解小组动力。小组动力描述了这样一种现象,在小组工作开展过程中多种因素发生互动作用,并且对小组工作过程与结果产生着影响。因此,小组动力是小组工作开展过程中一种复杂的互动行为现象,是综合力量自发产生的现象,有着自身的规律。应尽可能了解小组动力的影响因素、作用规律,并利用这些知识,使小组工作更有成效。

小组是人类群体的一种。早期人们对于群体活动的研究,集中在两个方面:一是观察小组经验对解决问题的特殊作用;二是研究小组带领者的功能和作用。1944年,心理学家库尔特·勒温(Kurt Lewin)用动力学来描述小组中的各种力量、变化和影响的过程,小组动力学从而发展起来。

拓展阅读 　　　　　　　如何认识小组动力学？

小组动力学(Group Dynamics)理论又称小组动力理论,是描述小组工作开展过程中涉及的各种因素和力量之间相互关系的理论,其研究的内容包括小组的形成、维持、发展,内部的人际关系,小组与个体的关系,小组的内在动力,小组内的冲突,领导方式对小组的影响,小组行为等。小组动力学由心理学家库尔特·勒温创立。勒温用动力学来描述小组中的各种力量、变化和影响的过程。他强调小组是一个动力整体,应该把小组开展过程中涉及的每个影响小组发展的部分放在整体中进行研究。小组动力学理论的主要观点有以下方面。

1. 关于小组特性的论述

勒温的小组动力学理论建立在他的场域理论之上。场域理论认为个体不是孤立的个别属性的机械相加,而是在一定的生活空间里组织成的完整系统。因此,小组也不是由各个互不相干的个体组成的集合,而是相互联系的个体构成的关系。小组的特征取决于小组成员相互依存的内在关系,这些人与人之间相互联系、互动的关系使得小组在某个特定的环境里组成一个完整的系统。

2. 关于小组的内聚和分裂的问题

任何一个小组都面临着内聚和分裂的压力。分裂的压力往往来源于小组成员之间的交往障碍,或者个体目标与小组目标的强烈冲突。在实践中,加强小组内的凝聚力可以有效抵抗分裂,使小组各部分有机地结合在一起。获取小组凝聚力的关键在于以下几个方面:一是小组成员间的吸引力,如提升组员对其他小组成员的喜爱;二是带领者的工作作风,如平等、包容的沟通方式;三是小组成员对小组活动的兴趣;四是遵从与交往,小组成员对小组规则、活动等的遵从度越强,小组的凝聚力就越高,兴趣与态度一致的交往也能有效增进小组凝聚力。

3. 小组行为随着小组成员的改变而改变

在一个稳定的小组中,小组和小组成员的动机与目标强烈地连接在一起。因此,要使小组成员发生改变,就应该先改变具体的小组,这远比直接改变个人要容易得多。根据整体比部分更重要的场域理论的基本思路,我们可以得知,只要小组的价值不变化,个体就会更强烈地抵制变化,一旦小组标准本身发生变化,个体由于依附于小组而产生的抵抗力也会随之消除。

1. 小组动力学理论对带领小组的启示

小组作为一个临时性的社会团体和社会共同体,其建立、发展和成熟离不开组员在解决问题过程中逐渐形成的共同体意识(集体意识)和发展动力。小组动力学理论在调动和充分发挥组员发展动力中发挥着关键作用,是小组带领者深入了解影响因素、创造和利用小组发展动力、提升小组凝聚力和促进改变发生的基础理论。小组动力学理论对小组工作的启示主要包括以下几个方面。

(1)小组动力学理论帮助小组带领者认识到小组工作的过程是一个充满动力的过程。在带领小组的过程中,小组带领者必须了解小组工作的过程以及这个过程中的各种影响因素,充分认识到不同因素以及因素之间的交互作用会对小组的形成、维持和发展产生重要影响。

(2)小组动力学理论帮助小组工作者分析影响小组动力的各种因素。在诸多因素中,静态因素包括小组的特性、小组带领者的因素、小组成员的因素、机构的影响等;动态因素包括小组领导方式与形态、小组气氛和凝聚力、成员的参与和沟通模式、冲突和冲突的解决模式、小组的成文和不成文的规范、小组的决策过程、问题解决过程等。在带领小组过程中,对动态和静态因素的识别与分析能够帮助小组带领者厘清小组现存的问题,找准发展方向。

(3)小组动力学理论不仅可帮助小组带领者认识小组凝聚力的重要性,而且可帮助小组带领者了解如何提升小组凝聚力的方法和途径。控制造成小组分裂的因素,创造和利用提升小组凝聚力的因素对于小组发展具有重要意义。

(4)小组动力学理论可帮助小组带领者不仅关心小组成员个人的改变,而且关心小组的改变,并通过小组的改变去影响个人的改变。

2.利用小组动力要素保证小组有效运行

在小组工作开展过程中,小组中静态的和动态的动力要素能够整合在一起并形成综合力量影响小组工作进程。因此,小组带领者要识别和调整小组中可变的动力要素来保证小组工作的顺利进行。为了充分运用小组动力要素以有效带领小组,不同学者根据小组动力要素的组合提出了不同的小组动力模型。本书重点介绍结合多种动力模型中的多变项小组动力模型。

多变项小组动力模型采用了埃利斯(Ellis)和费希尔(Fisher)提出的输入、过程、输出这些动态的小组动力学概念。这个动态图既可以看作是小组纵向发展的完整过程流程图(即从小组工作开始到小组工作结束),也可以看作是小组纵向工作发展过程的一个横切面。每一次小组活动的结果都为下一次活动带入新的动力,成为新的输入因素①。具体如图8-2所示。

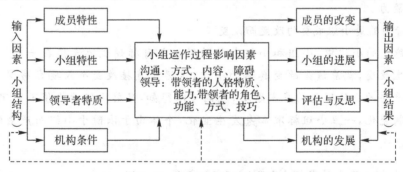

图8-2 多变项小组动力模型

从多变项小组动力模型中我们可以发现,小组从组建开始就包含着多种多样的动力要素,对这些动力要素的利用对小组有效运行发挥着至关重要的作用。因此,小组带领者既要提前熟悉和了解小组的输入因素,保证输入因素的动力不受限制,也要及时掌控和调整小组运作过程中的动力因素,促成小组的成熟及其功能的产生,最终实现小组积极改变的发生。

---

① 刘梦.小组工作[M].2版.北京:高等教育出版社,2013:6-7.

在整个小组运行过程中,成员的特性、由成员之间相互关系构成的小组特性、小组带领者的特质以及机构的条件构成了多变项小组动力模型的输入因素。①小组成员是小组工作的对象,是小组最基本的动力要素。小组成员需求的满足和改变的发生是小组工作的出发点和落脚点。因此,在组建和设计小组的过程中,需要对小组成员的情况进行调查并筛选合适组员。②小组的特性是小组带领者在小组工作开始之前必须想清楚的问题。小组的特性包括确定小组的类型、小组的对象、小组的原理、小组的目标、小组的名称、小组的主题、小组的规模、小组的结构、小组的形式、小组的时限、小组的空间时间安排以及小组的契约形式等内容。这些特性伴随着小组工作的开始、发展和结束,是小组带领者重要的准备工作。③小组带领者往往由受过一定专业训练的小组工作者或志愿者来担任,是小组动力的影响要素之一。小组带领者应该具备一些基本的技能:建立目的性关系的技能、分析小组情况的技能、参与小组活动的技能、处理小组感情关系的技能、应用机构及社区资源的技能、评估的技能等。小组带领者的能力和表现将直接影响小组的工作效果。④机构是有目标、有组织体制和拥有资源的实体,包括学校、医院、各种青少年服务中心、老年人服务机构、妇女小组以及政府或民间的所有组织。小组工作在不同机构中的运行会受到机构的影响。首先,机构的性质、主要服务对象、服务理念和物质资源会影响小组工作的性质(如学校的小组往往是针对学生的教育、成长小组,敬老院的小组往往是针对老年人需求开设的小组)。其次,机构也会对小组工作开展过程产生影响。小组带领者往往隶属于某个正式机构,是机构与小组间的桥梁,因此,小组带领者需要扮演好协调、沟通的中间人角色,获得机构的认可和支持,接受机构的监督和管理,利用机构的力量和资源实现小组的目标。

此外,小组成员的改变、小组的进展、评估与反思以及机构的发展构成了多变项小组动力模型的输出因素。这个结果既可以是整个小组的最后结果,也可以是每一次小组活动带来的过程性结果。它将成为下一次活动的输入因素,帮助小组带领者调整小组运行过程。在输入因素和输出因素中间,小组运作过程影响因素发挥重要的桥梁作用,影响着小组结果的发生。小组带领者需要掌握专业的方法和技能。

本章小结

人类是群体性生物,在群体中生活,并通过群体达到发展和改变的目的。归依群体是人的本性。群体互动所带来的经验既能激发个体的潜能,也会影响个体的行为。因此,从群体入手来设计社会服务是了解和改变服务对象的重要角度。小组工作和社区工作是从群体入手,引导社会成员相互合作、动用群体力量解决问题、促进社会工作发展的基本方法。

在使用小组工作方法的过程中,小组工作者首先需要掌握小组的特征、功能与类型,选择合适的小组工作模式开展服务。其次,小组工作者需要把握小组工作不同阶段组员的特征,充分掌控和调整小组的动态发展过程,促进小组目标顺利实现。最后,小组工作者还需要了解影响小组工作效果的因素,通过调动小组动力、运用基本技能和多种带领技巧保证小组维持良性运转。

思考题

1. 在公益服务中,小组工作可以发挥哪些功能?
2. 在提供小组服务之前,需要做哪些准备工作?
3. 小组带领者在开展小组服务中需要掌握哪些基本技能?

推荐阅读

1. 王思斌.社会工作概论[M].3版.北京:高等教育出版社,2014.
2. 刘梦.小组工作[M].2版.北京:高等教育出版社,2013.
3. 全国社会工作者职业水平考试教材编写组.社会工作综合能力:中级[M].北京:中国社会出版社,2007.
4. 潘正德.团体动力学[M].台北:心理出版社,1997.

第九章　帮助社区的服务方法与技巧

案例链接　　　　　河边村扶贫实验[①]

　　河边村位于云南省勐腊县勐伴镇,该村2011年被确认为国家级贫困村,全村57户,共206人,除2人为汉族以外,其余村民均为瑶族。河边村地处西双版纳热带雨林自然保护区内,平均海拔高度在800米左右,年平均气温为20℃,年均降雨量为1600~1780毫米。按照2015年的调查数据,河边村有土地782.3亩,其中水田145.7亩,旱田636.6亩,橡胶林地约2800亩。人均占有水田0.67亩,人均占有旱田2.95亩。农户主要种植水稻、玉米、甘蔗,养殖业主要是数量很少的冬瓜猪养殖。河边村农户的主要收入来源是甘蔗种植、砂仁采摘、外出打工及国家转移性补贴,整体上呈现为传统小农经济的状态。2014—2015年的人均纯收入是3193元,远低于2014年我国农村居民人均收入的10489元,并且村里的很多人家都处于负债状态;村民的生活水平相对较低,村内卫生、医疗条件较差;村内基础设施建设极不完善,交通、道路情况不佳,与外界联系不畅。从2015年起,在当地政府和公益组织小云助贫中心的共同努力下,河边村的经济迅速发展,村民的生活水平得到了极大改善,这主要得益于所采取的多项社区治理措施。

　　1.复合型产业发展

　　基于河边村的发展状况,小云助贫中心通过与村民共同参与,对全村进行了统一规划。河边村将以高端休闲以及小型论坛会议会址建设作为主导型产业,依托河边村的民族特色,在河边村打造具有瑶族特色的木质楼居,打造"瑶族妈妈的客房";依托河边村的气候特色,开发出"河边村天然出品"的品牌农产品,并通过微电商销售作为辅助性产业,主要包括开发鸡蛋、木瓜、芭蕉等小规模庭院式产业。

　　截至2017年8月,李小云教授带领团队和村民边建设、边开始产生收入,已有20多间具有瑶族特色的客居基本建成,在三个月的时间里最高收入达9000多元,最低收入也有2000多元。

　　2.提高农户经营能力

　　河边村在发展复合型产业的过程中,利用外部公司的市场营销,逐步发展具有自主性经营能力的农民合作经济组织。目前,随着房屋的建设,逐渐形成了以农户为主的客房管理和经营体系。经过两年的建设,河边村复合型产业的基础已经基本形成,农民们也在这一过程中学习按照现代管理理论把握市场,提高自身自主治理和经营的能力。

[①] 李小云.河边扶贫实验:发展主义的实践困惑[J].开放时代,2020(6):5-6,28-44.

3. 基础设施建设改造

河边村基础设施建设改造主要包括建设通村和村内道路,通村道路8公里,村内道路3.2公里;建设儿童活动中心1个、养老中心1个;为村民提供安全的饮水设施和4G网络;户户通宽带网络。同时帮助河边村每户建立独立卫生间和太阳能洗浴设施,建设集体猪舍,推动该村人畜分离,改善河边村的人居环境。

4. 改善社区治理

作为综合社区治理的一部分,小云助贫中心团队首先在河边村项目试点公益型社区建设,目标是增强村寨凝聚力,建设治理良好、合作关爱的公益型农村社区。2015年11月底,小云助贫中心团队与河边村发展工作队一起制定河边村的村规民约。村民代表实地参观了傣族纳卡村,边看边学;召开头脑风暴会讨论村规民约细则,围绕文明公民、公共卫生、社会治安、乡风民俗、邻里关系、婚姻家庭、文化教育、规划建设与土地管理、户籍管理九个主题,逐条讨论达成共识。河边村已经有河边村工作队、青年创业小组两个微型社区发展型组织。经过近四年的建设,河边村已经发生了深刻的变化,村民们的生活水平也得到了极大的改善。

社会建设,关乎民生,关乎国家长治久安,是中国特色社会主义"五位一体"总体布局的重要组成部分,在"四个全面"战略布局中具有举足轻重的地位和作用。《中共中央关于构建社会主义和谐社会若干重大问题的决定》阐述了构建社会主义和谐社会的指导思想、目标任务和原则;在党的十七大报告中,首次将社会建设纳入全面协调可持续发展的总体格局;党的十八届三中全会强调要将社会建设纳入国家治理体系和治理能力现代化的行动体系中;党的十九届五中全会再次强调"五位一体"总体布局的重要性(包括社会建设的重要性)、保障和改善民生及加强和创新社会治理的内容与方式;习近平总书记在党的二十大报告中进一步强调了要完善社会治理体系,健全城乡社区治理体系,及时把矛盾纠纷化解在基层。

社区作为社会建设的神经元,对于社会建设的作用不可忽视。2017年《中共中央 国务院关于加强和完善城乡社区治理的意见》指出,"完善城乡社区治理体制,努力把城乡社区建设成为和谐有序、绿色文明、创新包容、共建共享的幸福家园"。具体而言,包括以下几点。

第一,健全完善城乡社区治理体系。充分发挥基层党组织领导核心作用,有效发挥基层政府主导作用,注重发挥基层群众性自治组织基础作用,统筹发挥社会力量协同作用。

第二,不断提升城乡社区治理水平。增强社区居民参与能力,提高社区服务供给能力,强化社区文化引领能力,增强社区依法办事能力,提升社区矛盾预防化解能力,增强社区信息化应用能力。

第三,着力补齐城乡社区治理短板。改善社区人居环境,加快社区综合服务设施建设,优化社区资源配置,推进社区减负增效,改进社区物业服务管理。

第四,强化组织保障。完善领导机制和工作机制,加大资金投入力度,加强社区工作者队伍建设,完善政策标准体系和激励宣传机制。

为了加强社区建设与社区治理,国务院办公厅在《社区服务体系建设规划(2011—2015年)》中提出了社区服务的概念。社区服务体系,是指以社区为基本单元,以各类社区服务设施为依托,以社区全体居民、驻社区单位为对象,以公共服务、志愿服务、便民利民服务为主要内容,以满足社区居民生活需求、提高社区居民生活质量为目标,党委统一领导、政府主导支持、社会多元参与的服务网络及运行机制。社区服务包括福利服务和便民利民的有偿生活服务，发挥着社会保障和社会服务的双重功能。社区服务应当在党和政府的主导下，动员社区力量，开发利用社区资源，走社区服务社会化道路。社区服务的目的是满足生活需求，提高生活质量。

作为提供社会服务的主要职业，社会工作在社区治理与社会建设中的作用不可忽视。作为一门专业，国家发展社会工作的方向，就是将其运用到社会管理与服务领域中，提升社区治理水平。在2013年印发的《民政部 财政部关于加快推进社区社会工作服务的意见》指出，逐步用专业社会工作理念丰富社区工作理念，用专业社会工作制度创新社区管理服务制度，用专业社会工作方法提升社区管理服务水平，加快实现社会工作与社区建设在更高层次、更广范围、更多领域的融合发展。

除了社会工作者，社区建设也离不开政府、社会组织、社区群众以及志愿者的参与。社会工作者与志愿者合作开展社区服务，是社区建设的重要方式。作为社会的成员，无论是何种身份，都有可能参与到社区建设的队伍中去。因此，有必要了解一些有关社区建设与发展的基本知识。

第一节　社区与社区工作

一、社区

"社区"（Community）一词最早由德国社会思想家斐迪南·滕尼斯（Ferdinand Tönnies）提出，在他的代表作《共同体与社会：纯粹社会学的基本概念》中，他提出如果要将德语Gemeinschaft und Gesellschaft 翻译为英语，那就应该是 Community and Society。而将Community 翻译为"社区"，主要归功于费孝通先生。1948 年，费孝通先生在《社会研究》第77期上发表了论文《二十年来之中国社区研究》。在这篇论文中，他将 Community 翻译为"社区"，并在此后被人们广泛使用。事实上，人们生活的社区不仅是一个地域性的概念，同时也是一个文化的概念，因此用社区去表达 Community，可以把共同体与地方这两个基本要素有机结合起来，能够更加准确地覆盖 Community 的原意且符合汉语的表达习惯。

"社区"这一概念自滕尼斯首创以来，成为社会学中使用频繁、歧义较多的术语之一，那么"社区"到底是指什么呢？在滕尼斯看来，社区是指那些有着相同价值观、人口同质性较强的社会共同体，其体现的人际关系是一种亲密无间、守望相助、服从权威且具有共同信仰和共同风俗习惯的人际关系。这种共同体关系不是社会分工的结果，而是由传统的地缘、血缘、文化等造成的。1936 年，美国芝加哥大学社会学系教授罗伯特·帕克（Robert Park）在对社区的研究中，试图从基本特点上对社区下定义。他认为："社区的基本特点可以概括为：一是按区域组织起来的人口；二是这些人口不同程度地与他们赖以生存的土地有着密切的联系；三是生活在社区中的每一个人都处于一种相互依赖的互动关系中。"美国社会学家大卫·波普诺（David Popenoe）认为，当一群人集中于个人家庭和工作地点，并且以社会互动为日常模式（例如与工作、购物和上学等相关的生活模式）时，我们通常将这种集合叫作社区。许多学者都尝试给"社区"下定义,但这些定义都离不开人口、地域、组织和人际互动等基本要素。本书中的社区是指由一定数量居民组成的、具有内在互动关系和文化维系力的地域性的生活共同体。地域、人口、组织结构和文化是其构成的基本要素。

二、社区工作

社区工作(Community Work)有广义和狭义之分。广义的社区工作是指在社区内开展的所有以提高社区福利、促进社区发展、提高社区居民生活水平的社会服务或管理活动。不管工作是由谁提供,怎样提供,只要是在社区内从事助人活动和服务,都可以称为社区工作。而狭义的社区工作则是社区社会工作的简称,特指专业社会工作机构以及社会工作者运用社区工作的理论、方法、技能,以社区和社区居民作为服务对象,确定社区的问题与需求,发掘社区资源,动员和组织社区居民实现自助、互助和社区自治,化解社区矛盾和社区冲突,预防和解决社区问题,从而促进社区服务质量、福利水平的提高和整个社会的进步。

可以从三个层面理解社区工作:第一,社区工作是一种思想观念,是一种注重居民参与、团结力量、互相合作、居民协商和社会改良的意识形态观念;第二,社区工作是一种服务,是一种包括居民教育、居民组织、社区发展、社会运动、社会服务、政策规划和行政管理等内容的服务项目;第三,社区工作还是一种工作方法,即一种动员组织居民、教育居民,促进集体团结、社区发展和社会公正的工作方法。

1.社区工作的具体目标

作为发展社区的重要方法,社区工作关注社区中的居民,强调从居民出发推动社区发展。具体而言,社区工作主要有以下目标。

(1)促进居民参与解决自己的问题,发挥居民潜能,改善居民生活质量,提高居民社会意识。社区工作者要鼓励社区居民参与到解决问题的行动中去,帮助他们获得或提高独立解决问题的能力。

(2)改进社区关系,优化权力分配。社区工作者应当鼓励社区居民主动向政府有关部门反映和表达自己的意见,从而使社区资源和权力分配达到比较合理的水平,满足社区居民的基本需要。

(3)培养相互关怀的美德,加强居民对社区的归属感。社区工作要促进社区居民的相互交往,降低居民对社区的疏远感,促进建立一个相互关怀的社区,增加居民对社区的关注,推动社区居互帮互助,提高社区居民的幸福感、满足感与归属感。

(4)善用社区资源,满足社区需要。社区工作者应当充分发挥社区中的资源优势,使得社区资源得以充分运用,从而为社区提供更高质量的服务,满足社区需要,推动社区良性发展。

2.社区工作的基本功能

(1)提高社区社会福利。社会福利,广义上是指面对广大社会成员并改善其物质和精神生活的一切措施;狭义上是指对困难群体提供的带有福利性的社会支持。社区工作对这两者都有涉及。社区社会工作正是立足于满足社区居民的福利需求,开发和利用社区的社会福利资源,从而解决社区的问题,改善社区居民生活,提高社区福利水平,促进社区进步。社区工作通过社区计划、社区组织、社区募捐、社区基金会、社区再就业辅导等途径,来实现提高社区社会福利水平的目的。

（2）促进社区社会服务发展。提高社会福利的重要途径，是为社区居民提供各种社会服务。但这一功能的实现不能仅仅依靠社区工作者，需要社区工作者指导和帮助社区建立所需要的社会服务组织、服务项目和服务机制，最终动员社区居民一同投入到社区社会服务中来。

（3）开展社区社会行动。社会行动，也称社区行动，主要是为了帮助社区中的弱势群体，通过维权或增权的方法，向公众表达弱势群体的困难，获取第三方的支持，争取所需资源，改变不合理的政策，改善社区环境，解决实际问题，提供更好的发展空间。

（4）维持社区社会稳定。社区社会工作在维护社会秩序、解决社会问题、化解社会矛盾与冲突等方面具有独特的作用。在我国，通过加强社区居委会管理、推动并建立一系列社区组织等，完善社区运行机制，提高社区自治管理体系，协调社区内部关系，加强社区事务建设。在管理社区的同时，完善矛盾预防和化解机制，增强社区居民的归属感，从而维护社区稳定，推动社区可持续发展。

3. 社区工作的特点

基于上述目标与功能，社区工作呈现出一些基本特点。

（1）以社区为对象。社区工作的服务对象是整个社区。就地域性来看，社区工作的对象是社区中的每一个居民；就功能性来看，社区工作的对象是社区内群体性的问题，或居民所关注的共同事务。

（2）宏观的分析视角与较广的介入层面。社区工作分析问题的角度是宏观的，社区工作解决问题的方法不是单纯地改变个人，而是应着力去改善社区周围的环境，完善制度与政策。

（3）强调居民的集体参与性。社区工作的目标并不是为居民提供一切社会服务，也不可能提供一切社会服务，而是鼓励居民一起参与到社区事务中，合理解决社区问题，在集体参与社区事务的过程中清楚自己的责任，行使自己的权利，加强居民对社区的归属感。

（4）事工目标与过程目标并重。事工目标是指改善社区环境，解决社区问题，争取居民应有的资源和权利；过程目标是指让居民在社区工作过程中得到成长，提高社会意识，积极参与到社区事务中。在社区工作中，两个目标是并重的，既要针对社区居民的需要，解决社区问题，提高社区福利水平，又要提高居民社会意识以及对社区的归属感，发挥居民个人的潜能，从而推动社区整体生活水平的提升。

第二节　发展社区的通用技巧

一、社区分析技巧

（一）社区分析的基本步骤

社区分析的目的是深入了解社区。首先，需要对社区的基本情况进行了解，即探索社区背景。这既是社区服务的基本前提，也对日后开展工作有很大的帮助。探索社区背景时，需要重点考察以下两点。①社区基本情况，主要包括社区居民的人口及其成分、住房情况、就业情况、社区地理环境、社区基础设施与资源状况、社区社会服务，以及社区的历史、经济、政治、文化传统和价值观念等。②社区居民及团体的关系与权力结构,主要包括两个方面:一是社区机构和组织,即社区中政治、经济和其他特定团体的规模和作用发挥;二是社区权力分配和领导,即社区居民个人或团体的政治参与、对政府决策的影响等。

其次,在了解了社区背景之后,就需要对社区存在的问题进行分析。社区问题是指存在于社区中的,对社区居民生活有不良影响的事件。社区问题分析是指了解并界定社区中存在的问题,从而明确问题的范围、起源和严重(急迫)程度,为之后制订社区的发展计划做好准备。

社区问题分析主要包括以下几个步骤。①描述问题。在对社区情况进行了解时,可以发现居民们对于一些问题可能会特别关注,描述问题就是需要去明白居民的思想感情,了解居民是如何描述社区问题的,对这些问题有着怎样的感受。②界定问题。界定问题时应当从居民的立场上去考虑,而不能仅从自己的观点出发。要了解:"居民所认同的对问题的界定是什么?""为什么要这样界定?""这一问题是否是由来已久的问题?""问题的类型是什么?"③明确问题的范围,即弄明白:"受问题影响的居民有多少?""问题已经出现多久了?""问题集中在社区中的哪些地点和哪些人群?""问题是否涉及了价值观冲突?"④问题的起源与动力。找出问题产生、持续、发展的原因,并思考解决这些问题的可能的动力因素,如:"是否有居民愿意参与并解决问题?""是否有能力解决问题?""解决问题的方法有哪些?"⑤决定问题解决的优先顺序。这一步实际上是为确定社区服务的主题做准备。在决定问题解决的优先顺序时,要考虑"问题是否严重或急迫""涉及多少社区成员以及资源状况""社区工作者的目标取向以及人手多少""社区居民解决问题的动机是否强大""成功的可能性"以及"是否会产生不良后果"等。

再次,在对社区基本情况与社区问题有了基本认识以后,我们就需要对所有的资料进行梳理,分析社区居民的需要。

何谓需要?不同的学者给予了不同的表述。在分析社区居民需要时,一般采用布拉德肖的需要类型理论,即从规范性需要、感受性需要、表达性需要和比较性需要四个维度展开分析。发现社区居民存在的不知如何获取福利、不知如何申请服务、不知从何处寻求帮助等问题,了解社区居民需要的轻重缓急,从而对哪种需要优先有初步的把握。

最后,确定社区工作计划。社区工作计划就是指社区发展的设计和规划,是在了解社区背景、存在的问题以及社区居民需要的基础上,制定包括目标以及实现目标的方法策略等在内的一揽子行动方案。制订社区工作计划应当遵循社区居民参与、具有可行性、目标明确、整体规划等原则。

社区工作计划应当包括以下几点内容。①工作目标的选择和确定。工作目标即要达到的工作方向和目的,在制定目标时既要制定整体目标,还要根据每一阶段的具体任务制定阶段性目标。在制定目标时,工作者应当邀请社区居民共同参与,充分尊重社区居民的意见与期望。②明确服务对象。在界定时要考虑服务对象的自然条件和社会条件。自然条件包括性别、年龄、种族、健康状况等;社会条件包括收入、工作、教育程度等。③服务的形式与手段,即根据社区居民不同类型的需要,设计有针对性的服务形式与手段。④财力安排与人力安排。在制订计划时,应当提前规划好相应的筹资渠道、筹资数量以及资金预算;同时还要有相应的人力资源筹划,包括岗位设置与分配、人员的数量、人员的能力素养、培训方式等方面。⑤服务的活动时间进度表。要计划好服务的时间进度,并根据时间进度列出相应的具体表格,便于控制、评估。⑥工作方法。方法是达到目标的手段,在制订计划时应当考虑采用何种理论模式、工作方法来达成计划目标,采用何种方式来评估计划的执行情况及其效果。采用何种方法应当与社区居民共同协商,提前征得社区居民同意。⑦协同工作的单位。社区工作涉及多方利益主体,需要各方参与协作,因此在制订计划时应当考虑可能会参与计划执行的各单位,包括政府机关、企事业单位、社会组织等。

(二)社区分析的方法

为了全面完整地了解社区,面对复杂的社区情况,我们应当如何有效地去收集社区的基本信息,分析社区存在的问题以及社区居民们的需求?通常来说,可以采用以下四种方法。

1. 文献分析法

一般来说,我们可以通过四个方面的文献资料来丰富对社区的认识。一是查阅人口普查数据,可以获得社区中人口的年龄结构、性别、家庭结构、职业情况等基本信息。二是查阅地方志或政府相关资料,了解社区的历史、文化、经济情况以及社区地理信息等情况。三是了解社区机构的原始记录材料,如社区前任领导的工作记录,社区机构或组织的工作计划、工作总结等。四是通过查找媒体报道、社区个案访谈资料、团体座谈资料等来收集社区资料。

2. 参与式观察法

进入社区直接参与并观察,通过参与社区生活,与社区居民进行沟通,可以近距离观察其行为方式,了解真实的社区生活状态,同时也可以与社区居民建立较好的关系,为以后开展工作奠定基础。

3. 访问法

访问法一般是指以口头方式,与社区中具有代表性的人物进行面对面的谈话,能够比较深入地了解社区的需要,并且容易与受访者建立关系。但是访问法花费的时间较多,若访问的对象过少,所得资料就会缺少代表性,参考价值就会非常有限。

4. 社区普查法

社区普查法是通过问卷或访问对社区中的每一户进行调查,了解他们的想法。该方法比较适用于较小型的社区,能够系统且全面地了解居民对社区的期望与要求,并且通过调查有利于建立工作者与社区居民的关系。但是这种方法要求工作者应当具有社会调查的专业知识,所花费的成本也往往比较高。

二、社区组织与工作技巧

社区居民才是社区发展的主体,居民参与是社区服务的重要价值理念。在了解了社区的问题和需要,制定了发展社区的方案后,我们还需要动员社区居民一起参与到发展社区的服务中来。发动社区居民、召开居民会议和培养社区代表是常用的社区工作技巧。

(一)发动社区居民

让社区居民参与到社区行动中来,可以扩大居民支持和参与,充分发掘社区人才资源,让社区工作者与居民相互学习,共同成长。可以通过以下步骤与社区居民建立联系,引导居民参与社区事务。

1. 准备

在准备阶段,工作者应当明确动员的对象是谁?应当如何与这些对象接触?居民动员后应当做哪些事?如果对方不愿意参与,应当怎么办?

2. 开始接触

在准备阶段过后,就需要开始与动员对象接触,在接触时需要向对象做自我介绍,获取对方信任;与对方交谈了解想法,初步建立关系;与之初步讨论社区问题,了解看法。

3. 调动居民情绪,邀请居民参与

在接触一段时间后,应当通过谈话探寻居民对社区发展中的问题与需求的观点,培养引导他们合力解决问题,提高社区居民参与社区事务的主动性,并且在时机成熟后邀请他们参与相关活动。

4. 居民参与

在相关活动开展的过程中,要对参与的居民表示欢迎、欣赏和支持,要让参与者互相认识,使其尽快感觉到自己是团队的一分子,从而以积极的态度投入到社区事务中,使社区服务因为广大居民的参与而更加丰富、充满活力。

(二)召开居民会议

召开居民会议是引导居民参与的常用方法,也是动员居民参与和组织社区服务中的重要步骤。通过召开居民会议,居民能够平等地表达与分享个人的意见和主张,学习聆听、尊重与讨论等。通过居民会议,工作者和居民们可以交流信息,报告工作进展,一起讨论问题并做出决定,增进参与者之间的关系和合作,提高居民的民主参与意识。在召开居民会议前,工作者应当做好准备,明确本次会议的目的、主题,安排好会议内容与程序,提前做好场地准备、参会人员的确定与通知。在会议过程中,应当按照会议程序进行,把握好会议时间与会议氛围;会议中的决议要进行反复讨论,谨慎通过。会议结束后要整理好会议记录,同时还要提醒未参会者了解有关会议的重要内容;在执行会议决定时也要注重社区民主,征求有关人员的意见,并随时向社区居民汇报工作进展,做好工作记录,为下一次会议的召开做好准备。

在会议过程中,一般由社会工作者担任主持人的角色。如何发挥好主持人的角色,推动居民会议顺利开展呢?以下这些主持会议的技巧可以提供帮助。

1. 聆听

主持人应当仔细聆听发言人的意见,要从发言人的语言中收集信息,同时还要注意观察其他与会人员的反应。

2. 提问和邀请发言

要善于引导和鼓励与会人员参与发言、表达看法,善于运用开放式的提问给每个人均等的发言机会。

3.注意澄清和引导

主持人要善于引导发言人讲话,使发言不离开主题,要适时复述发言人的意见看法,及时核实和纠正一些与会议主题不符合的观念。

4.综合与集中

主持人要及时综合各方的观点,做出总结分析,把握会议进程。

5.运用身体语言

主持人的目光、肢体动作、表情等都可以辅助主持会议,通过身体语言,每一位参与者都能感受到主持人对每个人的关注。

6.多用赞美和鼓励

主持人的态度应当开放、友善、民主,对发言人给予适当的鼓励与支持,使其感到被尊重和重视,提高参会者以后参与社区活动的积极性。

(三)培养社区代表

社区工作者还应当多多留意社区中的核心人物,培养社区代表。社区代表是指能够抓住社区问题和需要的实质,代表社区意愿,为社区的行动提供意见和方向的核心人物。一个好的社区代表通常拥有以下特质:热爱群众、善于聆听、勤奋工作、乐于助人、表达能力强、思想开放、勇敢面对困难、严于律己、自我认同感强、有广阔的视野、善于处理压力等。工作者在鼓励居民参与社区事务时,应当积极留意有哪些居民拥有以上特质,并加以适当的发掘和培养。

工作者在培育社区代表时,应注重学习以下技巧。

(1)鼓励参与,及时肯定。工作者应当积极鼓励有潜质的代表参与组织工作,并在工作过程中适时给予社区代表鼓励和肯定,提高其在社区服务中的信心。

(2)培养民主的领导氛围,宣传当家作主的精神。工作者应不断向社区代表灌输当家作主精神,培养其民主意识,以建立其自主、自立发现社区问题、解决社区问题的能力和意识。

(3)给居民代表提供学习的机会,培养他们从检讨中学习、定期自省的习惯。工作者应按照社区代表的学习能力而给予其适当的学习机会,同时在实践中检验成败得失,促进社区代表发扬长处,改进不足。

(4)建立社区代表权责分工的意识。工作者应当注意提高社区代表的分工意识,避免出现由于分工不明、权责不清而导致的居民之间出现摩擦和效率低下等情况。

(5)培养理性讨论、充分沟通和尊重少数的领导作风。民主原则应当包括充分沟通、尊重大多数,同时也包括理性讨论和尊重少数等条件在内,工作者应注重加强培养社区代表对民主原则的理解,防止问题代表的出现。

三、社区项目评估的方法

评估是对项目落实情况的一种交代,是改善服务质量的一种途径,是社区服务工作中不可缺少的一个环节。通过评估活动,我们可以监测有关工作的进展与质量,了解工作过程中的问题与困难,找到可以改进的地方,及时选择更有效果的服务和计划。因此,评估对于社区发展是不可缺少的。在对社区进行评估时,通常会采用以下三种评估方法。第一,过程评估。该评估的目的在于评价有关项目的活动质量,评估重点在于对有关项目程序进行基本描述,包括服务使用情况、工作者的表现情况、投入服务的资源和人员配置等方面。通过过程评估,可以了解整个服务的进程和基本情况,明确服务开展的优劣情况等。第二,成果评估。成果评估又称效能评估,主要目的在于检验服务的成果是否符合预期目标,工作是否达成额外的结果,现有结果是否是由于其他因素而达成等方面。第三,效益评估。效益评估主要侧重服务的成本效益,即在一定成本下提供服务产生的成果是什么,并以此帮助决策者对不同服务程序做出效益比较,改进财政机制。

我们在评估时需要按照以下程序开展评估工作,最大程度上保证评估结果的有效性、真实性。

1. 明确项目目标

在一个项目执行过程中,通常会存在许多方面的变化。我们首先需要清楚地界定项目的目标对象,明确期待哪些方面会出现改变。对项目目标的描述必须清楚、准确且可以落实到操作层面。

2. 建立成果量度准则

确定好项目目标后,应该考虑怎样去测量,即将项目目标的表达转变为可以观察和测量的比较具体的指标。

3. 选择适当的研究设计

在社区服务工作中,为了弄清社区的改变是否与工作相关,项目是否具有实际效果,可以使用两种研究策略来解释。一是运用比较组和控制组的方法,即以一个接受服务的组和另一个没有接受服务的组,除了接受服务与否,这两个组在需求、问题、特点等方面都相似。在评估时需要将两个组做比较,然后看它们之间的差别,从而对项目的实际效果进行评估。二是进行时间序列测量,即测量和比较不同时间段的成果转化。在社区服务工作评估中,就是指将社区接受社区服务前后的状况进行比较,以观察不同的时间阶段的差别。

4. 选择适合的资料收集方法

在选择了测量指标与研究方法后,要选择资料收集方法。常用的资料收集方法主要有以下几种:问卷调查,即通过结构性的问卷去收集社区中居民的态度和看法;面谈访问,即通过与社区居民面对面深入讨论,了解他们的看法;实地观察,即在工作开展过程中以及结束后进行实地探访,观察社区问题的解决情况,并做好记录;收集现存资料,即利用已有的机构记录、社区工作记录、报告及服务统计等来量度服务的效果。

5. 评估项目的有效性

在收集好相关资料后,就可以对这些资料进行分析,以评估是否达到预期目标。当所收集的是数量化的资料时,需要对这些资料进行定量的分析,主要包括单变量统计、双变量统计及多变量统计分析。当收集的资料是一些非数量化的资料时,需要对这些资料进行定性的分析。通过对所收集资料的分类整理、描述分析等来评估项目。

第三节　城乡社区发展

一、农村社区发展

(一)农村社区概述

农村社区是指聚居在一定地域范围内的农村居民在以农业为主的生产生活方式的基础上所组成的社会生活共同体。农村社区是一个相对完整的社会结构体系,其构成要素主要包括以下四个方面:具有广阔的地域,但是居民的聚居程度不高;农村社区内的居民结成具有一定特征的社会群体、社会组织;以村或镇为居民的活动中心;同一农村社区的居民在生活方式、价值观念、行为方式等方面大体相同。

同时,相较于城市社区而言,农村社区有以下特点:拥有较广阔的地域,对自然环境的依存性更强;人口密度较小,经济、文化、生产技术等相对落后;人口职业结构简单,血缘、地缘关系比较密切,业缘关系比较薄弱;生活方式比较简单,受到传统文化的影响比较大;家庭功能比较突出,对农村社区成员的社会化影响比较明显;社会组织比较简单,对社区居民的行为制约主要依靠传统文化规范。

在我国,农村社区建设提出的时间相较于城市社区建设要晚,农村社区建设模式还处于探索之中,各种模式还没有定型。当前比较常见的建设模式是根据社区的形成过程和总体形态划分出的四种模式。

(1)"一村一社区"模式。所谓"一村一社区",是指按照现有的行政村为单位设置农村社区,在一个行政村中设置一个农村社区,在不改变原有村民自治架构的基础上建立健全农村社区管理和服务体系。

(2)"多村一社区"模式。"多村一社区"是指按照地理位置相近、规模适度、有利于配置公共资源的原则,把两个或两个以上的行政村划分为一个社区,在社区中选择一个中心村并在中心村设置社区服务中心。在这种模式下,农村社区是外在于各个行政村的,社区服务中心只是服务机构,与行政村没有隶属关系。

(3)"一村多社区"模式。"一村多社区"是在自然村基础上建立社区,在一个行政村下的多个自然村分别建立社区。在这种模式下,农村社区是村民委员会之下的一个组织单元。

(4)"集中建社区"模式。"集中建社区"又称"集聚型社区",是指通过把分散居住的农村居民集中到新建的居民小区中,并在此基础上设立社区。在城市郊区以及一些经济比较发达的地区,这种模式比较常见。

(二)农村社区工作

农村社区工作,是社会工作实务领域之一,是指专业的社会工作者在农村社区中,以乡镇社区为空间范围,以农村社区居民为对象,调动社区资源,有计划、有步骤地从专业的角度解决农村和农村居民的问题,以减少社会冲突,提高农村社区的社会福利水平,促进农村社区的稳定与发展的专业服务工作。

农村社区工作包括以下四个方面的工作内容:推动居民广泛参与和增能,倡导政府的社会政策改进或使政策更符合农村居民的真实需求,减少社会冲突,维护农村社会稳定;通过居民合作组织的发育,达到居民团结互助,以便共同应对市场压力;通过教育或培训活动,居民可获得与其生活相关的知识,提高应对社会变迁的能力;通过为居民提供个人、家庭、小组等直接支持和服务,改善他们的人际关系和沟通能力,以适应社区重建的需要。

开展社区工作之前,社区工作者往往需要先对社区的总体情况进行评估,而在农村社区工作中,往往采用参与式评估方法。参与式评估方法是指一套通过参与式方法了解、评估服务对象及所在地区的历史和现状,以及社会、经济、文化等方面存在的问题、约束、机会等手段的总称,是一种有目的地收集与分析社区现状的调查方法。在参与式社区评估的过程中,主要会运用到以下几种评估工具。

(1)社区分布图。社区分布图是将社区内部的行政分布用图画的方式展示出来,目的是为了了解社区的行政分布,对社区内的人口做一个快速统计,了解社区内居民的居住情况、人员分布、亲属关系等,也可以用于协助识别一个项目的目标群体。社区分布图中应当包括社区行政分界,社区中的道路、房屋、村委会、学校等地物,社区内的经济分布情况等。

在绘制社区分布图时,通常会邀请8~10名不同年龄、性别的居民,以一个点(某个有特征的公共场地或者农户的住所)为中心不断展开,不断完善,并用不同的标记和颜色代表不同的实物。同时,在绘制社区分布图时应当注意:该图所示内容为农户最为熟悉的生活环境,在说明完绘图要求后,既可以让居民自己绘图,也可以由工作者绘图,绘图完成后由大家提出修改意见并让其他人(包括村中的老人、妇女、小孩等)验证、完善;同时,可以将社区分布图和资源图合并绘制。

(2)资源图。绘制资源图,是为了了解、讨论、展示社区中农民现在所使用的资源,以及被他们视为潜在资源的情况。通过资源图,社区工作者可以和居民共享资源利用中的优势和潜力、问题及对策。资源图应当包括社区地形(山脉走向、海拔等)、社区地物(道路、房屋、学校等)、社区的土地利用情况及社区水资源分布等内容。

在绘制社区资源图时,首先要向社区中的居民说明资源的概念,让他们了解资源是指与他们生产生活有着密切关系的各类土地及其他物资,之后可以先让居民画出资源的空间分布,或者由居民说明分布情况并由工作者绘制,接着再在图中说明各类资源的详细用途。在绘制资源图时应当注意:第一,在制作资源图时可以用实物表示各种资源,这样更加直观,有利于居民理解和讨论;第二,在图表的空间方向上应当根据农民的思维确定,不一定非要采用"上北下南"的原则。

(3)农村大事记。农村大事记是使用图表的方法回顾居民印象中村庄所发生的重大事件并将其记录下来,目的是通过大事记了解该社区的发展历程。

在绘制时,往往使用一条直线作为时间线,并在时间线上从左往右依次标出村子里发生过的重大事件及时间。在绘制大事记时应当注意:第一,主要的访问对象应该是对村子比较了解的居民,尤其是村里的老年人、村干部等;第二,在绘制前访问居民时可以先不按时间顺序说明,而是由工作者整理完毕后再按时间顺序绘制;第三,不应当让外界的观点影响村民的看法,应当鼓励村民记录下他们记忆深刻或对生产产生重大影响的事件,并且最好是由村民自己来绘制。

(4)主要问题排序表。主要问题排序表是以表格的方式列出居民的所有问题(或主要的几种问题),并将这些问题逐一比较,从中找出最主要的问题并组织居民讨论解决。

在绘制主要问题排序表时,首先要让居民列出他们认为需要解决的问题有哪些,并将这些问题放入表格之中,统计每一个问题出现的次数,次数最多的就代表是最重要的问题。在绘制主要问题排序表时应当注意:第一,在对问题进行排序时应该避免个别人的意见代表多数人的意见;第二,可以对居民按特征分为不同群体(如按性别分为男、女两个群体),并考察不同群体对同一问题的看法。具体如表9-1所示。

表9-1 ××村存在的主要问题排序表

问题	最严重		第二严重		第三严重		不是问题		得分	排序
	男	女	男	女	男	女	男	女		
技术										
交通										
资金										
市场										
水源										
土地										
信息										

(三)乡村振兴战略

党的十九大报告指出,农业农村农民问题是关系国计民生的根本性问题,必须始终把解决好"三农"问题作为全党工作重中之重。党的二十大报告中指出,全面建设社会主义现代化国家,最艰巨最繁重的任务仍然在农村。要坚持农业农村优先发展,按照产业兴旺、生态宜居、乡风文明、治理有效、生活富裕的总要求,建立健全城乡融合发展体制机制和政策体系,统筹推进农村经济建设、政治建设、文化建设、社会建设、生态文明建设和党的建设,加快推进乡村治理体系和治理能力现代化,加快推进农业农村现代化,走中国特色社会主义乡村振兴道路。

社会工作作为科学的助人活动,在专业属性、价值理念、实践方式等多方面与乡村振兴战略具有契合性、一致性。2018年中共中央、国务院印发的《国家乡村振兴战略规划(2018—2022年)》提出要"大力培育服务性、公益性、互助性农村社会组织,积极发展农村社会工作和志愿服务","推动各地通过政府购买服务、设置基层公共管理和社会服务岗位、引入社会工作专业人才和志愿者等方式,为农村留守儿童和妇女、老年人以及困境儿童提供关爱服务"。在乡村振兴的大背景下,志愿者与社会工作者一起,能够在农村社区发展方面做出更丰富、更有效的工作。具体而言,可以在乡村振兴中围绕以下几方面开展农村社区工作。

(1)确立农民主体地位。乡村振兴的根本是尊重农民的主体地位,提升农民的主体能力,社会工作也特别强调要发挥服务对象个人的潜能。农民是乡村振兴的主体,也是农村社区的主体,为农民赋权就是要激发农民的自主意识,提高他们参与乡村振兴的意识与能力,保障他们的发展权益。农村社区工作通过利用"助人自助"理念和"赋权"工作方法,尊重农村社区中贫困对象的主体性,协助其成为工作的行动主体和决策主体,提升其对乡村振兴的认同感、对社区的归属感,增强其自主发展的意识,调动其参与乡村振兴的积极性与主动性。

(2) 重视农民能力建设。社会工作在"优势视角"的指导下,注重对农民能力的培养,发掘农民的内在潜力,通过专业的眼光发现农民身上的优点,提高农村社区居民的自我发展能力。

(3) 发展农村社会组织。"大力培育服务性、公益性、互助性农村社会组织,积极发展农村社会工作和志愿服务"是乡村振兴的必然要求。我国大部分农村的组织存在基础弱化、村级经济组织空壳化严重、村级组织发育水平低、缺乏凝聚力等问题,对乡村振兴的持续开展造成了不小的影响。因此要积极推动农民组织化,鼓励农民以组织的方式解决自己的问题,培育农村集体经济组织,培养农民的合作互助精神,提升农民的市场地位和竞争能力,推动农村社会组织的建设与发展,完善农村基层组织的工作体系,提升农村社区凝聚力,发挥好农村社会组织在乡村振兴中的积极作用。

(4) 实施参与式发展。乡村振兴是一项社会性的事业,既需要国家的政策支持,也需要农民群众的积极参与。将"参与式"的理念引入乡村振兴,就是尊重农民的主体意志,根据农民的需求,选取合适、合理的社区发展方式与乡村发展模式,提升农民的主体意识和话语地位,激发农民的积极性、主动性和参与性。

(5) 构建社会支持网络。社会工作秉承"人在情境中"的观点,通过专业介入手段,帮助群众调节家庭和社会关系,连接外部资源,建立社会支持网络。同时,充分发动社会各方力量,整合社会资源,营造自助、互助的良好氛围,帮助群众更好地适应社区和社会环境。

二、城市社区发展

(一)城市社区概述

相对于人口密度低并以农业为主的农村社区,城市社区是指特定的城市区域内,由从事各种非农业劳动而又有各种社会分工的密集人口组成的社会共同体。相对于农村社区,城市社区有以下特点:人口高度集中,密度大;生产力水平高,商品经济发达;经济、政治活动集中,金融、信贷、商业贸易、科学技术、文化、信息、服务等系统综合功能强;社会结构复杂,社会群体活跃;人际关系由血缘关系和地缘关系转向业缘化;社会服务机构齐全,家庭的经济、教育等功能明显削弱;社会流动性大,个人的地位和角色易变;个人社会化程度高,个性得到较全面的发展;社会控制主要依靠正式机构和法律;生活方式多样,生活节奏快,紧张压迫感强。

城市是经济、政治、文化、教育、科学及社会发展等活动的中心,随着各国城市化的发展,人口向城市集聚,城市社区必将成为在居民生产生活中占据主导地位的区域。我国在推动城市社区的建设过程中,积累了丰富的工作实践。

(二)城市社区服务与社区建设

自20世纪80年代中期以来,社区服务在我国城市经济生活、社会生活和政治生活中发挥了重要作用,主要表现在以下方面。

(1) 满足了居民的基本生活需要。社区服务的核心内容是满足困难群体和一般居民的多种需要,它在支持困难群体、满足居民的发展需要方面发挥了积极作用。

(2)创造了一些就业机会。社区服务作为解决失业人员再就业的一个领域,在促进就业方面发挥了积极作用。

(3)支持了国有企业的市场化改革。在国有企业市场化改革的过程中,社区服务不但帮助解决了部分失业人员的就业问题,而且承接了单位释放出来的福利服务职能,改变了"企社不分"的现象,支持了国有企业的市场化改革。

(4)培育了人们的社区理念。通过社区服务和后来的社区建设,社区理念得到了普及,这也支持和促进了城市社区建设以及城市基层管理体制的改革。

有了社区服务的实践经验,20世纪90年代以来,我国在城市中普遍开展了社区建设。社区建设是指在党和政府的领导下,依靠社区力量,利用社区资源,强化社区功能,解决社区问题,促进社区政治、经济、文化、环境协调和健康发展,不断提高社区成员生活水平和生活质量的过程。

社区建设是在国有企业改革、向市场经济体制转轨和原来的城市管理体制严重不适应时代发展的背景下提出的。上述改革强调将居民服务、城市社区管理的任务推向社区,但在计划经济时期一直处于附属地位的社区难以承担这些职能,在这种情况下,社区建设任务的提出就成为必然。各地在社区建设的实践中做法各不相同,有的以社区服务为主,有的突出社区文化,也有的尝试推进社区民主。在社区建设中既可以看到政府自上而下的强有力推动,也可以看到自下而上的社区基础力量的累积。这是一个多方参与共同探索城市社区治理、社会管理新模式的过程。

在这一过程中,许多街道、居民委员会工作人员参加了以社会工作为主要内容的培训,社会工作知识得到一定程度的普及,社会工作理论和方法对社区工作者有效地开展社区建设工作也起到了积极作用。

(三)社区治理

社区治理是社区建设的新阶段,是指在党的领导下,在社区范围内政府与社区组织、社区居民共同管理社区公共事务的活动。

在社区建设的探索中,我国政府不断推动社区治理方式由政府管理向协商共治转变、社区服务内容由政务向居务(居民事务)转变、社区参与由被动向主动转变、社区联结由松散向紧密转变。党的十八大报告指出:"要健全基层党组织领导的充满活力的基层群众自治机制。"党的十九大报告指出:"加强社区治理体系建设,推动社会治理重心向基层下移,发挥社会组织作用,实现政府治理和社会调节、居民自治良性互动。"党的二十大报告指出:"完善网格化管理、精细化服务、信息化支撑的基层治理平台,健全城乡社区治理体系。"

根据社区治理结构中的主导角色,我国城市社区治理模式主要有以下四种。

(1)行政引导型。该模式下的社区治理以政府的指导为主,对行政力量的依赖较高,政府组织是社区治理的主体。

(2)自治型。采取自治型社区治理模式的社区通常设置了社区决策机构、执行机构、监督机构。政府将社区管理的有关职责交给社区,然后用法律和制度来规范社区运行机制,社区居民和社区组织在社区治理中发挥核心作用。

(3)混合型(合作型)。该模式试图建立一种社区自治系统与政府行政系统的共生机制,政府对社区事务的干预较少,在培养、指导社区组织的过程中逐渐将管理职责让位于社区居民与社区组织。

(4)企业主导型。这是一种物业管理公司在社区治理中发挥突出作用的模式,这种模式一般出现在由资质、品牌、服务质量和企业形象都较好的物业管理公司管理的商品房小区中。

社区治理是一个持续性的过程。在未来的发展中,要积极应对挑战,努力满足社区居民多样化的目标,推动社区治理体系与治理能力不断发展,可以从以下几点着手。首先,要不断推动居民自治。居民是社区的主人,在社区治理中要厘清政府管理与群众自治的关系,促进政府管理与群众自治有效衔接与良性互动,充分发挥居民在社区中的主体作用。其次,要重视培育社区精英。社区精英是指具有较强公共意识与参与意识,并对社区公共事务产生影响力的人,在实现社区居民自治的过程中发挥着重要的带头作用。再次,要进一步完善社区服务,不断丰富服务的内容、创新服务的方式、提升服务的能力,从而提高社区居民的满足感与获得感,提升社区居民生活质量。最后,重视协商共治。多元主体协商共治能够为社区建设凝聚多方力量、整合多方资源、协同多种机制,解决社区内部的复杂问题。在协商共治的框架下,应当推动社区居委会、业委会、物业管理公司、社团组织等多元主体平等地进行对话、竞争、合作,针对社区的具体问题,共同协商解决方案,缓解社区矛盾,从而形成治理合力[①]。

三、发展社区的主要模式

一般来说,社区发展模式、社会策划模式以及社区照顾模式是在发展社区中常用的三种主流工作模式,此外,社区营造的工作模式也越来越受到人们的关注。

(一)社区发展模式

社区发展模式也称地区发展模式。该模式强调在一个较大的社区范围内,通过鼓励社区居民自助或互助,提高居民对社区的归属感,从而广泛参与社区事务。通过居民参与解决社区问题,推动社区发展。

社区工作者在活动过程中担任协调者、老师和社区代表的培育者等角色,而居民则是服务对象以及活动的主要参与者。

例如,在地震灾后重建工作中就可以运用社区发展模式,服务对象是整个受灾地域的居民。灾后,许多居民面临着诸多问题,如流离失所、家破人亡、缺少对救灾信息的了解等,同时灾区的基层组织也会遭到破坏,此时工作的首要任务就是保障灾区居民的基本生活。社区工作者可以运用社区发展模式,在灾民中招募基层干部、党员干部或普通群众等组成工作小组,分担不同的职能、任务,并以这些工作小组为基础,发展更多的灾区居民参与到工作中,共同推动灾后重建工作的开展,促使灾区居民基本生活恢复与改善。

在本章开始部分,通过分析河边村社区情况我们可以发现,在经济方面,河边村居民的收入以种植业为主,整体上呈现传统小农状态;在教育方面,村民整体教育水平较低。但我们也可以看到,河边村也具有一定的社区发展优势,如山清水秀、环境优美;村中大部分居民为瑶

---

① 向德平,华汛子.中国社区建设的历程、演进与展望[J].当代中国史研究,2019(4):152.

族,民族特色显著;该村地处西双版纳热带雨林自然保护区,独特的气候有利于当地发展木瓜、芭蕉等种植产业。所以针对河边村的扶贫发展,小云助贫中心的工作者首先与村民进行广泛的沟通,共同商讨、制订该村的发展计划,并且与村民共同负责河边村扶贫发展项目的开展。此外,小云助贫中心也注重改善河边村社区治理,推动社区居民自主开展商讨,制定了一系列村规民约细则,帮助村民提高自主经营能力,同时提高了村民自我经营、自我管理的能力与当家作主精神。经过小云助贫中心与村民的共同努力,河边村的贫困状况得到了改善,村民们的凝聚力与积极性也得到了提高。

在发展社区、开展社区服务的实务工作中运用社区发展模式,有利于发展社区民主,建立一个民主型社区。但是也应当注意一些问题:此模式只能解决社区内部较小的问题,对于由于制度或资源分配不均导致的问题无能为力;强调依靠内部资源和居民参与,难以解决不同利益群体之间的冲突;由于过分地强调民主参与,导致该模式成本高而效益较低。

(二)社区策划模式

社区策划模式也叫作社区计划模式,是指在理性方法指导下,依靠专家的意见和知识,准确把握社区服务机构的使命、宗旨、政策、资源,在了解社区居民的问题及需要的基础上,确立社区工作目标,依此从多个预选方案中选择一个最佳的工作方案,然后动员和分配资源,并在工作过程中根据不断变化的实际状况随时修改计划,保障计划不断朝向预期目标前进,在工作结束时对计划执行情况加以总结和反思,最终解决问题。该模式强调社区的改变是自上而下的,同时非常重视社区未来的发展。

工作者在运用社区策划模式发展社区时,需要遵循以下基本步骤:澄清本机构的服务理念和工作者的能力;对社区存在的问题开展调查分析;界定社区需求和目标;澄清自己可以动用的资源;制定、分析和选择服务方案;测试和调整服务方案;执行方案;反馈和调整方案;评估方案。

在本章开篇案例中,我们也可以看到社区策划模式的身影。在推动河边村社区发展的过程中,首先由小云助贫中心的专家们进入河边村,对村中的状况进行综合评估,在确定了该村存在的问题后,对河边村进行优劣势分析并结合本村特色制订发展计划,走出了一条适合河边村发展的新道路。河边村地处西双版纳热带雨林自然保护区内,是典型的瑶族村寨,旅游资源丰富,同时有利于热带水果的种植。基于此,在规划河边村的发展计划时,小云助贫中心决定河边村将以高端休闲以及小型论坛会议会址建设作为主导型产业,打造"瑶族妈妈的客房",同时发展木瓜、芭蕉等小规模庭院式产业。此外,规划建设河边村基础设施,包括建设通村公路和村内道路、修建儿童活动中心与养老中心、建设安全的饮用水设施与网络设施、推动人畜分离、改善该村的人居环境等措施。通过一项项规划的落实,河边村的经济、教育、人居等条件得到了改善,村民的生活水平也得到了提高。

社会策划模式作为自上而下的工作模式,在工作过程中可以保证服务质量,并且工作效率较高,但是该模式过分重视专家意见,在一定程度上忽视了社区居民的看法,可能会导致民众参与率低,造成民众对计划本身缺乏兴趣和投入,或者对所提供服务的依赖性上升,导致被动民众群体(对社区参与缺乏主动性、积极性的社区居民)的出现,在一定程度上不利于社区可持续发展。

(三) 社区照顾模式

社区照顾是指动员社区资源，运用非正规支援网络服务（亲戚、朋友、邻居、志愿者以及案主群等组成的互助组织所提供的服务），联合正规服务（由政府、非政府福利组织及营利机构等专门机构和支薪人员所提供的照顾服务）所提供的资源与设施，让有需要的人士在社区环境下享有正常的生活，加强其在社区内的生活能力，达到与社区融合的目的，并建立一个具有关怀性的社区。

该模式的主要工作对象为社区中的弱势群体，如残障人士、独居老年人等。此模式认为，单纯依靠个人照顾、家庭照顾或机构照顾等都存在着某些不足，而社区照顾可以使得弱势群体在社区内接受正规服务和非正规支援网络的服务，既可以避免机构照顾的某些弊端，又可以减轻家庭照顾的负担，从而建立一个关怀型社区，帮助服务对象融入社区，恢复正常的社会生活。

针对独居的患病老年人就可以运用社区照顾。由于长期患病以及身体机能的下滑，老年人可能会面临着生理、心理多方面的困扰。社区工作者可以组织医护人员、老年人的家属（或社区干部）对其进行全面评估，发现其问题与需要，为其策划并提供全面的服务。针对其疾病情况，可以组织社区医生进行定期家访和治疗；针对个人生活，可以安排义工对其进行居家护理，或者在社区设置居家照料中心为其提供生活照顾；针对其心理方面的问题，可以由专业人员制订专门计划进行个案辅导，或者组织活动加强老年人群体之间或者老年人与其他居民之间的互动；针对经济方面的问题，可以联系相关政府机关、社会组织等为其提供援助服务。

总之，应用社区照顾模式可以整合社区闲散资源为社区居民提供服务，有利于建立一个温暖的、有人情关怀的社区，但在具体的工作开展过程中，也需要注意非正规资源的质量及数量、具体的服务方法是否合适，以及服务方案和服务过程中是否存在歧视服务对象等问题。

案例链接 社区照顾视角下医养结合模式在社区养老服务中的应用
——以广州市荔湾区东街智慧养老项目为例[①]

广州市是全国42个养老服务业综合改革试点地区之一。截至2016年末，广州市荔湾区东漖街全街常住人口约5.8万人，其中常住辖区内60岁以上的老年人9103人，约占街道常住人口的15.7%，其中户籍老年人3675人，约占户籍总人口的18.8%；60～69岁老年人2380人，70岁及以上老年人986人，80～89岁老年人276人，90岁以上老年人33人；独居老年人306人，孤寡老年人80人，重病老年人105人。街道辖内也有大量外街迁入的老年人，入住社区时间短则一两年，长则十年以上。从数据中可以看到东漖街老龄化明显，养老和医疗需求突出。

2015年7月，以医养结合为核心的东漖街智慧养老项目启动，该项目服务于社区内有医养需求、家庭照顾能力弱的老年人。东漖街智慧养老项目模式以社区照顾下的医养结合养老服务模式为主，按服务主体、服务客体、服务内容、服务方式和管理机制五大内容运行。

---

① 王静,吴烈雄,陈少芬,等.社区照顾视角下医养结合模式在社区养老服务中的应用：以广州市荔湾区东漖街智慧养老项目为例[J].中国社会工作,2017(36):33-39.

在服务主体方面,东漖街总结出"街道＋社工机构＋企业机构＋社区医院＋养老机构"为服务主体的医养结合模式,五大服务主体各有分工;在服务客体方面,该项目除将社区内原享受居家养老服务的六类户籍老年人全部纳入项目服务范围外,还通过社区摸查、专业评估等,将患有慢性病、肢体残障或有康复需求、自理能力较弱的独居孤寡老年人也纳入智慧养老项目,并为其制定个性化服务方案;在服务内容方面,项目为社区老年人提供五大类社区照顾服务,分别是慢性病管理服务、内科巡诊服务、康复训练服务、生活照料服务、心理支持及紧急支援服务;在服务方式上,强调社区照顾理念,以上门服务和社区项目点服务为主要形式,方便老年人在家和社区享受专业医养结合服务;在管理机制上,街道办事处作为服务购买方,与各服务单位签订合作协议,明确各自权责,每月组织召开合作团队会议,就项目推进过程中的各项问题进行商讨,强调各单位的合作共赢。

黄婆婆,现年74岁,患有高血压、糖尿病等多种疾病,是东漖街独居的"三无"孤寡长者。2015年初中过一次风,造成身体半边麻痹和行动不便,因身体无法康复和无人照顾,情绪十分低落。她就是东漖街智慧养老项目的服务对象之一。

智慧养老项目在2015年7月启动后,黄婆婆第一时间就被列入服务筛查名单,由社区工作者带领社区医生、康复师等专业人员上门评估其身体、心理、照顾状况等,最终团队评估认为其符合项目条件,将其纳入项目服务对象名单。服务团队为其制定了针对性的服务方案,包括每半个月一次的社区医生内科巡诊,检查其血压、血糖、服药情况、近期身体状况等;每周一次的康复师上门,协助其进行有针对性的康复训练;经与街道协调,由服务员每周两次为其买菜,另派出两名志愿者与黄婆婆结对关怀,轮流为其每半个月取药;社区工作者则保持定期电话、上门探访,有情绪问题时及时处理,统筹协调整个服务过程,关注黄婆婆对服务的感受及意见反馈,并与各方协调改善。

经过一年项目服务,黄婆婆因中风引起的身体健康不佳状况得到了极大改善和恢复,生活能够自理。社区工作者、志愿者、医生、康复师的经常上门和服务,为黄婆婆搭建了社区照顾支持网,让黄婆婆得到了很好的社区照顾,她情绪开朗了,笑容也多了,还时常参加家庭综合服务中心举办的老年文化娱乐活动。

(四)社区营造

作为社会治理的重要一环,社区的发展越来越受到重视,而近年来,也有越来越多的地区采用社区营造的方式发展社区,助力社会治理。那么什么是社区营造呢?社区营造是指以社区共同体的存在和意识作为前提和目标,在总体营造理念的推动下促使社区居民积极参与公共事务、凝聚社区共识,让居民彼此之间以及居民与社区环境之间建立起紧密的社会联系,推动完成社区自组织、自治理和自发展的过程。

具体来讲,社区营造强调的是"人、文、地、产、景"五大方面的综合发展。"人"是指社区的发展应当满足社区居民的需求,助力创造良好的社区人际关系,提高社区生活福祉;"文"是指要深入发掘并传承社区的优秀历史文化传统,同时也要加强社区文艺活动的开展,推动打造学习型社区;"地"是指要在社区建设的过程中重视对地理环境的保育和特色发扬;"产"是指要根据社区特色,发展社区产业,促进社区经济发展;"景"是指要加强社区公共空间规划,重视创造自有的独特景观,建立良好、美观、宜人的生活环境。

我们可以发现,社区营造是一个整体性的、综合性的概念,结合其内涵与社区建设的要求,在社区营造的过程中主要需要完成以下几点目标。

1. 促进社区居民的全人群参与

在社区营造中,强调所有社区居民,不管男女老少,都应当参与。只有全人群共同参与,才能完整全面地考察社区发展的需要,才能够把社区中坚力量的活力激发出来,才能有真正的社区活力和社区共同体意识。

2. 提供多样化的服务

社区营造需要提供多样化的服务。多样化首先是指服务提供主体的多样化,即这种多样化服务的主体不光来自政府,还来自市场,来自社会组织。其次强调提供服务方式的多样化,就像读书一样,社区营造提供的不仅仅是满足能读书这么简单的要求,而是要尽可能满足多样化的读书需求,包括提供一些比较私密的安静的读书场所、提供多元化的图书资源等。

3. 推动多方主体联动

社区治理的原则就是党的领导、多方参与、共同治理,所以参与社区营造的主体是非常丰富的。以乒乓球室这样的公共空间为例,以往都是由政府部门来管理。在社区营造中,乒乓球室的管理者可能是第三方社会组织,也可能是社区居民,乒乓球室里引入的饮料服务的提供者可能又是其他便民商业企业。这样,一间小小的乒乓球室的管理就实现了多方主体的联动。

4. 注重多元目标

社区营造的目标应当是多样的。对于党和政府来讲,开展社区营造是希望党的领导能够延伸到最基层,加强基层治理,提高社区福利水平;对于老百姓来讲,参与社区营造,目的是为了自己的生活更加便捷、人性化;对于企业来讲,进行社区营造是希望生活在拥有一个好的社会资本的社区,希望营造一个讲诚信、讲秩序的良好社区氛围,让企业经营更便利。总之,社区营造的目标应当多元化,应当能满足不同主体的不同需求。

案例链接　　从文化扶贫到社区营造:陕西佳县泥河沟村的实践路径[①]

地处黄河峡谷北岸的佳县,土地贫瘠,沟壑纵横,是"石山戴土帽,胶泥夹石炮"的土石丘陵沟壑地带,属于陕北黄土高原半干旱地区,自然灾害频发,十年九旱,位置偏僻,环境恶劣。中国农业大学农业文化遗产研究团队 2014 年第一次走进泥河沟村看到的是破败和落寞,当时的情况是全村 213 户 806 人,常年在村的有 158 人,有 111 人年逾花甲,村里鲜有年轻人,缺乏生气与活力。村落的活力与其中个体的生命紧密相连,如果身处村中的老年人觉得生活无望,生

---

① 于哲.从文化扶贫到社区营造:陕西佳县泥河沟村的实践路径[J].中国农业大学学报(社会科学版),2022(3):194-202.

命无趣,不能有尊严地活着,背井离乡的年轻人不愿再与故乡发生联系,那么村落也就走到了尽头。能否通过挖掘乡土文化的方式让当地人生起文化自信,激活乡愁乡恋,继而化作摆脱贫困的内源动力,这是中国农业大学农业文化遗产研究团队的核心关切。于是研究团队开始了一系列社区营造行动,让村落的往事、尘封已久的集体记忆得以重现。

1. 口述历史

通过口述历史的方法,团队采写了那些在村里生活的父一辈、子一辈传承的村落故事。在他们的讲述中,破旧的十一孔窑与乡村学校的兴衰连在一起;河神庙与龙王庙和他们的灾害记忆一并而至。他们饱受过黄河之苦,也曾享用了水运之便。如今,码头已不见踪影,艄公已走下船头,但痛苦与欢乐并至的往事却总是呼之即来。那些贯穿村庄的水利工程、那座护佑枣林的拦河大坝、那条背扛返销粮的陡峭山路,都留下过他们的汗水与泪水,承载了村落的集体记忆。正是通过这样的记录,峥嵘岁月里青年突击队、铁姑娘队的记忆被唤醒,村中那段激情的岁月也因此得以重现。

在这项采录口述史的工作中,团队不仅仅问询村内的老人,也对那些虽然漂泊在外,却心系家乡的年轻人做了细致的访谈。他们创业的艰辛、打工的经历,是近30年来农民群像的缩影。他们的人生起伏不仅仅是个体农民刻骨铭心的生命历程,更是一个村落故事。

2. 旧物淘宝

为了配合口述历史工作的顺利开展,研究团队和驻村干部、镇长商议搜集整理村民家中的老物件,同时邀请摄影师进行拍摄。这个过程犹如一次淘宝,村民们纷纷将压箱底的老宝贝或者搁置已久几乎忘却的老古董重新拿出,这些满饱记忆与情感的旧物激发了讲述者的倾诉欲望,再次勾起讲述者熔铸了生命体验的回忆,有关村落的集体记忆和家族的历史荣耀感也一并而至。

一张张老照片、一块块老牌匾、一打打老文书重回视野,有着时光赋予历史过程的一种独特韵味,回头看到的都是历史,低头回味的都是思念。在讲述者的目光中,多少村庄久远的往事从中而来,从模糊走向清晰,从幕后走向台前。这些老物件重新被翻拍记录,不仅仅存留了一段又一段家庭历史,也让村民重温了一份温暖的生活记忆,历史在追忆与诉说中恍如昨日。村庄的历史因这些旧物变得亲近可感,村民也因对这些旧物的追忆焕发了生命的光彩。

3. 讲堂联欢

为了让村民重新发现家乡之美,提升村民的自我组织和自我建设能力,研究团队协调地方政府、北京乡村文化保护与发展志愿者协会、北京原本营造建筑规划设计有限公司、悉溪环宇建筑空间,以及NGO组织和社工机构等多方力量,协助村民分别于2016年7月、2017年1月和2018年6月举办了三届"古枣园文化节"。研究团队为文化节设计了泥河沟大讲堂、乡村发展座谈会、枣缘社会专题展、村民联欢会等系列活动。这不仅彰显了外部支持的推动性力量,更呈现了村落内部潜藏的创生性品质。

如果说泥河沟大讲堂是集中式的文化赋能,那么"全球重要农业文化遗产暨中国传统村落周年庆典"晚会就是村民展现自我发展能力的高光时刻。晚会连续举办三年,充分调动了村民的参与意识,农业文化遗产保护的观念与村落保护的观念也得以彰显。年逾八旬的武子勤不识字,却能即兴创作快板,讲述村庄发展历史;在村的老年人与专程返乡参加演出的"80后"同台演出,村里人说比过年还要热闹。晚会有上百人参会,平日冷清的泥河沟村因此而沸腾。晚会得以成功上演得益于社区骨干和社区自组织的动员能力,不仅激发了村民对于家乡文化的自豪感,还增进了村民与基层、县级政府的沟通。

无论是大讲堂,还是联欢会,都是以"乡愁"为主旋律的盛会,洋溢着真情与感动,这是寂寞山村里的片刻喧嚣,为村民走出贫困生活燃起点点希望。

此外,研究团队还通过建筑改造修复、村民自组织的培育、编撰村落文化丛书等方式,引导并培育村民积极投身于家乡建设,从而实现了从文化扶贫到社区营造的衔接与转变。在社区营造的过程中,村民们的思想和行动也发生着潜移默化的改变,年轻一辈与祖辈们的联系日益紧密,村民们对于村中事务的参与积极性得到了提高,村子的人居环境也得以改善,泥河沟村的社区营造取得了明显的成果。

第四节 群体服务中游戏方法的使用

社会工作游戏具有趣味性和亲和性的特点,是社会工作者开展服务实践的有效工具。好的游戏可以促进氛围活跃,与服务对象建立关系,引导服务对象成长和改变[①]。

一、破冰类

(一)很高兴认识你

(1)目的:以游戏的形式完成自我介绍,快速促进服务对象之间的了解。

(2)时间:10~15分钟。

(3)适合对象:相互不熟悉的儿童、青少年、大学生、中老年人。

(4)适合人数:无严格人数限制,最适宜人数为7~30人。

(5)物资准备:打印好的个人特征表格(非必须)。

(6)游戏规则:每位参与游戏的成员需要在5分钟内尽可能多地记录现场人员的名字和特征。特征包括:①最喜欢的颜色;②最喜欢的食物;③最喜欢的地方;④最拿手的事情(游戏组织者可根据活动主题确定其他想要收集的特征)。在询问每一位游戏参与者相关信息时,必须以"很高兴认识你,我叫×××,请问你叫什么名字?"开头,并在规定时间内尽可能多地收集更多人的信息,记录在表格中或者记在脑中。5分钟结束后,带领员会随机邀请3位成员(可根据时间确定邀请人数)上台,询问有关某位成员的姓名和特征,其余成员进行抢答,答对者可作为游戏带领员挑选下一位成员,答错则继续抢答。

(7)注意事项:①游戏带领员需要确保活动地点能够开展此游戏,提前提醒成员注意安全,如有桌子、板凳最好暂时搬离;②在成员信息收集的5分钟内,游戏带领员要维持活动秩序,保护成员安全,避免出现磕碰;③活动开展过程中,可能会出现成员落单、无人询问的情况,因此在活动开展时,尽可能保证有工作人员参与到游戏中,调动成员参与热情。

---

① 编者结合个人社会工作实务经历,选择《游戏无限:101个创意游戏》,以及《中国社会工作》期刊中部分社工游戏进行改编,形成本书中操作灵活、准备简易、适用范围广的4类12款游戏供读者参考使用。

(二)谁是大话鬼[1]

(1)目的:促进服务对象充分互动,调动服务对象参与热情,打破隔膜。

(2)时间:10~15分钟。

(3)适合对象:儿童、青少年、成人。

(4)适合人数:最适宜人数为7~15人。

(5)物资准备:无。

(6)游戏规则:所有人围圈并合上眼,背向圆心,主持人轻拍其中一人的肩膀,暗示该成员为此次游戏的"大话鬼",其余人并不知情。游戏开始后,每位活动成员需要逐一询问其他人"你是不是大话鬼",所有人的回答均为"不是"。而被选为"大话鬼"的成员在别人问他的前三次也要回答"不是",直至第四次他需要举手并回答"我是大话鬼"。此时,所有人都要尽快在他背后搭胳膊排队,排在最后的人即为本次游戏没有抓住"大话鬼"的成员。为增加刺激度,可以为输了的参加者制订一些"惩罚"措施。

(7)注意事项:①该游戏可以根据活动主题的需求调整问题,例如,早上可改为"谁是瞌睡鬼",在午饭后可改为"谁是贪吃鬼";②游戏带领员需要强调只有被偷偷拍肩膀的人才需要在第四次询问时表明自己的身份,其余人不需要"撒谎";③搭胳膊排队时有可能会出现插队的情况,因此游戏带领员需要提前强调所有成员不能插队,如果服务对象是儿童,可以提前强调插队的人也会变成"大话鬼",如果服务对象是青少年或者成人,可以提前告知插队的成员需要和没有抓住"大话鬼"的成员一起接受"惩罚";④参加者在极度兴奋状态下通常缺乏安全意识,游戏带领员要提前强调安全问题,并和工作人员一起保护他们的安全。

(三)猜猜我是谁

(1)目的:促进服务对象充分互动,调动服务对象参与热情,打破隔膜。

(2)时间:10~15分钟。

(3)适合对象:所有人。

(4)适合人数:最适宜人数为7~15人。

(5)物资准备:无。

(6)游戏规则:游戏带领员在心中确定一个在场成员,所有成员需要轮流以提问的形式询问有关这个服务对象特征的问题,主持人逐一回答。在回答及提问的过程中,所有参与成员可以就带领员心中的成员是谁进行抢答,每人有2次抢答机会。如果答错则浪费一次机会,如果答对则可以作为下一轮"猜猜我是谁"的游戏带领员,主持下一轮游戏。

(7)注意事项:①游戏带领员需要提前向成员举例说明哪些问题是有效的提问,如"他是男生还是女生""她穿着蓝色衣服还是粉色衣服""他在我的左边还是右边",带领员只能在成员的提问中选择一个方向给予肯定答案,如果成员的问题无法回答,带领员可以回答"不了解"或"不知道";②所有成员的提问均为公开提问、公开回答,在场人员均能获得相同的信息,询问相同的问题则浪费一次提问机会,需要等待第二轮提问时再询问。

---

[1] 改编自王永诗、郭燕玲所著《游戏无限:101个创意游戏》中的游戏"大话鬼"。

二、自我认识类

(一)过去一周我的心情

(1)目的:促进服务对象认识自我,表达和抒发自己的情绪。

(2)时间:10~15分钟。

(3)适合对象:所有人。

(4)适合人数:无严格人数限制。

(5)物资准备:彩色画笔、画纸。

(6)游戏规则:每位成员都会拿到彩色画笔和画纸,游戏带领员向成员介绍大家可以通过绘画表达自己过去一周的情绪,情绪可以通过图形、颜色来体现。在绘画结束后,邀请所有成员分享自己的绘画以及情绪,如果愿意也可以说明这种情绪产生的原因。

(7)注意事项:①游戏带领员可以作为活动成员参与到整个游戏中,完成自己的画作并表达自己的情绪,为其他成员作出简单的示范,带动其他成员打开心门;②如果游戏参与成员人数过多,可根据活动时间和现场情况决定分组,在小组内完成情绪的抒发;③如果现场负面情绪较多,游戏带领员需要先肯定负面情绪的意义,并准备总结性分享或通过一个新的游戏帮成员恢复情绪。

(二)你真的很不错

(1)目的:促进服务对象认识自我、肯定自我和赞美他人。

(2)时间:10~15分钟。

(3)适合对象:所有人(最好相互认识或熟悉)。

(4)适合人数:最适宜人数为7~15人。

(5)物资准备:卡牌。

(6)游戏规则:所有成员依次说出自己的某个缺点或别人的某个优点,当轮到某个成员时,如果说出的是别人的某个优点则获得一张卡牌,如果说出的是自己的某个缺点则减少一张卡牌,但都算过关。当轮到某个成员过关,但其想不出自己的缺点或别人的优点时,可以使用一次"免死金牌"。"免死金牌"的使用方法为:指出某位成员自己提出的缺点并不准确,并给出不准确的理由。如果能说服对方,则"免死金牌"生效,该成员成功过关并获得两张卡牌。游戏进行三轮后,统计每位成员手上的卡牌数,得分最高的成员成为本次游戏的"夸夸王",获得每位成员一句真心的赞美。

(7)注意事项:①为避免组员为了赢得卡牌而提出不真实的夸奖,游戏带领员需要提前提醒每位成员对别人优点的描述要发自内心,不能随意敷衍,对于明显不合理的优点和缺点,需要询问大家是否同意,并给出判断;②为避免有成员无法充分融入游戏,缺少夸奖,游戏带领员应参与游戏或安排工作人员加入游戏,引导游戏氛围和方向;③游戏带领员需要留意每一位成员的优点和缺点,在游戏结束后做出总结性回应,给予每一位成员认可和肯定,并说明此游戏的意义。

(三)我是一片叶子

(1)目的:帮助服务对象理解和感受生命的变化,体会生命的意义。

(2)时间:10~15分钟。

(3)适合对象:所有人。

(4)适合人数:最适宜人数为7~15人。

(5)物资准备:用叶子做成的帽子。

(6)游戏规则:游戏带领员引导所有成员站成一个圈,戴上用叶子做成的帽子,想象自己是一片叶子(也可以是其他象征生命变化的事物)。带领员播放轻缓的音乐,让所有成员用身体来表示叶子的不同生命状态,从幼年、童年、青年、成年到老年,每一个阶段都有不一样的生命姿态和状态,用身体和情绪去表达,假如自己是一片叶子,自己会是怎样的状态。游戏结束后,邀请每位成员分享自己刚刚的想法和感受。

(7)注意事项:①游戏带领员需要提前准备和装饰活动场地,包括各种道具、音乐,清空不相干的物品以帮助服务对象能够充分进入状态,身临其境地参与其中;②为了引导和激发成员的情绪和想象力,带领员可以准备一段旁白,引导服务对象想象不同的状态,也可以亲身参与其中,为成员作出示范。

三、调动情绪类

(一)情绪动作[①]

(1)目的:调动服务对象参与热情,体会肢体语言与情绪的关系。

(2)时间:10~15分钟。

(3)适合对象:所有人。

(4)适合人数:最适宜人数为7~15人。

(5)物资准备:无。

(6)游戏规则:将所有组员分为两组,分别命名为情绪组和动作组,两组各派出一位代表进行"情绪动作"的表演。游戏带领员先邀请情绪组商议一种要表达的情绪,并写在纸上,交给带领员保存。在带领员将情绪告诉两位表演代表后,动作组可以指定一个身体部位,情绪表演者需要通过该身体部位表演此种情绪。表演结束后,动作组可以猜测此种情绪是什么,也可以再选择一个身体部位要求表演。如果猜测错误不计分,猜测正确则记录选择身体部位的次数。一轮结束后,情绪组和动作组互换,进行下一轮猜测。两个回合结束后,根据两组正确猜对次数决定优胜者,如正确次数相同,则选择身体部位少的一组获胜。获胜组可以选择一种情绪和一个身体部位让另一组所有成员表演。

(7)注意事项:①情绪表演者在应用某种身体部位无法表达情绪时,可能会刻意或不由自主地启动其他身体部位,为了保证猜情绪的成员不受干扰,游戏带领员可以让两位表演者保持直立站好,在确定身体部位后再进行表演,或者也可以准备遮挡牌遮挡其他身体部位;②在情绪组选择情绪的过程中,为了增加游戏的趣味性和保证表演的可行性,游戏带领员可以引导成员选择能够表演的、有张力的情绪,或者也可提前准备若干情绪让情绪组抽取;③游戏带领员在游戏过程中可以逐渐增加可选择的身体部位。

---

① 改编自《中国社会工作》期刊2018年第36期第61页中的内容"社工游戏的选择与运用"。

(二)开门关门[1]

(1)目的:增加服务对象互动,调动服务对象参与热情。

(2)时间:10~15分钟。

(3)适合对象:所有人。

(4)适合人数:最适宜人数为10~20人。

(5)物资准备:无。

(6)游戏规则:所有成员围成一个大圈,手拉手。游戏带领员在所有成员中确定两位代表参与追逐游戏,其余人员扮演守门人。参与追逐游戏的两位成员一位在圈外追击躲避者,另一位需要穿越守门人之间的"大门"并躲避追击。在游戏开始时,所有守门人围成一圈并把手放开(开门状态),当躲避者经过一扇"门"后,守门人就需要手拉手关闭大门(关门状态),以此类推。躲避者要在不被捉到的情况下关上所有的"门",直至站在最后一扇"门"中并拉着左右的参加者,便能胜出,此时需要更换追击者。如在途中被捉,则游戏失败,此时需要更换躲避者。

(7)注意事项:①游戏中可能会遇到躲避者和追击者僵持的状况,此时,带领员需要提出时间限制,设定完成游戏时间并计时,避免游戏陷入僵局;②游戏带领员和工作人员需要保证服务对象的安全,在追逐出现危险时随时暂停游戏。

(三)米奇说

(1)目的:调动服务对象参与热情,锻炼服务对象的反应能力。

(2)时间:10~15分钟。

(3)适合对象:所有人。

(4)适合人数:最适宜人数为7~30人。

(5)物资准备:欢快的音乐。

(6)游戏规则:所有成员站成一圈或者松散的几排,游戏带领员向所有成员发出动作指令,比如,"米奇说坐下""米奇说向前走一步"或者"米奇说看左边"。注意:只有说出"米奇说"加上某个动作的时候,这个指令才是正确的,在场人员需要做出与动作指令相同的动作。当指令前没有加"米奇说"三个字时,这个指令就是无效的,在场人员不需要做出动作,如果做出了动作则被视为失误。在整个过程中,每个人有一次犯错的机会,第二次犯错就会被淘汰,最后决出优胜者作为下一次的发号指令者。

(7)注意事项:①游戏带领员需要保证有足够的空间开展此活动,避免拥挤和磕碰;②游戏带领员可以在游戏正式开始之前邀请几位成员试玩该游戏,保证所有成员听明白游戏规则;③在活动准备中,可以播放轻松快乐的音乐提高活动的趣味性;④为了更好地找到做错动作的成员,可以让所有成员面对面做游戏;⑤游戏带领员可以根据现场情况增加游戏难度,比如在场人员需要做出与指令相反的动作,即当发号指令者说出"米奇说向左走"时,所有成员需要向右走。

---

[1] 改编自《中国社会工作》期刊2018年第21期第59页中的内容"社工游戏的选择与运用"。

四、团体合作类

（一）圆球游戏

(1)目的：促进服务对象充分互动，调动服务对象参与热情。

(2)时间：10～15分钟。

(3)适合对象：相互不熟悉的社区成员，儿童、青少年、中老年人皆可参与。

(4)适合人数：最适宜人数为60～70人。

(5)物资准备：小球、计时器。

(6)游戏规则：①所有人分成三组，每个小组约20人，分别配有1、2、3号球；②游戏要求将球按1、2、3号的顺序从发起者手里发出，最后按此顺序回到发起者手里，在传递过程中，每一人都必须触及球，所需时间最少的组获胜；③球掉在地上一次额外加10秒。

(7)注意事项："有没有更好的办法让时间变得短些？这个游戏的最好成绩为8秒。"游戏带领员可以向所有组提出挑战，比如用手围成一个圆筒状，让三个球分别从上面滑下，所用时间仅为4秒。当然可能还有更快的方法，游戏带领员需要不断启发成员去思考新的方法。

（二）无敌风火轮

(1)目的：增进服务对象间的协作能力。

(2)时间：10～15分钟。

(3)适合对象：儿童、成年人。

(4)适合人数：最适宜人数为45～50人，若人数较多则增加分组数量。

(5)物资准备：旧报纸、胶带。

(6)游戏规则：12～15人为一组，利用报纸和胶带制作一个可以容纳全体团队成员的封闭式大圆环，将圆环立起来后，全队成员站进圆环中边走边滚动大圆环，行走距离最远的小组获胜。

(7)注意事项：①活动开展过程中要注意维持现场秩序，保护成员安全，避免出现磕碰；②活动结束后将废报纸收回。

（三）心心相印（背夹球）

(1)目的：增进父母与子女的沟通交流。

(2)时间：10～15分钟。

(3)适合对象：以父母子女为成员的家庭。

(4)适合人数：以家庭为单位，由父母一方和孩子共同参与，10～15个家庭最佳。

(5)物资准备：气球。

(6)游戏规则：以家庭为单位，由每个家庭中的小朋友与一位家长构成一个小组，双方背靠背，中间夹着一个气球，在规定时间内将气球从起点运到终点，在运输过程中气球不能掉落，否则需要返回起点重新运输。完成时间最短的家庭获胜。

(7)注意事项：①游戏带领员应该注意现场秩序，保护成员（特别是儿童）安全，避免磕碰；②若小朋友害怕气球爆炸，可以将气球替换为小皮球、排球等。

本章小结

　　小组工作和社区工作是从群体入手,引导社会成员相互合作,动用群体力量解决问题、促进发展的社会工作基本方法。

　　作为社会治理的重要环节,社区的建设与发展在完善社会治理体系、提高居民生活水平等方面扮演着重要角色。在推动社区发展的过程中,助人者需要掌握社区的基本情况,包括社区的人际关系、社区的问题与需要、社区所拥有的资源等,以便于区分不同类型、不同情况的社区,从而使用合适的发展社区的模式。此外,发展社区强调社区居民的共同参与,因此了解居民需要、动员社区居民参与、提高社区居民的责任意识和主人翁意识往往是工作的重点。

思考题

1. 在开展志愿服务中,小组工作可以发挥哪些作用?
2. 在提供小组服务之前,需要做哪些准备工作?
3. 志愿者在开展小组服务中需要掌握哪些基本技能?
4. 什么是社区?社区的构成要素包括哪些?
5. 发展社区的基本模式有哪些?
6. 如何对农村社区进行评估?
7. 什么是社区营造?进行社区营造时需要注意哪些维度?

推荐阅读

1. 徐永祥.社区工作[M].北京:高等教育出版社.2004.
2. 徐永祥.社区发展论[M].上海:华东理工大学出版社,2000.
3. 王思斌.社会工作导论[M].北京:高等教育出版社,2004.
4. 顾东辉.社会工作概论[M].上海:上海译文出版社,2005.
5. 波普诺.社会学[M].李强,等译.北京:中国人民大学出版社,1999.
6. 夏建中.社区工作[M].北京:中国人民大学出版社,2015.
7. 全国社会工作者职业水平考试教材编写组.社会工作综合能力:中级[M].北京:中国社会出版社,2007.
8. 刘梦.小组工作[M].2版.北京:高等教育出版社,2013.

第十章 特定人群的特点及服务要点

在每个社会中,总会有一些群体因为生理、心理等特征处于弱势的地位,需要社会政策的支持和社会服务的帮助。其中,儿童、老年人、残疾人是公益服务常见的服务对象。本章介绍这些特殊群体的基本特点、社会服务目标和基本原则。

第一节 儿童的特点及服务要点

儿童是国家的未来、民族的希望。党和国家始终高度重视儿童事业发展,先后制定实施三个周期的中国儿童发展纲要,为儿童生存、发展、受保护和参与权利的实现提供了重要保障。但是,儿童群体在成长发展的过程中,由于生理、认知与社会性发展的阶段性特征,难免处于相对弱势的地位,更容易受到社会、自然及家庭环境的影响。研究表明,儿童早期产生的行为问题预示着整个儿童期、青春期和成年期的一系列困难,这些困难会对儿童个人、其家庭和社会造成严重的短期和长期后果。开展针对儿童的社会服务有助于帮助儿童身心健康成长、减轻家庭养育负担、促进社会高质量发展。儿童是公益服务的主要服务对象之一。

一、儿童的特点与需求

(一)儿童的特点

国际《儿童权利公约》将儿童界定为18岁以下的任何人。《中华人民共和国未成年人保护法》对未成年人的定义是未满18周岁的公民,与国际上儿童的年龄界限一致。儿童的成长发展具有基础性、阶段性、个体差异性等特点。

1. 基础性

童年是生命的起始阶段,"童年一瞬,影响一生",童年时期的经历影响着成年后的发展。同时,儿童的成长对于家庭、社会、国家和民族都不可或缺。对于家庭,儿童是重要的一员,儿童的存在可以使每个家庭都能得到延续;对于社会,儿童的成长,关系到社会的进步,是社会发展的基础;对于国家和民族,儿童的发展与进步,关系到国家未来的发展,民族未来的兴旺,儿童是国家及民族的希望。

2. 阶段性

儿童的成长发育是一个渐进的过程,包括生理、认知、社会性的方方面面,呈现出阶段性特征。一般来说,可以将儿童发展分为婴儿阶段(0~1岁)、幼儿阶段(2~3岁)、学前阶段(4~5岁)、学龄阶段(6~12岁)和青少年阶段(13~18岁)这样几个大的阶段。不同阶段的儿童不仅具有较为相似的生理发展特点,也有需要完成的共同的社会心理发展任务。

3. 个体差异性

儿童的成长在生理、心理、思想等方面发展迅速,在这个过程当中,儿童展现的个体差异性受到遗传及环境因素的影响。儿童在具有共同特征的同时,又是相对独立的个体,在身心发展的表现形式、内容、水平等方面,都有不同于整体特征的个性化特点,具有不同于他人的成长轨迹。

(二)儿童面临的问题

随着我国社会和经济的发展,儿童的生活照料和成长教育状况在得到普遍改善的同时,仍然存在很多挑战。特别是一些因为家庭或自身原因处在中高风险状况下的儿童,例如农村留守儿童、城乡流动儿童、单亲家庭儿童、贫困家庭儿童,甚至孤儿等。我国儿童群体面临的主要问题如下。

1. 儿童生存问题

儿童生存问题主要集中在营养健康和心理健康两个方面。

(1)营养健康问题。第八次全国学生体质与健康调研结果显示,我国儿童总体健康状况取得较大进展,儿童健康政策引导作用不断强化,学生营养不良状况持续改善。2019年中国6~22岁学生营养不良率为10.2%,与2014年相比,2019年各年龄段男女学生的营养不良率均有明显下降,但仍然存在一些突出的问题。在农村地区,儿童存在生长迟缓和消瘦现象。城市地区的儿童因膳食营养不当或者过剩,健康方面也存在着慢性病、超重和肥胖率急剧上升、视力不良、龋齿问题严重,以及吸烟饮酒等现象。

(2)心理健康问题。现代社会生活节奏加快,社会竞争日趋激烈,家庭结构和功能发生改变,加之社交媒体的兴起,这些社会环境的变化,都成为影响儿童心理健康的风险因素。

2. 儿童发展问题

儿童发展问题主要包含儿童身处困境问题和教育问题两个方面。

(1)身处困境问题。经济和物质匮乏是身处困境儿童的显性表现。陪伴、情感回应、榜样示范、健康照料等成长资源的匮乏是身处困境儿童的隐性表现。我国与多维困境儿童相关的典型问题有两个:一是留守儿童的问题;二是经济困难儿童的问题。留守儿童的问题是典型的隐性问题,他们的困境主要表现为父母陪伴缺乏、安全保障缺失、行为养成失范等问题,留守儿童往往处于生活上由祖辈或者其他亲戚照顾而日常情感缺乏有效回应,学业上缺乏指导或者辅导的状态中[1]。

(2)教育问题。儿童教育问题是一个涉及家庭、学校和社会的重要议题。我国针对中小学生教育出台《中华人民共和国义务教育法》,制定了保障适龄儿童、少年接受义务教育权利的相关法规,保证义务教育的实施。但大部分教师选择城市岗位居多,所以很多农村地区的儿童缺少正确的引导和接受知识的机会,并且由于主客观原因,导致跟不上学习进度。目前我国仍然存在农村教师资源匮乏、教学资源较少等问题。

---

[1] 全国社会工作者职业水平考试教材编委会. 社会工作实务:中级[M]. 北京:中国社会出版社,2023:81-82.

3.儿童保护问题

儿童保护问题主要包含儿童遭受虐待问题和家庭监护问题两个方面。

(1)遭受虐待问题。儿童的成长过程中,需要在身心两方面得到安全保障,不受任何人伤害,这些伤害包括虐待、忽视、剥削等问题。虐待又分为躯体虐待、情感虐待、性虐待三个层面。由于儿童没有足够的能力及相当的社会地位,在有限的社会资源环境下,儿童很容易受到忽视或伤害,儿童被侵害往往发生得悄无声息,其过程较长,具有较强的隐蔽性。

(2)家庭监护问题。儿童保护中的家庭监护问题,是指因为父母育儿理念和育儿行为偏差,给未成年子女带来伤害,包括监护不足、监护不当和监护缺失三大类型。不同类型的监护状况给未成年子女带来的权益侵害的类型不同。如父母保护儿童意识淡薄,保护能力缺乏。如《中国教育报》关于儿童权利调研的结果显示,近八成父母不知儿童权利,存在知晓面窄、知晓度底、忽视儿童权利等问题,以及因父母监护缺位,使得未成年人子女受到伤害,给了施害者可乘之机[①]。

(三)儿童的需要

1.生存的需要

儿童生存的需要包括生命存在的需要和社会存在的需要两个方面。生命存在的需要是指儿童需要获得基本生活照料,包括养育照料和可获得的最高水平健康医疗照料。社会存在的需要是指儿童需要获得基本社会身份,包括姓名、户籍和国籍。

2.发展的需要

儿童发展的需要也被称为儿童的成长需要,是指儿童为了身心发展需要获得的关爱、教育和引导,包括:儿童需要获得良好的家庭生活,得到父母的适当管教,与父母建立良好的亲子关系;拥有受教育的权利,有良好的教育和学习环境,满足其探索和认知世界的求知欲;获得足够的休闲和娱乐,有适合儿童且安全的娱乐场所。

3.受保护的需要

儿童受保护的需要又称儿童免遭伤害的需要,是指儿童在其成长过程中需要在身心两方面得到安全保障,不受到任何人为的伤害,包含以下三个维度:儿童虐待,如躯体虐待、情感虐待、性虐待;儿童忽视,如对儿童身体健康需要的日常生活照料和医疗照顾的忽视,对儿童发展需要和教育需要的忽视,对儿童社会化发展需要的同伴交流和接触社会的机会的忽视;儿童剥削,如童工形式的劳动剥削和让儿童从事商业性活动的剥削。

4.社会化的需要

儿童的社会化是儿童逐步了解社会、掌握生存技能的过程,具体内容包括五个方面:一是培养儿童的基本生活技能,使儿童掌握吃饭、穿衣、保持个人清洁卫生、语言表达等人类发展的最初行为方式;二是促使儿童自我观念的发展,使儿童能分清自我与非我两者的关系;三是培养儿童良好的生活习惯,逐渐懂得约束自己的行为,调整好个人与家庭、学校、社会等方面的关

---

① 程丽.当前儿童家庭监护存在的问题及解决策略探析[J].教育导刊,2015,57(9):82-85.

系;四是培养良好的道德品质,使儿童逐步适应社会规范,具备社会公德;五是培养社会角色,使儿童随着年龄的增长不断扮演适当的性别角色、社会角色等。

(四)儿童服务的特点

1. 以儿童为中心

在公益服务的过程中,要围绕儿童来开展服务,在任何环境中,助人者都要倡导和遵循儿童优先的理念。同时,助人者需要协助服务对象做出选择和决定,并对服务对象的需要提供有效支持,尊重接纳服务对象的行为和思想。助人者应给予服务对象真诚的关心与期望,加强服务对象的安全感与信任感。

2. 尊重儿童个体的独立性

尽管儿童是一个拥有共同点的群体,但是每个儿童本身受环境因素及自身条件的影响都拥有独特的成长历史,形成了不同的个性特征。因此,助人者在开展服务过程中,需尊重儿童个体独立性,为其提供个性化服务,以实现促进儿童健康发展的服务目标。

3. 注重儿童的发展性

助人者需要遵循儿童成长和发展的特点,在服务过程中,了解儿童的需要及问题,确保所有服务都是利于儿童成长发展的,并将促进儿童最大限度地发挥潜力,帮助儿童建立良好的同伴和家庭关系作为首要服务目标。

4. 注重儿童的参与性

助人者需要在儿童服务过程中随时鼓励儿童积极参与,通过体验参与同伴、参与家庭和参与社会的活动,帮助儿童培养归属感、荣誉感和责任感,从而提升儿童社会交往能力,实现儿童自我成长。

5. 依法保护儿童

国家、社会对儿童保护特别重视,儿童保护相关的法律法规逐渐完善。2020年修订、2021年施行的《中华人民共和国未成年人保护法》第九十九条规定:"地方人民政府应当培育、引导和规范有关社会组织、社会工作者参与未成年人保护工作,开展家庭教育指导服务,为未成年人的心理辅导、康复救助、监护及收养评估等提供专业服务。"

二、艺术方法在儿童服务中的应用

艺术是人类情感充分表达的途径,每个人都能从不同形式的艺术活动中获得精神的放松和情感的体验。对于语言能力尚在发展阶段的儿童来讲,更适合通过艺术与他人交流、表达自我。因此,在儿童服务方面,可以学习一些简单的与艺术相关的知识,从而更好地帮助儿童。

(一)儿童绘画艺术治疗的基础知识

1. 儿童绘画艺术治疗的定义

绘画艺术治疗(Art Therapy)是儿童服务中的常用方法。绘画不仅可以表达个体情感,还可以反映个体深层次、内心潜意识的想法,是一种视觉化的过程。绘画者的画作可以成为治疗师与儿童对话的中介,帮助治疗师对儿童的情绪问题、创伤体验进行剥离、分析。绘画治疗的过程涉及创作者、治疗师、客观作品三个组成部分，最终目的是使三者间发生"化学反应"，使创作者的潜意识、内心感受以及人格发生变化[1]。

我们将绘画艺术治疗看作以绘画活动为中介的一种心理治疗方式。在这个过程中，在治疗师的协助下，儿童通过绘画进行情绪宣泄，并在绘画过程中进行自我探索，从而解决自身心理问题。在社会服务中，非专业治疗师也可以运用绘画艺术治疗的基本原理开展助人活动。

儿童绘画艺术治疗的用途包含三个层面。一是搭建助人者与儿童积极关系的桥梁，尤其是对特殊儿童群体、经历创伤的儿童等。帮助儿童通过绘画表达自身内心深处的想法，利用图像等非语言元素降低儿童的防御心理。当儿童感到安全以及知道他人可以随时作为他们的依靠时，儿童与助人者之间就可以产生信任、建立联系。二是评估与诊断。助人者通过观察儿童的绘画过程，利用标准化的绘画评价工具分析绘画作品，就可以对儿童在画中所表现的情感、需要等做出初步诊断。三是促进儿童成长与发展。在绘画创作中儿童可以释放情绪，缓解压力，有机会重新体验过去的事件，发现主要矛盾，了解未来焦虑。这一过程可以帮助他们发展自我表达、控制情绪与解决问题的能力。

2.儿童绘画的阶段性特点

在进行绘画艺术治疗之前，还需要了解儿童在不同年龄阶段会表现出不同的特点。儿童绘画呈现出阶段性发展的特点。

(1)涂鸦阶段(2~4岁)。这个阶段是儿童发展"信任感""安全感"的重要时期。儿童在这个时期绘画的主要特点包括：对绘画工具和材料的兴趣大于对作品的兴趣；线条、形状较简单，具有重复性；有意识地临摹自己看到的东西。这个阶段助人者需要鼓励、接受儿童作品[2]。

(2)形象初现阶段(5~7岁)。在这个阶段，儿童开始尝试描绘具象的事物，如人物、动物、植物等。他们的绘画作品具有初步的形象和结构。儿童在这个时期绘画的主要特点包括：描绘具象的事物形象简单，不完整；空间比例关系不成熟；对绘画主题和内容产生兴趣。这个阶段助人者应该在鼓励支持儿童绘画的同时，培养儿童自我表达及交流的能力。

(3)符号化阶段(8~9岁)。在这个阶段，儿童能够用符号和图形来表达自己的想法和感受。这个时期儿童绘画的主要特点包括：用符号和图形表达具象事物；空间和比例关系成熟；关注细节描绘和色彩搭配；绘画元素集中在人物，会出现明显的特征，如鼻子、嘴巴等，且有躯体；绘画主题会出现家庭成员，包含风景描绘，对象之间有关联。助人者在这个阶段应当为儿童提供温暖、易接纳的氛围，学会接受儿童绘画的内容。在分析作品时，儿童如果着重强调事物的大小，这是儿童在通过大小变化强调重要事物的表现。

(4)规范化阶段(10~11岁)。在这个阶段，儿童对于环境氛围感受更加强烈，自我意识增强。这个时期儿童绘画的主要特点包括：掌握一定的绘画规则和技巧；形象和结构更加准确，表现力更强；作品表现儿童看待自己与同伴和家人之间的关系。助人者在这个阶段绘画开始前，需要给儿童强调绘画没有好坏之分，在绘画过程中帮助儿童关注自身强项、价值、兴趣及信

---

[1] 周丽.关于"绘画心理疗法"独特作用的踪迹[J].江苏社会科学,2006(1):61-63.
[2] 王小萍.右脑的意义：兼谈幼儿涂鸦过程中的右脑参与[J].现代特殊教育,2001(6):39-41.

念,帮助儿童发现及肯定自己,并发展与同伴、集体的关系。

(5)拟写实表现阶段(12～13岁)。在这个阶段,儿童对于人物描绘更加精细,轮廓分明。儿童在这个时期绘画的主要特点包括:偏向现实主义;出现卡通形象及漫画;使用颜色表达视觉印象和情感。助人者在这个阶段需要引导儿童将其所思所感呈现出来,鼓励儿童理解和处理这个阶段的情感冲突。

(二)儿童绘画艺术治疗通用实施过程

儿童绘画艺术治疗通用实施过程分为前期准备阶段、初始阶段、探索阶段、改变阶段、结束阶段[①]。

1.前期准备阶段

为了让儿童更好地表达或展现内心世界,在艺术治疗开始前,需要考虑到场地环境、绘画材料、方案连贯性。

绘画场地环境应具有私密性、舒适性。室内摆放可以衬托温暖气氛的装饰品或摆件,在墙壁上展示一部分儿童作品,以此激励儿童进步。绘画的桌子需要宽敞及舒适,椅子要方便移动。助人者需为儿童留够绘画空间,同时学会判断用何种绘画方式。

绘画材料需要准备充足并供儿童自由选择。常用的画纸是 A4 白色素描纸。助人者可以根据治疗方案进行纸张大小、形状的调整。如针对急躁的儿童,为降低其焦虑或紧张感,应避免纸张过大。助人者应熟悉媒介的特点,学会选择媒介材料。材料必须适合儿童,符合儿童的发展水平和协调程度。如水性媒介中,水彩、水粉、油画等使用较为困难,不适合年纪偏小、性格急躁及多动症儿童使用;干性媒介中,铅笔、蜡笔、马克笔等使用较容易。

服务方案需要具有连贯性及时间效益。助人者需要了解儿童参与艺术治疗的原因及儿童基本情况、背景等,据此制定初步的服务方案。助人者制定方案时需要有计划性、连贯性,要条理清楚,保证儿童在治疗过程中感受到安全,并给予儿童充足的时间。

2.初始阶段

这个阶段需要助人者与儿童建立相互信任的积极关系。要做到这一点,首先要为儿童提供一个可接受的、可理解的、不做评判的环境。助人者可以向儿童介绍绘画材料,并强调图画是用来沟通和表达的工具,强调画得好不好不重要,还要与儿童讨论有关保密问题。接下来可以鼓励儿童通过绘画来介绍自己。助人者可以与儿童一起绘画,在帮助儿童减少焦虑的同时,促进治疗关系的建立。在绘画的过程中,助人者可以采取以下几种方式加快建立与儿童的信任关系。一是与儿童各自画一些反映彼此个人信息的图画,做好倾听者,不轻易干预儿童的绘画过程。二是带领儿童在画中找寻有意义的图形以及进行一定韵律的肢体活动,如果条件允许,可以播放舒缓的纯音乐,帮助儿童进行随性创作,将律动的线条画在纸上,发挥儿童想象力。三是明确儿童在绘画过程中的要求,帮助儿童了解什么能做、什么不能做,给予儿童温暖及尊重。

尊重儿童感受是至关重要的。助人者对于儿童的绘画作品及活动的选择应给予尊重,给

---

① 陶琳瑾.儿童艺术治疗[M].南京:江苏教育出版社,2010:183-184.

予儿童独处和合作的自由。同时也要协助儿童完成目标,尊重接纳儿童任何作品的呈现和成就,还需给予儿童安全感,防止儿童涂抹和毁坏他人的作品或对物品材料造成破坏,预防任何来自外在或心理的危险。助人者还需要了解儿童感兴趣的事情,时时刻刻保持支持的态度,适时地用沟通来加强儿童在表达上的发展。

案例链接 治疗师与小明讨论保密性问题[①]

小明是8岁的男孩,有厌学情绪,经常喜欢打游戏,控制不了自己的情绪,伤害到他人。

治疗师:"小明,你好,很高兴能够与你一起参与绘画的活动,我希望通过活动可以更加地了解你,知道你最喜欢什么,最不喜欢什么。当然,我们在这里表达的想法都是保密的,我们可以尽量地说出真实的感受,我不会和你的父母、老师或其他同学说你说了什么,除非在你愿意的情况下,但是如果在你因为一些事情伤害到你自己或者其他人,或者其他人伤害到你的情况下,我会告诉他们,你明白了吗?"

小明:"明白。"

治疗师:"在我们的活动结束后,我还需要写一个报告,另外,还要和你的父母或老师进行沟通,了解一下你的情况,我们可以一起讨论我要对你的父母和老师说些什么或者如何说,好不好?还记得我们一开始的保密谈话中说的吗?"

小明:"好,记得,你说不会和我的爸爸妈妈,还有老师说。"

治疗师:"对。我现在发现了一个重要的事情,你伤害了你的同学,你感到很内疚。我想与你的爸爸妈妈,还有老师讨论这个很重要的事情,因此我们要一起想一个更好的办法来解决它,可以吗?"

小明:"嗯,好的。"

同时保密性也需要与家长或老师讨论。治疗师:"我们现在需要讨论关于保密的问题,我会尽力尊重你们的隐私,不会报告与孩子无关的内容,如果你们愿意的话,我们可以在访谈结束后讨论一下在报告中可以出现的内容。"

另外,每次治疗接近尾声时,助人者需要与儿童讨论作品的去留,由儿童自行决定将作品是留在治疗室,还是自己保存。如果儿童同意将绘画作品保存在治疗室,应当让他知道助人者会一直保存好绘画作品。如果儿童的绘画作品被用于研究或出版,服务提供者需要隐去儿童的真实姓名。

3. 探索阶段

这个阶段助人者需要加强儿童在探索问题时的自我表达。作为非专业治疗师,助人者一般可以通过绘画活动与儿童交流,引导儿童结合画作进行表达。不同的儿童在绘画活动中的表现或绘画进度不同,助人者需要根据实际的儿童绘画活动进行调整。如果儿童有自卑心理,在活动中可能不愿意动手画画,这时助人者需要给予鼓励。有时候儿童年纪较小,不能很好地

[①] 麦克马克.儿童青少年临床访谈技术:从评估到干预[M].徐洁,译.北京:中国轻工业出版社,2008:18,32,126.部分细节有改动。

分辨情绪，不知道如何去表达，我们可以更换一种方式引导，比如让儿童画出一件令他生气的事情。通常，在开始绘画活动前需要设定好时限，避免儿童花很长时间完成画作。比如要儿童画动态家庭画时，助人者可以说："现在我想请你画一幅你们家庭中所有成员一起做某件事情的场景，你可以用10分钟时间来画。"

在绘画的过程中，帮助儿童更深入地了解自己的情感和问题，并找到解决问题的方法是至关重要的。当儿童画完作品后，助人者的第一个问题可以是："跟我讲讲你的画。"在后续的讨论中，还可以问儿童："和我讲讲你画的这个形象。""你画的这个人在想什么？他在做什么？他有什么感受？""画这幅画的时候你是什么样的心情？"也可以把儿童所画的作品与过去的作品做比较，讨论相似之处和不同之处。特别要注意的是，助人者需要理解儿童的防御机制，尊重并保护他们，找到双方都认可的交流方式。

4. 改变阶段

在这个阶段，助人者需要帮助儿童寻找问题解决的策略，树立改变的目标，建构可以达到目标的行为模式，培养儿童的自我表达能力。在活动的过程中，有些要素有助于帮助儿童发生改变达到治疗预期，例如，儿童对参与治疗能获得帮助的预期、治疗关系、儿童对自我和环境的理解以及对现实的探索。其中，儿童对自我和环境的理解以及儿童对现实的探索是改变阶段的关键，儿童与助人者通过绘画形式进行交流就是一种理解自我、探索环境的方式。儿童在绘画中直接表达愤怒、羞耻等情绪，并与助人者进行分享时，助人者可以尝试通过儿童讲述的故事，帮助儿童建立自信，在儿童经历理解、接受、应对这几个重要阶段后，负面情绪才有可能宣泄。

5. 结束阶段

绘画治疗准备结束的时候，助人者需要了解儿童对结束这段经历的感受，帮助儿童明白结束治疗意味着成长和进步。对于儿童因绘画治疗结束而产生的愤怒、不安或不舍的情绪，应提前做好应对方案。如何判断儿童是否愿意结束治疗呢？儿童对于自己的绘画作品的处理可以反映出儿童对治疗终止的感受。如果儿童选择让作品完好地保存在助人者手中，可能表明他是带着要回来的感受离开的。但是，把作品带走可能会反映出在艺术治疗室里度过的时光对儿童所赋予的意义。因此，要根据具体情况进行判断。虽然不常见，但儿童有时想要毁掉他的作品。如果发生这种情况，助人者就有机会介入，并询问儿童为什么要这样做，告诉儿童这可能会破坏或者毁掉自己已经参与其中的过程。如果绘画作品被留下来，最好是在几年中把它们安全地存放在艺术治疗室里，因为它们是工作记录的一部分，应当被安全地保存起来。

（三）儿童绘画艺术治疗的两种主要模式

结合国内外学者的研究，可以将艺术治疗常见的活动形式分为无主题艺术治疗活动形式和有主题艺术治疗活动形式。助人者可以根据实际情况，选择不同的方式，具体见表10-1、表10-2。

表 10-1　无主题艺术治疗活动形式[①]

活动形式	材料	目的	操作
涂鸦画	A4 纸、马克笔、蜡笔、2B 铅笔等	1. 建立良好治疗关系； 2. 鼓励儿童以自由的方式体验绘画； 3. 使儿童表达不愿与人分享的内心自我	1. 助人者让儿童利用手臂在画面上移动，在纸上随意画线条或者涂鸦，直到自己认为画完为止； 2. 画完后请儿童从各个角度观看，是否出现他们觉得熟悉或能够吸引他们的形状； 3. 将这部分的颜色画得突出些，然后给这幅画起个名字
绘画讲故事游戏	A4 纸、钢笔、2B 铅笔、蜡笔、记号笔、彩色笔	1. 增强儿童对可选择的情感和行为的意识； 2. 鼓励儿童想出解决问题的更合适的方法	1. 助人者先在纸上画出简单的线条； 2. 要求儿童在此基础上画上细节，成为一幅完整的画面； 3. 画完后再问儿童一些问题（如"这是发生了什么事"等）； 4. 随后要重复这个过程，直到画面可以组成一个故事
闭眼画	A4 纸、马克笔、蜡笔、2B 铅笔	1. 排除儿童对他人评价的担忧； 2. 放松儿童的心情，自由表达自己； 3. 针对追求完美的人很有帮助	助人者让儿童闭上眼睛，在纸上随意绘画（可增加一定的绘画主题）

表 10-2　有主题艺术治疗活动形式

活动类别	活动形式	材料	目的	操作
情绪表达类	情感类词语	A4 纸、2B 铅笔、蜡笔、颜料、记号笔、彩色笔	展示来访者的内心情感	1. 助人者规定一个表示"情感"的词（如爱、愤怒等）； 2. 儿童用画来描绘这个词，也可以描绘自己想出的某个情感词语
	画此时此刻的感受	A4 纸、马克笔、油画棒、蜡笔	探讨个体自我意识，探索问题和情感（这个活动更适合于青少年）	助人者让儿童画出此时此刻的感受
	让画中人说话	A4 纸、马克笔、油画棒、蜡笔	1. 分为"替重要他人说话"和"与重要他人对话"两种方式； 2. 帮助儿童宣泄情绪，梳理与重要他人之间的关系； 3. 从对方的立场看问题，来达到态度改变的目的； 4. 提高自我意识程度，使行为改变成为可能	1. 助人者让儿童联想自己的一位"重要他人"； 2. 儿童将其形象画出后想象自己就是这个人； 3. 助人者引导儿童从"重要他人""在想什么""想对你说什么"等问题入手，帮助儿童站在"重要他人"的角度将体验说出来

[①]　陶琳瑾. 儿童艺术治疗[M]. 南京：江苏教育出版社，2010：209-211.

续表

活动类别	活动形式	材料	目的	操作
自我探索类	自画像	A4纸、蜡笔、马克笔	主要讨论创作者描绘自身的方式,以及个人相关的思想情感目标是对自尊和自我意识的探索	指导儿童画自画像(写实或抽象)
	画过去、现在的你	大纸、马克笔、油画棒	讨论来访者过去的生活及他们曾经是哪种类型的人,然后比较过去和现在,探索人格、外表、健康生活方式的变化,讨论集中在应对技巧和力量上;也可以将此技术扩展到画"过去现在未来的你"	将大纸对折,一半画他们的过去(可选择任何年龄),另一半画他们的现在(他们现在的样子、他们感受怎样、现在的生活怎样)
问题解决类	问题和感受	A4纸、马克笔、油画棒	使儿童认识到自己的情感并在绘画或讨论中(或这两个过程中)表达出来(应用在年龄稍大一些的儿童身上)	让儿童画出最近的"问题"或"感受"
	问题的解决	A4纸、马克笔、油画棒	主要讨论特定的问题和对问题解决技巧的探索;这种艺术创作经验帮助来访者更好地处理问题并探索应对机制;垃圾箱画面的不同特点,如垃圾箱的大小、在画中的位置、画出的方法(笔触较轻还是较重)等可能代表了来访者解决问题的愿望;小型垃圾箱可能代表了他们不想解决问题,而大型垃圾箱可能意味着他们觉得问题严重,需要尽快解决	要求儿童画一个垃圾箱,思考并画出他们希望解决的问题
	画愿望	A4纸、马克笔、油画棒	主要讨论来访者的愿望、需要,以及实现的方法	让儿童画出自己的某个愿望,也可画3~5个愿望
家庭画类	画家庭树形图	大纸、马克笔、油画棒	这项技术有助于了解来访者如何理解自己在家庭中的位置,他可能会遗漏某个家庭成员,或把自己画得离最喜欢的成员(如父母)最近	助人者要求儿童按照关系的亲疏将家庭成员画在一棵"家庭树"的枝干上,每一个家庭成员分别处在一个独立的树枝的特殊位置上;鼓励儿童依照个人感受安排家庭成员的位置,这个相对于个人而呈现的位置,正好反映了他与其他家庭成员之间的关系
	家庭成员涂鸦画	A4纸、马克笔、油画棒	提供产生联想的媒介,也有助于降低防御级和情感控制	与上文个体和团体中的涂鸦活动相似,要求所有家庭成员按照手臂随意移动的节奏和轨迹进行一些涂鸦,为随后的画画做好准备,睁眼或闭眼都可以;随后,每个参与者按照自己随意画的线条的激发而画出一幅画,然后挑选一个或多个随意画的画面,进行详细刻画,并写上标题;每个家庭成员都这样做,然后轮流描述自己的作品,并对其他人的作品做出反馈
	家庭成员肖像画	A4纸、马克笔、油画棒	通过大小、位置、比例关系等视觉要素,儿童心中对家庭成员的认知可以呈现出来,帮助儿童了解自己家庭成员与自己的关系及其对个人生活的影响	助人者要求每个家庭成员画出家里的每个人,包括自己在内,不要求在细节上把人画得非常相像,但也不是仅仅画一个轮廓;可以用他们愿意的任何方式创作家庭肖像画,比如写实的或抽象的风格

(四)特殊儿童绘画艺术治疗实施过程

儿童绘画艺术治疗针对的特殊儿童是指具有一定身心障碍或具有特殊创伤经历的儿童,如自闭症儿童、抑郁症儿童、在自然灾害中丧失亲人的儿童、目睹家庭暴力的儿童等。绘画艺术治疗的过程对此类儿童是一个恰当的情绪释放途径。但助人者在绘画治疗的过程中,也会因为儿童的特殊性产生一定困难,如自闭症儿童因为在与人合作、遵从规范方面的特点,可能会带来关系建立的困境。对于特殊儿童的服务,需要专业工作者的介入。但是非专业志愿者如果能够具备一些基本的知识,无论在志愿服务中,还是日常生活中都可以更恰当地与这些儿童进行互动,这对于儿童来讲无疑是有意义的。

这里以自闭症儿童为例。针对自闭症儿童进行绘画艺术治疗,主要目标是帮助儿童改善认知能力、促进情感健康发展、培养创造力想象力、提高社会适应能力。绘画艺术治疗的通用过程同样适用于自闭症儿童。在整个过程中,也有一些特殊的方式与目标。例如,在初始阶段,可以要求儿童先画直线,在掌握之后再开始画形状,用各种颜色画形状,将形状组成一幅图案等,由易到难、循序渐进地培养自闭症儿童的注意力调节、问题解决和自我表达的能力。手指画是值得尝试的方式,助人者引导儿童用手指蘸上不同颜色的颜料在绘图纸上进行涂抹,分别尝试用手掌和手指涂抹,也可以用手掌涂抹后,再用手指进行点缀,使画面创作更丰富,培养其作画兴趣。

在探索阶段,可以采用画房子的形式,引导儿童用画房子及周围的实物,将画好的房子用剪刀剪下涂上颜色粘贴到卡纸上。启发儿童进行想象,如在房子上空画蓝天、白云和在房子的周围画花草等。一些专家认为,房子可以作为个人的象征,不同房间代表人格或情感的不同。通过画周围的实物,不仅可以让自闭症儿童对方位空间和透视有所认识,而且可训练他们有意识地将身边环境联系起来。

在改变阶段,立体模型塑造是可以尝试的方式:要求儿童创造一个立体模型,并为立体模型创设一个主题,引导他们发挥想象,例如"公园里的一天"等。鼓励他们考虑将人、物品、动物、树木等作为整个布景的一部分,鼓励他们使用不同的材料共同创作一幅真实的景象。

在儿童康复过程中,父母扮演着非常重要的角色,很多时候他们就是要充当一个治疗师的角色,去理解、支持、帮助他们的孩子,耐心、接纳对这些孩子来说非常重要,痛苦和失望只会阻碍孩子的发展和进步。那么,作为孩子的"治疗师",父母要持之以恒地帮助孩子适应、学习、发展和成长。持之以恒、永不放弃是帮助这些孩子的唯一途径。

再以经历过严重心理创伤的儿童为例。有时候他们并不能像成人一样明确地了解自身的意识状态,也不能准确地将自己的内心想法表达清楚,但通过绘画的形式,却可以充分地将他们的心理状态反映到纸上,用这些儿童觉得最安全的方法减轻压力,走出阴霾。

经历过重大灾害的儿童,会引发一系列生理、心理、情绪、行为反应,如紧张、噩梦、焦虑、恐惧等。有研究者对"5·12"汶川地震后青少年心理变化进行研究后发现,灾后青少年心理发生的变化可以分为三个阶段[①]。一是震惊、困惑、否认。安全感极度丧失,对人会非常依赖、依

---

① 柳红波.美术治疗与灾后青少年心理治疗刍议[J].艺海,2008(5):31-34.

恋,最需要成人陪伴。二是出现情绪反应,如焦虑、愤怒、恐惧、无助、悲伤等,也有些孩子会出现自闭倾向,常一个人独自待着闷声不响。三是出现心理行为障碍和性格改变。除了心理上三个阶段的变化,灾难还可能对儿童产生其他方面的影响,例如:生理出现异常,包括失眠、噩梦、易醒、容易疲倦、呼吸困难、有窒息感、发抖、容易出汗、消化不良等;行为出现异常,包括注意力不集中、逃避、打架、喜欢独处或过度依赖他人等。所有年龄段青少年的共同反应有害怕将来的灾难、对上学失去兴趣、行为退化、睡眠失调和畏惧夜晚、害怕与灾难有关的自然现象。丧失亲人的儿童的绘画作品以色彩、图形等象征方式来呈现自己内心对哀伤、死亡的感受,他们的绘画作品中还会出现云、墓碑、天使、雨等元素,有些儿童会用黑色来表达他们的无助、孤独、脆弱。遭受暴力(或虐待)的儿童的绘画作品会有一些特别的画面,如:很少画人,可能是想要躲避人际交往或遭受虐待的环境;有过多的阴影,反映儿童的焦虑;画有攻击性的"怪物",显示曾被攻击或正在被攻击的感受。

针对经历过严重心理创伤的儿童的绘画艺术治疗在遵循通用步骤的基础上,也具有一些特点。

建立一个"安全、信任、尊重"的关系是重要的环节。这一点相对于受到过严重心理创伤的儿童来说,比一般儿童更为困难,需要花费时间及耐心,助人者在这一阶段需要借助艺术媒介,与他们共同创作,借助涂鸦画等绘画形式,在创作过程中对儿童要保持充分的尊重与信任。

初始阶段是创伤经验再现阶段。助人者在与服务对象建立了良好的治疗关系的基础上,可以运用图画创作来让儿童呈现悲伤情绪和经历,通过创作的方式将其内在情绪表达出来。儿童在表达悲伤情绪时,会使用非言语方式,如夸大创作动作、创作情绪类主题形式,也可能通过语言的分享描述作品中的图像和故事来宣泄其内在的情绪。

在探索阶段,助人者要接纳儿童内在的情绪体验,特别是接纳他们在日常生活中不被允许的愤怒、哀伤等。助人者可以直接回应来访者的感受,也可以借助作品来间接回应。同时,助人者也要协助他们找到自己曾经做出的努力,或已经做到的部分以及成功的经验,让他们着重强化自己内在正向的力量及资源。

在改变阶段,助人者凭借儿童的具体作品开展进一步的情绪辅导工作,有的儿童可能需要对自己的某些情绪进行重新调整,助人者可让他们先在作品中尝试修改或重新创作,以给他们更多的尝试与机会。

在结束阶段,助人者帮助儿童重新建立自信,通过作品来让儿童为自己找到生活中的支持系统和有效处理创伤经验的方式,让他们可以重新面对今后的生活。

在整个过程中,助人者需因创伤的程度和形式而加以调整。例如有时可能需要在某个阶段停留较长时间,因为有些儿童可能在关系建立上需要不断确认、再保证,才有机会进入到悲伤情绪的再现中。

三、儿童小组活动的开展

1. 针对儿童的小组工作发挥的功能

在儿童服务中,小组工作适用的人群基本上是两类,即儿童和家长。常见问题有父母离异、学业困难、情绪问题、行为问题、人际关系问题、亲子沟通问题、疾病、残障、家庭问题(失业、贫困、酗酒、家庭暴力等)、性侵犯、儿童虐待等。运用小组工作的方式处理这些问题,可以发挥以下作用。

第一,培育归属感和同伴接纳。儿童在成长过程中,特别是在青春期阶段,需要有归属感,得到同伴的接纳,而小组工作在发展和培育归属感和接纳方面,优势突出。

第二,提供正面支持和社会化经验。在小组背景中,儿童可以感受到集体的力量和影响,在群体中,儿童会得到其他同伴的支持和鼓励。

第三,培育舒适感和自由度。在小组活动中,他们不需要独自面对一个成年人的询问,不同的儿童会从不同的角度来分享各自的经验和想法,具有很大的自由度。

第四,消除孤独感,建立同伴之间的普遍性感受。在小组中,儿童会逐步发现原来自己不是唯一受到某个问题困扰的人,其他人也有同样的经历和感受。

2. 助人者在开展儿童小组工作时需要遵守的基本原则

在主持儿童小组工作开展过程中,除遵循一般性小组工作原则之外,还需要特别遵循以下原则。

第一,儿童优先和儿童利益最大化的原则。《儿童权利公约》和《中华人民共和国未成年人保护法》明确规定,应从儿童最大利益出发,实施对未成年人的保护。这就意味着在开展儿童社会工作时,时时处处都应从儿童权利和利益出发,遵守儿童优先原则,尽最大可能促进和改善儿童状况。

第二,儿童参与的原则。坚持儿童的自主性和独立性,尊重他们的人格和想法。在服务中,要倾听儿童的声音,关注他们的需要和观点,在服务设计和服务提供中,要重视儿童的参与,充分体现他们的想法。

第三,平等、尊重原则。要把儿童作为发展性的主体来对待,给予应有的尊重。无论儿童的出生、家庭、智力水平、身体状况、容貌如何,社会工作者都要充分尊重和接纳他们,并能设身处地地为儿童着想。

第四,保密原则。要特别向儿童说明保密的重要性、意义和方式,帮助他们了解保密的限制和条件。可能在某些情况下,他们不理解为什么要保密,或者他们没有足够的自控能力来做到保密,社会工作者还是要向他们强调保密原则,并尝试努力做到。

3. 常见儿童工作小组的类型

从服务对象来看,主要针对留守儿童、流动儿童、特殊学校残障儿童等开展;从主题来看,主要以游戏治疗、社交技巧训练、生命教育、自我认知和自我成长等展开。

拓展阅读　　　　　　　留守儿童服务

据联合国儿童基金会估算,2020年我国共有1.08亿儿童因为种种原因不能与父母双方一起居住,比2010年增加了3046万人。不能与父母双方一起居住的主要是受人口流动影响的儿童,包括农村留守儿童4177万人、城镇留守儿童2516万人,以及因为流动不能和父母双方一起居住的儿童2229万人。研究表明,由于长期缺少父母的抚养和有效监管,留守儿童更容易出现孤僻心理和极端性格[1],遭遇人身安全问题,易受到他人的非法侵害和自己行为失控造成的伤害[2]。因此,在为留守儿童提供小组服务时,可以设计自我认知自我成长小组、生命教育小组、朋辈支持小组、互助小组等,同时要遵循这样几个原则。

(1)正确认识留守儿童,运用优势视角,激发他们的优势,来应对眼前的困难。有很多学者发现,留守的经历会给儿童带来负面的影响,但同时也会给他们的独立性发展提供契机。社会工作的目的就是要发掘他们的潜能,找到他们的优势所在。

(2)相信儿童。相信儿童是独立的个体,有能力、有尊严,值得信任和尊重。相信他们有适应外界变化的能力和新生活的能力,相信他们有表达自己需要的能力。同时,要尊重和信任他们,尊重他们的表达,满足他们的需要。

(3)支持儿童。助人者要调整心态,找准立足点,明确自己的职责,扮演好同行者、外来学习者的角色,真正走进儿童的生活,了解他们的需要,为他们的发展创造机会,链接资源,促进儿童的发展。

案例链接　　　　我要自信——儿童自信心培养小组[3]

1. 小组的背景

小花帽合唱团项目在喀什农村地区开展。社会工作者在日常工作中发现,由于农村相对封闭的环境以及学校和父母对儿童心理状况的关注较少,部分合唱团的学员在集体环境中缺乏自信,不敢展示自我,心理承受力弱。通过多方评估,社会工作者发现这种情况在一定程度上会直接影响到孩子的合唱表现、学习成绩和日常生活。考虑到儿童成长过程中能力培养的重要性,社会工作者决定开展自信心培养小组,挖掘儿童优势,提升其自信心。

2. 理论架构

认知行为理论认为个体外在的行为改变与内在的认知改变都会最终影响个人行为的改变。其助人的一般过程是:首先帮助受助者改变错误的认知,然后用正强化、负强化和示范的方式帮助受助者逐渐形成想要的行为,除去不想要的行为,并使受助者在这个过程中获得愉悦的体验。

3. 小组设计

小组工作者结合日常工作中的观察,邀请了15名需要提升自信心的合唱团学生加入本小组。希望通过小组活动,帮助服务对象全面认知自我,挖掘自身潜能,从而提升自信心。具体目标包括:①帮助服务对象认识到自信的重要性,有自信面对生活和学习;②通过全方位活动安排,服务对象可找到自己的优势,学会接纳自己;③协助服务对象学习提升自信心的技巧和方法。

4. 小组具体活动

本小组共有五节,每节活动主要内容如下:

---

[1]　叶敬忠,王伊欢,张克云,等. 对留守儿童问题的研究综述[J]. 农业经济问题,2005(10):73-78.
[2]　周福林,段成荣. 留守儿童研究综述[J]. 人口学刊,2006(3):60-64,封3.
[3]　本案例选自《全国百优社会工作专业服务案例》。

第一节播种期——初相识。主要任务是促进组员互相认识,澄清小组计划。

第二节发芽期——我足够自信。主要任务是通过自我认识,引导组员正视自己的优缺点。

第三节幼苗期——认识自我,展现自我。主要任务是让组员对自己的有进一步形象的认识,鼓励组员接纳自我。

第四节成长期——学习提高自信心的技巧。主要任务是让组员了解提升自信心的方法。

第五节成熟期——自信支点,接纳自己。主要任务是让组员在正确认知自我的基础上,巩固自信心,提升成果。

5.服务计划实施过程

(1)准备阶段。在小组开展之前,社会工作者选取了3名学生进行访谈,具体了解他们在学习和日常生活中遇到的困难和问题。根据需求调研结果,社会工作者撰写了小组计划,并开始进行学员招募。招募时,社会工作者邀请了15名平时不敢大声唱歌、不敢主动发言、遇到问题容易哭泣和害怕的学生加入本小组,并确认他们清楚小组目标,明白小组内容设计,且与负责老师确定了时间和地点。同时,也收集了他们的需求,补充和完善了小组计划书。

(2)小组初期。在此阶段,社会工作者进行了自我介绍,并说明自己在小组中承担的角色,强调小组目标。首先,通过破冰游戏,降低小组成员间的陌生感,增加组员投入程度。其次,通过互动游戏和小组契约,引导组员互相尊重,共同完成小组任务。

(3)小组中期。第二、三、四节为小组中期,在此阶段,社会工作者通过安排游戏、讨论、分享和展示等内容来达成小组目标。在第二、三节,通过多个主题活动,组员认识自己的性格特质和自我优势,帮助组员探索自我概念,增进对自我的了解,并学习接纳每个人的独特性。在活动结束后,社会工作者针对"心理测量"的结果,重点找到2名得分较低的组员进行个别访谈,进一步了解他们的想法与状态,并制订了简单的成长计划。

(4)小组后期。小组第五节为小组后期,此阶段的主要任务是回顾小组内容和组员表现,评估小组效果,巩固小组成效。在回顾小组内容环节,组员积极发言,相互补充。测试显示,所有组员的自信心都有所提升。最后,小组活动在组员相互送祝福的氛围中结束。

6.小组评估

小组效果的评估资料来自小组评估表和前后测问卷。评估结果表明,参与小组活动后,组员在自我认知、自信心提升方面取得了明显改善,小组目标基本达成。

四、建设儿童友好型社区

儿童友好型社区,从字面意思来看就是指整体环境有利于儿童身心健康发展的社区。根据联合国儿童基金会的定义,儿童友好型社区的具体标志包括:社区能够保证儿童的基本需要得到满足;社区有条件让儿童能与同伴见面和玩耍;社区能够保护儿童免遭伤害;儿童在社区有干净的饮用水和卫生的环境;社区能够为儿童提供所需要的教育、医疗和紧急庇护服务;儿童能参与家庭、社区和社会生活;社区能够在其发展过程中发挥儿童的作用,尤其是在与儿童自身相关的社区事务中。

当然,儿童友好型社区建设的内容不仅包括"儿童友好"的社区环境布局,同时也应当包括

"儿童友好"的社区文化建设,具体而言包括以下几点。

(1)"儿童友好"即完善社区基本建设。在建设过程中,要让全体社区居民知道,干净的饮用水和卫生的社区环境是儿童和其他所有居民健康生存的基本条件,需要得到不遗余力的保障。

(2)"儿童友好"即建设安全、益智的儿童游戏场所和设施。应当让全体居民了解安全、益智的游戏和娱乐在儿童成长过程中不可缺少。"儿童友好"需要为社区不同年龄发展阶段的儿童提供相应的安全、益智的游戏场所,包括低龄儿童的室内游戏室、青少年运动场地、母子阅读角或儿童阅览室等。

(3)"儿童友好"即健全社区儿童和家庭服务体系。要让全体社区居民了解,家庭和父母在儿童成长过程中的作用至关重要。"儿童友好"需要从家庭做起,包括为儿童的父母提供育儿指导,为儿童的家庭提供排忧解难服务,为儿童提供保护服务。为了让社区儿童和家庭能够获得上述服务,在建设儿童友好型社区的过程中,就需要推动社区培育和发展小型的专业社区服务机构,包括儿童发展服务机构、儿童福利服务机构、儿童保护服务机构、儿童紧急庇护场所等。

(4)"儿童友好"即创新社区儿童参与工作机制。儿童也是社区的重要成员,也应当参与到社区发展的事务中。应当让全体社区居民了解,儿童是祖国的未来,通过社区参与了解社区和社会,学习参与社会的知识和技能,有利于帮助他们成为合格的公民。

案例链接　　　　珠海市西城社区儿童友好型社区建设[①]

　　珠海市在新一轮城市发展中提出以"儿童友好"理念完善和提升儿童成长环境,吸引高层次人才家庭,以此推进以人为核心的新型城镇化战略。2019年6月,珠海市发布的《珠海市金湾区少年儿童友好型试点社区建设工作方案(2019年)》中将西城社区作为试点社区,在全市率先开展儿童友好型社区试点建设。

　　在儿童友好型社区规划建设的过程中,规划师首先对社区进行了实地调研,与社区中的街道办事处、机构组织、儿童及其家长等多方主体进行了沟通,了解了他们的现状与诉求。为了更好地推动儿童友好型社区的建设,规划师还与社区(以社区儿童和居民为主体)成立了儿童议事会,旨在从儿童视角提出诉求,参与社区事务和社区治理。在方案制定的过程中,规划师以儿童外出游玩、上学出行等关乎儿童切身利益的议题出发,通过"做个白日梦""社区学道齐参与"等主题活动,引导儿童及家庭表达自身的想法。其中,儿童展现了他们丰富的想象力,如认为公园石子滩趣味性不足,建议改造为戏水喷泉;植物景观不太丰富,建议开辟城市菜地。家长则更关注儿童日常出行体验和安全,如希望在公园增种树木,避免儿童游玩时长时间暴晒,希望建设儿童专用学道,保障儿童出行安全等。最终,多方经过讨论形成金山公园和航空新城小学街道的改造方案。

---

① 张帆,李敏胜,李郇,等.儿童友好理念下参与式社区规划对公共空间公共性的影响研究:以珠海市西城社区为例[J].上海城市规划,2021(5):52-60.

经过一系列改造措施,航空新城小学街道提升了儿童上下学出行活动的安全性和趣味性。宽1.5米、总长约1.4千米的儿童学道连接航空新城小学街道周边出入口;机动车停车线到斑马线之间用彩色涂装提醒司机行车注意;小学门口正南侧绿地硬底化后改造为广场,设置家长等候区和风雨走廊,禁止机动车驶入,方便上下学时学生集散。这些措施显著提升了儿童上下学活动的安全性。此外,在儿童安全路径上由儿童和家长共同参与绘制的趣味涂鸦提升了儿童上下学步行环境的趣味性,小学门口增设的风雨走廊让家长在等候时有了遮阳避雨的休憩场所,能够让家长在接送儿童上下学过程中进行休息、聊天等一系列活动。

第二节 老年人的特点及服务要点

据国家统计局发布的报告,截至2022年,我国65岁以上的老年人口已经达到了1.6亿,占总人口比重的12.57%,相较2000年的7.0%,上涨了5.57个百分点。根据民政部的预测,到"十四五"期间,中国老年人口将突破3亿人,而我国也将从轻度老龄化社会迈入中度老龄化社会。如何保证老年人的正常生活、满足养老需求是老龄化社会中最突出的问题。进入老年阶段之后,人在生理、心理、社会等方面都会遇到新的挑战和问题,身体机能的下降、各种疾病的出现、身体的失能、社会参与的减少等,都会使得老人产生无用感和被抛弃感,出现沮丧和抑郁等状态。因此,关注老年人需求,给老年人提供专业服务是助人领域重要且常见的服务内容。

一、老年人的特点与需求

(一)老年人的特点

我国将60~69岁的老年人划分为低龄老年人,70~79岁的老年人划分为中龄老年人,80岁以上的老年人划分为高龄老年人。不同年龄段的老年人在身体健康状况、生活自理能力、参与社会活动、婚姻状况、家庭关系、心理需求等方面都有很不一样的特点,包括生理变化、心理变化、社会生活方面的变化。

1. 生理变化

老龄化会给人体的九大系统,即运动系统、神经系统、消化系统、循环系统、呼吸系统、泌尿系统、内分泌系统、生殖系统、免疫系统带来变化。这种变化与开展老年人服务工作息息相关。老年人的健康状况决定其生活安排、活动参与的特点以及与他人交往的方式,这些都会影响到助人者的评估和介入。助人者需要针对老年人的特点进行生活环境与机构环境的调整,避免发生意外事故,如针对视力损伤的老年人,张贴醒目标志,利用明快的颜色区分台阶等。

2. 心理变化

老年人心理变化涉及智力、人格、记忆力等方面。①智力方面。随着年纪的增长,个人处理复杂问题的速度会下降,但老年人的认知和智力功能减退并非在所难免,在没有因疾病或营养不良导致脑损伤的情况下,老年人在智力上仍然保持活跃状态,可以继续保持学习新技能的能力。助人者可以为老年人提供学习新知识的机会。②人格方面。老年是人生的最后一个阶段。在这个阶段,一个人如果无法对自己的生命感到安心,就不可避免陷入自我绝望。助人者需要帮助老年人学会接受生活中所发生的一切,理解生命的意义。③记忆力方面。老年人感知速度下降,助人者在帮助老年人提高学习能力的过程中,要放慢节奏,给老年人较多的时间完成复杂的任务,或记住重要的信息。

  3.社会生活方面的变化

  社会对于人步入老年生活有多种解释,相应形成了一些理论。它们也是助人者在进行服务工作时的重要依据。角色理论认为个人经历老年化所带来的变化过程中,会丧失象征中年的社会角色和社会关系,如因退休而失去原有职业。社会活动及撤离理论认为老年人的生活满足感与活动间有积极的联系。延续理论认为人们年老的时候可以选择能让自己继续获得满足的生活方式,终止没有带来满足感的生活方式。社会建构理论认为老年及其随之而来的调整是一个独特的过程,取决于每个人自己的社会认识。现代化理论认为社会资源因时代发展逐渐远离老年人,加剧了老年人地位的下滑。根据以上理论解释,助人者需要做好以下几项工作。一是帮助老年人积极应对角色转变带来的重大生活事件,如亲友去世、自身患有疾病等情况。助人者需要帮助老年人调整自己,适应新的角色或发展新角色代替失去的角色。在这个过程中,助人者特别需要注意的是,在制定小组活动方案时,需要满足不同层次水平、不同个性、不同经历老年人的需要。二是理解尊重老年人的生活及其自身。助人者需要关注老年人对自己生活的理解和追求,客观全面地尊重理解老年人对自己生活的想法。三是注意社会隔离对老年人造成的危害。对老年人来说,需要保持与他人的联系,以此来保持其智力功能和社会功能。四是认识老年人改变的可能性。老年作为生命历程的一个阶段为老年人提供了改变自己的机会,助人者要鼓励老年人尝试新的活动,适应老年生活。五是关注社会变迁对老年人的影响。随着社会政策的调整、时代的进步,现代化社会使得老年人缺乏学习的机会和应对的资源。因此,服务提供者应充当倡导者,根据实际情况提出丰富老年人生活的更好建议。

(二)老年人的需求

  老年人的需求包含八个方面。一是经济保障,老年人在现代社会中,除子女供养外,还应享受社会福利待遇,如退休金、养老保险等。二是健康维护。老年人需要健康的生活方式,获得适宜的生活照顾,得到康复服务。三是社会参与。老年人需要多方面参与社会生活,表达自身意愿,维护自身权益。四是就业休闲。不同的老年人希望不同,有的希望继续工作,有的希望享受生活,老年人需要发挥自身专长,发展自身兴趣。五是婚姻家庭。伴侣和家人是老年人重要的支撑来源,老年人需要或向往美好的婚姻家庭生活。六是居家安全。老年人需要安全的居住环境,家庭条件要有所改善。七是善终安排。老年人关心自身身后的事宜,期望没有痛苦、有尊严地离开人世。八是一条龙照顾。在老化的过程中,老年人需要不同类型的照顾,如居家养老、社区照顾等。

二、老年人小组活动的开展

  1.针对老年人开展小组工作能发挥哪些功能?

  老年人社会工作实务中常常使用小组工作的方法,主要实现以下几个目标。

  第一,培育组员的归属感和附属感。小组活动可以协助老年人摆脱疏离感和孤独感,建立自己的社会支持网络。

第二,舆论的证实和肯定。老年人彼此之间的经验交流可以帮助他们重建自主感、自信心和自尊。

第三,疏导情绪和整合。小组情境可以协助老年人彼此之间分享感受,回忆人生经历,处理过去没有解决的问题。

第四,提供满足感。可以充分发挥老年人的优势,培养其有用感和满足感。

第五,学习人际关系。以适应新的角色转变的需要。

第六,获取信息。

第七,解决问题。在小组中,老年人可以学习解决问题的技巧,以应对自己面临的问题和挑战。

2.服务提供者在开展老年人小组工作时需要遵守哪些基本原则?

在老年人服务中,除要坚持接纳、个别化、尊重等原则之外,还要特别坚持以下几个原则。

第一,同理心和敏感性。在与老年人一起工作时,需要能够感同身受地理解老年人的生理和心理状态,从而更加有耐心、爱心地为老年人服务。敏感性是指能按照老年人的舒适度来和老年人一起开展活动的能力,要敏锐地察觉他们的需要和困境,并及时给予回应和处理。这样,才能让老年人感到自如和放松。

第二,赋权的原则。老年人的赋权是指我们要相信老年人有能力去做决定,采取行动来满足个人的需要,解决个人问题,组织各种资源来控制自己的生活。

第三,自决的原则。要尊重老年人的决定,相信他们选择的合理性和重要性,要为老年人的自决提供相关的信息和资源。

3.常见的老年人小组

在小组工作实务中,有一些专门适用于老年人的小组形式。

(1)现实引导小组。这类小组基本上是在院舍中专门给那些有轻度或中度认知混乱的老年人开设的。在小组中,工作人员会不断给老年人提供持续的刺激和适当的环境提示,帮助他们明白自己身在何处,不迷失方向,这样有助于防止老年人的记忆力丧失,同时还可以与同伴和员工进行交往,与他人建立温暖的人际关系。

(2)动机激发小组。这类小组旨在帮助老年人重新与他人建立关系,帮助他们改善自尊,重新获得能力感和控制感,学习新的角色和技能,重返主流生活。小组会在尊重老年人自决的前提下,为他们提供机会,重新肯定他们的能力和技能,或者帮助他们发现新兴趣,让生活充满欢乐。

(3)社交小组。可以提升老年人彼此之间的关爱和支持,提升他们的自信心和自我价值,肯定他们的自我概念,满足他们的感情需要。同时,通过小组活动,可以改变老年人的负面感受,使他们从生活的挫折中走出来。

(4)娱乐小组。这类小组可以帮助组员获得满足感,通过小组活动和讨论,能够帮助老年人重新定位自己的生活,找到新的兴奋点和乐趣,使得老年生活充满欢乐和满足,提升晚年生活质量。

(5)支持性小组。主要用来帮助那些因年老而产生适应问题的老年人,如丧偶、慢性病、家庭关系矛盾等。支持性小组会进行教育活动,例如,指导老年人如何管理财务、了解某些疾病的知识等。支持性小组还会进行治疗活动,协助老人袒露自己的心声,宣泄负面情绪。通过与他人分享,学习他人经验,找到方法来调整自己。小组结束后,可能还会形成自助小组,成为老年人生活中新的社会支持网络。

(6)治疗性小组。虽然很多小组都具有治疗功能,但是老年人的治疗小组的焦点在于培育他们解决问题的能力,帮助老年人改变功能失调的行为和状态。需要围绕具体问题,引导组员积极参与问题的讨论,找到解决办法,并具体落实。治疗性小组涉及的面比较广,可以是精神问题、慢性病问题、社会性孤独等。

案例链接

"小城故事——院舍长者缅怀往事小组"是由浙江省海宁康乐社会工作事务所在海宁市福利中心开展的小组服务[①]。

1.小组的背景

老年是人类生命周期的最后一个阶段,人在老年,悲伤在所难免,尤其是进入养老机构的长者,这样的情绪会更加明显。要解决这一问题,老年人需要回顾以往自己的生活,重新面对和整理自己的人生经历,感知成就感和人生意义,提升个人价值。通过有目的、有引导地缅怀往事,不仅可以舒缓情绪,给自我形象、认知能力带来正面的影响,也可以提高社交积极性,增强自信心,提高生活幸福感,从而减少自我绝望感。对于入住养老机构的老年人而言,其入住养老机构之后,外出与接触社会的机会越来越少。院舍内娱乐活动相对较少,外来志愿者活动也相对较少。社会工作者在与老年人接触的过程中,不少老年人表现出因社会支持网络逐渐缩小和健康状况持续下降而产生的无力感。老年人更加喜欢谈论自己年轻时的往事。但也有部分老年人在回忆往事时,对比今天的自己,无助感和失落感更加强烈。老年人对自己的过往的经历有深深的怀念,但又大多缺乏倾诉的对象和机会,即使经常一起活动的老年人也较少谈及自己过往的经历和个人感受等。

2.理论架构

缅怀往事疗法是基于老年人的心理特点发展而来的。老年人常回忆往事,心理学家认为这是一种调节机制。适当加以引导的往事回顾对老年人来说,能完成"自我完整"这一心理学家埃里克森所说的老年期的人生任务,从而避免陷入绝望。通过回忆一生的成就,老年人能增强自己进入老年后的自尊。而且,老年人对于过往的兴趣可以弥补目前探索和把握不断变化的环境所受到的能力和机会上的限制。回顾过去痛苦的经历或者一直未能解决的冲突,能使老年人通过接受专业辅导,重整对这些事的看法,接纳过去,或者采取行动解决问题。埃里克森的生命周期理论认为生命周期最后一个阶段的任务是解决自我整合与自我绝望的问题。要解决这一问题,老年人需要回顾自己的生活,重新面对和整理自己的人生经历,得到成就感和

---

① 本案例选自《全国百优社会工作专业服务案例》编委会.全国百优社会工作专业服务案例[M].北京:国家开放大学出版社,2019:12.

人生意义,提升个人价值。有目的、有引导的往事回顾,可以给老年人的情绪、自我形象、认知能力带来正面的影响,也可以促进老年人提高社交积极性、增强自信心、提升生活满意度、疏解忧伤等。经验学习法强调学习取向,所有学习以经验作为起点,通过观察和反省,深入处理和转化经验,成为与个人有关系和意义的信息,继而从实践来验证它的真实性,这也成了另一个新的经验,引往另一次循环。

3. 小组设计

(1)服务对象的界定。本次参加小组活动的服务对象,有丧偶独居老年人,也有夫妻一同入住养老机构。独居者基本因年纪或身体退化,独居有风险而入住养老机构;夫妻一同入住养老机构者,均为配偶身体退化严重,自理能力受限需照顾。入住养老机构后与原来的生活环境隔断严重,社会支持网络有限,导致老年人在一些自己关心的事务上有无力感,对自己过往的经历有深深的怀念,但又大多缺乏倾诉的对象和机会,即使一同居住的长者也较少谈及自己过往的经历和个人感受等。因此,本次小组活动为7名服务对象提供小组服务,为老年人提供敞开心扉和建立社交圈的机会。

(2)小组目标。此次小组活动希望通过缅怀往事疗法帮助老年人改善心理状态,提升面对生活的信心和热情。具体目标包括:①回顾愉快、幸福的往事,改善老年人当前的情绪状态;②通过回顾老年人成功应对人生难题的经历来提升他们的自信心和应对能力;③通过分享人生经验,进行情绪疏解,建立支持网络。

4. 小组具体活动

本小组共有六节,每节活动主要内容如下。

第一节——小时光:主要任务是让组员了解活动的内容和形式,相互认识。小组带领者需了解组员的期望及目的,规范组员的行为,保障小组活动顺利进行。

第二节——故乡记忆:主要任务是引导组员对家乡的回忆和对家乡的自豪感,舒缓组员情绪,重整自我认识。

第三节——往年童趣:主要任务是带领组员回顾愉快幸福的往事,舒缓情绪。相互送祝福,加强组员人际网络建设。

第四节——旧城新貌:主要任务是引导组员回首自己的成绩与艰辛,欣赏自我,梳理正面的自我形象。

第五节——生命之最:主要任务是让组员分享自己的快乐或者悲伤,引导组员正视自己的各种情绪,协助组员相互之间建立支持网络。

第六节——往事如歌:主要任务是提高小组凝聚力,让组员意识到支持网络的重要性;让组员重温小组活动的重点内容,巩固小组活动的效果;了解组员对小组活动的感受及参加小组活动的效果;处理离别情绪,评估小组活动的成效开展。

5. 小组活动开展过程

整个小组活动开展过程可以分为四个阶段:第一节为形成期,第二节为风暴期,第三节和第四节为规范期,第五节和第六节为成就期。

(1)形成期。小组的形成期自招募组员起就已经开始。社会工作者首先与养老机构工作人员沟通,招募合适的服务对象。通过社会工作者面对面沟通,简单介绍小组活动的形式和内容后,这些组员已经对小组有所预期,彼此之间已经建立起一定的沟通,在一定程度上形成了小组氛围。组员在参加小组活动的目的上具有同质性,都是女性,都希望可以结交新的朋友。但从组员的其他特征来看,具有一定的异质性:一是年龄上有一定差距,二是文化程度有差异,三是原来生活背景有差距。组员们虽然是第一次参加小组活动,但同住一家养老机构,彼此认识,虽然并不是很熟悉。社会工作者在小组初期扮演引导者的角色,引导组员相互了解和熟悉。社会工作者通过运用聆听等专业技巧,让组员感到了小组所具有的氛围,推动组员对小组活动的投入。本小组作为一个缅怀性的小组,具有轻松的气氛,每位组员都有让大家了解自己的机会。在这样的氛围下,组员比较快地完成彼此熟悉和了解。

(2)风暴期。组员在形成期完成试探后,彼此熟悉和了解的程度有所加深,此时组员开始更加直接地表达自己的观点,对与自己不同的观点进行质疑和挑战,争夺话语权等。对于养老机构调整收费的问题,进行了争论。社会工作者面对爆发的矛盾表现得比较冷静,采取了比较包容的态度,在组员表达了自己的感受之后,运用重新聚焦的方法将小组带回了原来的轨道,并且也和组员再次澄清了小组的目标,帮助组员更加清晰地认识到小组活动应该围绕主题开展,推动小组在正确的方向上前进。

(3)规范期。在这个阶段,最初订立的小组契约已经被组员接纳。组员能够遵守时间约定,准时参加活动,在不能参加的情况下,也会主动请假。在其他组员发言的过程中,不打断别人的谈话。在其他组员表达悲伤时,主动安慰。在这个阶段,社会工作者的角色是引导者、支持者,但同时社会工作者必须清楚地记得小组的任务与目标,积极引导组员分享,这样才能为小组注入更强的动力。如果不能进行积极的引导,小组工作就会停滞不前。

(4)成就期。在小组活动最后阶段,组员能够在一定程度上重新审视自己的过往,能够彼此支撑,共同讨论问题、解决问题,小组的目标基本达成。在小组活动即将结束时,组员出现了离别情绪,不少组员表示希望能够将这个小组继续保持下去。社会工作者在这个阶段一方面要让组员的力量展现出来,推动小组目标的达成,巩固小组已经取得的成就,另一方面也要让组员正确处理离别情绪。对小组工作的结束及组员的离别有一个正确的态度,可以理性地认识和接受小组工作的结束。

6. 小组评估

主要通过问卷,以及社会工作者在小组活动开展过程中的观察来进行评估。根据小组工作者在小组中观察得出的分析结论与问卷保持了较好的一致性。评估结果表明:本次小组活动明显改善了老年人当前的情绪状况,提升了组员的自信。此外,老年人间的社会支持网络也通过小组活动得以建立和发展。通过本次小组活动,组员之间互帮互助的意识增强了,情绪处理能力和自信心明显提升。

三、老年友好型社区

老年友好型社区是指针对老年人需求创建的社区。2021年国家卫生健康委、全国老龄办发布了《关于开展2021年全国示范性老年友好型社区创建工作的通知》,其中提出了建设老年友好型社区的标准,包括定期开展独居、空巢、留守、失能(含失智)、重残、计划生育特殊家庭老年人家庭用水、用电和用气等设施安全检查,对老化或损坏的设施及时进行改造维修,排除安全隐患。完善老年人住宅防火和紧急救援救助功能。具体而言,建设老年友好型社区,需要达成以下工作任务。

1. 改善老年人的居住环境

支持对老年人住房的空间布局、地面、扶手、厨房设备、如厕洗浴设备、紧急呼叫设备等进行适老化改造、维修和配备,降低老年人生活风险。建立社区防火和紧急救援网络,完善老年人住宅防火和紧急救援救助功能。定期开展独居、空巢、留守、失能(含失智)、重残、计划生育特殊家庭老年人家庭用水、用电和用气等设施安全检查,对老化或损坏的设施及时进行改造维修,排除安全隐患。加强社区生态环境建设,大力绿化和美化社区,营造卫生清洁、空气清新的社区环境。

2. 方便老年人的日常出行

加强老年人住宅公共设施无障碍改造,重点对坡道、楼梯、电梯、扶手等进行改造,保障老年人出行安全。加强社区道路设施、休憩设施、信息化设施、服务设施等与老年人日常生活密切相关的设施和场所的无障碍建设。新建城乡社区提倡人车分流模式,加强步行系统安全设计和空间节点标志性设计。

3. 提升为老年人服务的质量

利用社区卫生服务中心(站)、乡镇卫生院等定期为老年人提供生活方式和健康状况评估、体格检查、辅助检查和健康指导等健康管理服务,为患病老年人提供基本医疗、康复护理、长期照护、安宁疗护等服务。开展老年人群营养状况监测和评价,制订满足不同老年人群营养需求的改善措施。深入推进医养结合,支持社区卫生服务机构、乡镇卫生院内部建设医养结合中心,为老年人提供多种形式的健康养老服务。利用社区日间照料中心及社会化资源为老年人提供生活照料、助餐助浴助洁、紧急救援、康复辅具租赁、精神慰藉、康复指导等多样化养老服务。广泛开展以老年人识骗、防骗为主要内容的宣传教育活动。建立定期巡访独居、空巢、留守、失能(含失智)、重残、计划生育特殊家庭老年人等的工作机制。

4. 扩大老年人的社会参与

引导和组织老年人参与社区建设和管理活动,参与社区公益慈善、教科文卫等事业,支持社区老年人广泛开展自助、互助和志愿活动,充分发挥老年人的积极作用。因地制宜改造或修建综合性活动场所,配建有利于各年龄群体共同活动的健身和文化设施,为老年人和老年人社会组织参与社区活动提供必要的场地、设施和经费保障,满足老年人社会参与需求。

5. 丰富老年人的精神文化生活

鼓励社区自设老年人教育学习点,或与老年大学、教育机构和社会组织等合作在社区设立老年人教育学习点,方便老年人就近学习。有效整合乡村教育文化资源,发展农村社区的老年人教育,以村民喜爱的形式开展适应老年人需求的教育活动。丰富老年人教育内容和手段,积极开展老年人思想道德、科学普及、休闲娱乐、健康知识、艺术审美、智能生活、法律法规、家庭理财、代际沟通、生命尊严等方面的教育。鼓励老年人自主学习,支持建立不同类型的学习团队。组织多种形式的社区敬老爱老助老主题教育活动,加大对"敬老文明号"和"敬老爱老助老模范人物"的宣传。开展有利于促进代际互动、邻里互助的社区活动,增强不同代际间的文化融合和社会认同。

6.提高为老服务的科技化水平

利用社区综合服务平台,有效对接服务供给与需求信息,加强健康养老终端设备的适老化设计与开发,为老年人提供方便的智慧健康养老服务。依托智慧网络平台和相关智能设备,为老年人的居家照护、医疗诊断、健康管理等提供远程服务及辅助技术服务。开展"智慧助老"行动,依托社区加大对老年人智能技术使用的宣传和培训,并为老年人在其高频活动场所保留必要的传统服务方式。

第三节 残疾人的特点及服务要点

一、残疾人的权利

国务院印发并实施的《"十四五"残疾人保障和发展规划》指出,我国有8500多万残疾人。残疾人事业是中国特色社会主义事业的重要组成部分,扶残助残是社会文明进步的重要标志。"十四五"时期,国家会继续加快发展残疾人事业,团结带领残疾人和全国人民一道,积极投身全面建设社会主义现代化国家的伟大实践,共建共享更加幸福美好的生活。我们习以为常的生活,对残疾人来说可能是困难重重,因此他们特别需要关心帮助。当前残疾人面临的突出问题包括:残疾人返贫致贫风险高,相当数量的低收入残疾人家庭生活还比较困难;残疾人社会保障水平和就业质量还不高,残疾人家庭人均收入与社会平均水平相比还存在一定差距;残疾人公共服务总量不足、分布不均衡、质量效益还不高,残疾人就学就医、康复照护、无障碍等多样化需求还没有得到满足;残疾人平等权利还没有得到充分实现,歧视残疾人、侵害残疾人权益的现象还时有发生;残疾人事业仍然是经济社会发展的短板,欠发达地区、农村和基层为残疾人服务的能力尤其薄弱。

2008年4月修订的《中华人民共和国残疾人保障法》第二条对残疾人的定义是:"残疾人是指心理、生理、人体结构上,某种组织、功能丧失或者不正常,全部或者部分丧失以正常方式从事某种活动能力的人。残疾人包括视力残疾、听力残疾、言语残疾、肢体残疾、智力残疾、精神残疾、多重残疾和其他残疾的人。"联合国《关于残疾人的世界行动纲领》的宗旨是要推行有关残疾预防和康复的有效措施,以实现使残疾人得以"充分参与"社会生活和发展,并享有"平等地位"即具有与全体公民同等的机会,平等分享因社会和经济发展而改善的生活条件。根据《中华人民共和国残疾人保障法》和《关于加快推进残疾人社会保障体系和服务体系建设的指导意见》规定,残疾人的权益和基本需求主要包括康复权、教育权、劳动权、文化生活权、社会福利权、环境友好权。

1.康复权

残疾人康复权是其获得良好生活质量的前提条件,也是残疾人"独立生活"的重要保证。我国各级政府和部门为残疾人康复创造条件,逐步完善社会化康复服务网络,实现残疾人"人人享有康复服务"的目标,对贫困残疾人实施康复救助。

2. 教育权

残疾人教育权是实现其就业和社会参与的重要保障,尤其是义务教育阶段,不仅要保障残疾人具有接受教育的平等机会,还要完善残疾人教育服务体系。

3. 劳动权

残疾人劳动权能够充分展现残疾人"自我生命意义"和"奉献社会"的功能,但因残疾人特殊身心障碍,需要有特殊的就业保护政策。整个社会,要为残疾人劳动就业创造条件,促进残疾人的各种就业形式的发展。

4. 文化生活权

残疾人文化生活权是残疾人拥有平等参与各种文化、体育和娱乐的权利。一方面,丰富残疾人的精神文化生活是残疾人权益保障的重要内容;另一方面,对残疾人文化生活权的确认,能展现残疾人积极向上的生活状态,构建残疾人和"健全人"之间共融共享的文化。

5. 社会福利权

残疾人社会福利权是指享有各种社会保障和社会福利的权利,尤其是在出现"即时性"困难时获得有效社会帮助,主要包括残疾人社会保险、社会救助、社会供养与公共服务等内容。

6. 环境友好权

残疾人环境友好权主要是指残疾人享有平等社会生活的无障碍的权利。要加快推进无障碍建设,方便残疾人生活,逐步推进残疾人家居环境无限碍建设和改造。

二、残疾人的困难与需求[①]

残疾人主要面临如下一些困难,他们有克服这些困境并获取相关资源的需求。

1. 物质层面的困难

首先是经济困难。残疾人及其家庭收入少、开支大,就业相对困难,同时其本身还需要长期治疗及康复,从而增加了家庭的经济开支。同时,我国住房的商品化程度高,保障性住房相对较少,针对残疾人及其家庭的无障碍的保障性住房更加稀缺。由于残疾人存在各种行动性障碍,大多数需要与家庭长期照顾者共同居住,居住空间相对狭小,居住环境舒适性比较差。因此住房困难也是残疾人及其家庭常常面对的。还有医疗困难。残疾人就医本身有许多特殊困难。当残疾人的家庭成员就医时,残疾人相对于健全人往往缺乏帮助和照顾的能力,内心的焦虑和无力感更强烈。在一些农村地区,不少残疾人家庭还存在"因病致贫"或"因病返贫"等现象。

2. 精神层面的困难

传统中国文化的观念对残疾人及其家庭带来了巨大的精神压力,这种压力导致残疾人及其家庭成员面临情感与心理负担,并在社会支持系统等方面陷入困境,尤其是残疾人家庭的长

---

① 全国社会工作者职业水平考试教材编写组. 社会工作综合能力:中级[M]. 北京:中国社会出版社, 2022:20-22.

期照顾者,在"污名化"的社会环境中常会产生孤独感、焦虑感和无奈感等。

　　3. 社会交往的困难

　　残疾人缺乏参与机会,残疾人及其家庭成员在物质层面和精神层面的特殊导致其社会交往的困境,尤其是精神性疾病的康复者及其家庭成员不得不放弃参与社会交往的机会。另外,受世俗性的社会偏见的影响,导致残疾人摆脱不了封闭的生活以及在婚姻恋爱方面遭遇因残障带来的困难。

三、针对残疾人的小组活动

　　1. 针对残疾人开展小组活动的目标

　　第一,提供针对性能力建设以克服自身缺陷。残疾人的首要需求是基本生活需求,通过小组服务为残疾人提供针对性能力建设服务,可以帮助他们克服身心缺陷、适应基本生活、减少心理压力,并逐渐发展基于基本能力之上的生存技能。

　　第二,构建社会性支持网络以克服环境障碍。社会支持网络是残疾人寻求援助、克服困难和融入社会的关键所在,通过小组服务为残疾人提供交流、倾诉、互助的社会支持网络,可以有效帮助其获得社会支持,开展正常社会交往。

　　2. 开展残疾人小组活动时需要遵守的基本原则

　　在主持残疾人小组活动过程中,除遵循一般性小组工作原则之外,还需要特别遵循以下原则。

　　第一,人是有能力或者有潜力的。善于发现和充分发挥残疾人的能力和潜力是正常化对待残疾人,帮助其顺利回归社会的关键所在。

　　第二,残疾人的问题不是其自身的问题。服务提供者有责任倡导和调动多方力量形成合力,以建设一个能够满足残疾人基本生活需求的环境。

　　第三,工作重点应采用社会因素视角。在开展残疾人小组活动过程中,服务提供者要特别关注与服务对象有关的重要他人、社区环境以及社会文化环境对服务对象的影响。

　　第四,残疾人工作的历史与文化视角。充分了解服务开展地的残疾人社会历史和文化,了解服务对象的生命故事和观念态度。

　　第五,相信残疾人有自身的幸福感。采用乐观、积极、正面的态度对待服务对象及其生活,避免悲观和同情。

　　第六,确信残疾人有权掌控自己的生活。注重服务对象自我潜能和自我能力的激发。

　　3. 常见的针对残疾人的小组有哪些?

　　(1)职业培训小组。职业培训小组的核心在于帮助残疾人解决职业生涯中出现的问题。此类小组通过诊断、指导和预测残疾人职业发展的可能性,并为其提供科学的职业培训,使得其掌握一定的工作知识和技能,培养积极的工作态度,帮助他们实现个人发展。

　　(2)教育康复小组。教育康复小组的核心在于帮助残疾人开展人与环境互动的教育,认识自己的残疾、日常生活环境、心理状态,提供专业化重点服务,针对服务对象的不同需求提供差异化的"补偿性"功能培训,使得其身心与环境达成和谐,积极应对生活。

(3)家庭照护者小组。家庭照护者小组的核心在于帮助残疾人的父母、监护人或家属等缓解精神压力、提供照护技能。要为家庭照护者提供心理支持,避免照护者在照护过程中出现歧视、忽视或过度保护和呵护的不妥当照顾方式,普及相关的残疾人教育康复知识,提升照顾者的康复技能,为残疾人提供更科学有效的照护服务。

四、社区康复

所谓社区康复(Community Rehabilitation),是指积极调动和协调社区内有关部门和人员,充分开发和利用社区的资源,为残疾人及其他康复对象提供有效、可行的康复服务,促进他们在社会生活以及家庭生活中树立自尊、自信、自强、自立,鼓励他们积极参与社会生活。

社区康复应在专业人员和志愿者的指导下进行,由社区的政府组织发起,由政府有关职能部门参与筹划,社会企事业单位和城乡基层组织积极配合,由残疾人及其家庭或监护人参与,对残疾人实施全面康复服务。残疾人社区康复是促进残疾人与社会融合的重要途径,在我国具有如下开展条件。

1. 社区建设工作已成为我国社会主义建设事业的组成部分

社区建设的深入开展,有利于提高整个社区的文明程度,使残疾人能与社区的其他居民共享环境优美、治安良好、生活便利、人际关系和谐的文明社区环境。

2. 社区中有配置较为合理的资源

社区资源包括设施、设备、人力资源、服务网络等。在资源共享的原则下,残疾人可以获得在医疗、康复、教育、职业以及参与社会生活等方面的物质基础和保障条件,有利于残疾人全面康复目标的实现。

3. 在社区中残疾人可以得到方便、及时的康复服务

街道、社区居委会是城市的基层单位,是最贴近残疾人的管理层面,一方面,管理者和服务者容易了解残疾人的康复需求,另一方面,残疾人在社区中有亲切感和归属感。这无疑有利于残疾人在社区和家庭得到方便、及时的康复服务。

4. 在社区中可因地制宜地为残疾人提供各种康复服务

我国幅员辽阔,各地在经济发展、风俗习惯、资源情况等方面多有不同,残疾人对康复的需求也会不同。各地社区可根据自身的实际条件,以残疾人迫切需要解决的问题为出发点和落脚点,确定服务内容、方式和方法。

在开展社区康复的工作过程中,助人者应当坚持以政府为主导,以社区为依托,与有关部门密切配合,协调社区各界共同参与的工作方式,将残疾人工作纳入社区建设的总体规划之中,使残疾人能够平等地参与社区生活。具体而言,社区康复应当坚持以下原则。

第一,社会化的工作原则。通过社区康复,残疾人不仅要实现身体功能的康复,更重要的是应实现重返社会的最终目标。这需要在政府的统一领导下,广泛动员社会力量,充分利用各种资源,营造对残疾人友善的社会氛围,共同推进社区康复工作。

第二,成本低、覆盖广的原则。社区康复应针对病、伤、残者的康复需求和资源状况,采用低投入、高效益、覆盖广的工作方法,大力开展家庭康复,服务于社区所有伤、病、残者。

第三,因地制宜原则。社区康复应以社区残疾人康复需求为导向,以社区建设为依托,立足于社区内部资源,从社区实际出发,因地制宜,有针对性地开展适合本社区的社区康复工作。

第四,因陋就简原则。社区的资源是有限的,尤其是农村地区的各种资源远比城市社区简陋。要使社区中大多数康复对象享有康复服务,必须在尽可能动员社区力量的基础上因陋就简,采用易懂、易学、易会的实用技术,使康复成为便于理解、便于推广的服务措施。

第五,因势利导原则。所谓因势利导,重点在于如何把握"势",既包括整个社会环境的"大势",也包括社区范围内的政治、经济、医疗卫生、文化教育等形式,具体指社区领导者对残疾人康复的认识和重视程度、社区内的有关机构和社会团体对残疾人事业的支持态度和力度、社区居民对残疾人的看法等。工作中应当合理运用相关技巧,因势利导,最大程度地获得社区领导和群众的理解与支持,取得扎实的成就。

第六,康复对象及其家庭积极参与的原则。应使服务对象与其家庭成员主动参与,树立自我康复意识,参与康复计划的制订,配合康复训练并积极回归社会。

在上述各项原则中,因地制宜、因陋就简和因势利导原则是最基本的原则,是社区康复服务的根本指导原则。在以上原则的指导下,社区康复服务主要包括以下三方面内容。

首先,开展残疾的预防。残疾预防是指在发生伤残之前,预防其发生或发生后减轻其功能障碍程度。社区是开展残疾预防的重要场所,社区康复服务与初级卫生保健工作共建、共享、共担当,推动社区残疾预防工作的开展。

其次,开展康复评定。在社区康复服务中,要采用客观、准确的方法评定伤、病、残者功能障碍的性质、部位、程度、发展趋势等多方面内容,评估方法主要包括肌力评估、关节活动度评定、日常生活能力评定、心肺功能评定、认知功能评定等,全面评估康复对象的身体情况。

再次,开展全面康复服务。应当合理应用各种康复治疗措施,最大限度地恢复患者丧失的功能,使患者最终回归社会。常用的方法有物理治疗、运动疗法、心理康复疗法等,同时还应当配合开展康复护理、职业康复和社会康复等服务。

在社区康复服务中,工作者还应当根据社区实际情况协助建立和健全视力残疾儿童康复、聋儿康复、智障儿童康复、偏瘫康复、脑瘫康复等不同类型和规模的社区康复站,并介入具体的专业服务,推动残疾人社区康复服务工作的开展。

案例链接 哈尔滨市香坊区的残疾人社区康复服务站建设探索[①]

哈尔滨市香坊区辖21个街道、110个社区,总人口92万余人。据抽样调查统计,残疾人为5.26万人,持证残疾人17293人,其中视力残疾1772人,听力残疾1480人,言语残疾89人,肢体残疾10055人,智力残疾1952人,精神残疾1813人,多重残疾132人。香坊区委、区政府高度重视残疾人工作,2012年抓住哈尔滨市社会发展和社区建设的时机,率先提出建立

---

① 曲淑波.残疾人社区康复服务站建设的实践探索:以哈尔滨市香坊区为例[J].残疾人研究,2014(4):65-68.

残疾人社区康复服务站,依托城乡社区残协组织和社区服务网络,进一步拓展残疾人社区康复的内涵,全面开展康复、教育、就业、无障碍、维权等服务,建立城乡社区残疾人福利服务和管理平台,充分发挥社区在残疾人福利服务中的基础性作用。

1. 同步联动,统筹安排

香坊区注重将残疾人康复服务站建设作为一项系统工程统筹安排,科学谋划,建立起上下联动、部门联动、社会联动的工作机制。

全区统筹规划,与社区卫生服务中心建设同步设计,区委、区政府统一各部门、街道和社区的思想认识,层层分解目标任务,确保区、街道、社区三级联动,合力推进残疾人社区康复服务站的建设。区直各部门密切配合,齐抓共管。区残联为社区卫生服务中心配置康复器械,区卫生局落实专(兼)职残疾人康复医生进社区、进家庭;区民政局将残疾人社区康复工作纳入和谐社区、星级社区考评,开展困难残疾人医疗救助工作;区财政局确保残疾人社区康复工作经费。通过各部分联动,社区康复服务站良性运行并取得较好效果。

此外,广泛动员社会力量,助残志愿者广泛开展"一对一"活动,帮助残疾人开展康复训练、提供康复服务。例如黑龙江大学的大学生志愿者,已连续三年定期到区残疾人托养中心开展志愿服务。与哈尔滨市大东医院合作,协调相关医务人员到该区对0~14岁儿童进行筛查,2013年共筛查出54名脑瘫患儿,经过检查符合做矫治手术的有6名,他们通过全额免费手术,行为能力有了很大的改进和提高。

2. 整合资源,加强队伍建设

香坊区通过整合相关资源、聘请专业康复医师等多渠道、多形式、多内容的培训方式,对26个残疾人社区康复服务站的专兼职医生进行康复知识培训,提高社区康复医生的服务水平和执业能力。同时力求做到社区残协委员都掌握一定的康复知识,持证上岗,提高社区康复人员队伍的专业化水平。

3. 探索多元康复模式

香坊区在积极做好社区康复服务站建设的同时,不断探索创新社区康复的工作模式,使康复工作延伸到家庭,合理定位"送康复服务上门"的功能,把好事做实、把实事做好,真正实现"康复一人,幸福全家"的共同愿景。

该区从残疾人的基本康复需求出发,对重度残疾人采取送服务进家庭,轻度残疾人就近到社区康复服务站进行康复训练,精神病、脑瘫和自闭症患者则转介到专门机构进行康复。例如与永康专业康复中心合作,由区残联出资购买服务,永康专业康复中心提供进家庭康复服务,仅2013年就为全区260名重度残疾人提供免费家庭康复服务,使得他们的身体功能得到不同程度的恢复。

4. 加强残疾康复知识的宣传普及工作

香坊区以社区康复服务站为依托,加大宣传力度,普及康复常识,每年年初,都在各个社区进行筛查宣传,在全区营造了良好的社会氛围,提高了残疾人在该区的生活水平,满足了残疾人融入社区生活的愿望。

本章小结

本章为特殊人群的实务要点总结,主要内容包括儿童、老年人以及残疾人的概念和特点、具体的服务内容以及工作者在开展服务时采用的实务方法。通过阅读、学习,有助于提高工作者的实务能力,同时也希望工作者在面对不同类型的服务对象时能够做到具体情况具体分析,针对服务对象的现实处境采取合适的工作方法,这样才能满足不同类型服务对象的需要,帮助他们解决问题,促进社会和谐发展。

思考题

1. 儿童、老年人和残疾人群体分别有哪些特点?
2. 开展儿童小组服务时需要注意哪些基本原则?
3. 常见的老年人小组有哪些?
4. 开展残疾人服务有哪些要点?

推荐阅读

1. 刘梦. 小组工作案例教程[M]. 北京:中国人民大学出版社,2007.
3. 彭华民. 人类行为与社会环境[M]. 北京:高等教育出版社,2014.
4. 吕青. 社会工作实务[M]. 上海:华东理工大学出版社,2010.
5. 全国社会工作者职业水平考试教材编委会. 社会工作实务:中级[M]. 北京:中国社会出版社,2023.
6. BAKER S, SANDERS M R, TURNER K M T, et al. A randomized controlled trial evaluating a low-intensity interactive online parenting intervention, Triple P Online Brief, with parents of children with early onset conduct problems[J]. Behaviour Research and Therapy,2017(91):78-90.